同阅新时代

京津冀图书馆联盟
成立十周年成果集

首都图书馆
天津图书馆
河北省图书馆 编

学苑出版社

图书在版编目（CIP）数据

同阅新时代：京津冀图书馆联盟成立十周年成果集 / 首都图书馆，天津图书馆，河北省图书馆编. -- 北京：学苑出版社，2024. 12. -- ISBN 978-7-5077-6912-8

Ⅰ. G259.272

中国国家版本馆CIP数据核字第2024RV8534号

责任编辑：	战葆红
文字编辑：	张鹏蕊
出版发行：	学苑出版社
社　　址：	北京市丰台区南方庄2号院1号楼
邮政编码：	100079
网　　址：	www.book001.com
电子信箱：	xueyuanpress@163.com
联系电话：	010-67601101（销售部）　010-67603091（总编室）
印 刷 厂：	河北赛文印刷有限公司
开本尺寸：	710 mm×1000 mm　1/16
印　　张：	23
字　　数：	305千字
版　　次：	2024年12月第1版
印　　次：	2024年12月第1次印刷
定　　价：	88.00元

京津冀图书馆联盟成立十周年照片集锦

2015年11月19日，首都图书馆、天津图书馆、河北省图书馆在河北省石家庄市签署合作协议，成立京津冀图书馆联盟。

2017年7月26日，香港回归祖国20周年之际，由中国日报社和首都图书馆共同主办的《百名摄影师聚焦香港》画册精选图片展在首都图书馆开展，展览后续在天津图书馆和河北省图书馆巡展。

2018年10月9日,京津冀图书馆联盟文化帮扶对接会在河北省图书馆召开,京津冀三地四家省级图书馆与河北省八家县级图书馆签署《京津冀图书馆联盟文化帮扶协议》。

2019年9月23日,第三届京津冀图书馆"守望青春·我与图书馆的故事"阅读推广活动在天津图书馆文化中心馆区举办。

2021年6月11日，2021年度京津冀图书馆联盟工作会议在河北省张家口市图书馆召开，首都图书馆、天津图书馆、河北省图书馆与雄安新区公共服务局共同签署《雄安新区图书馆发展支持计划框架协议》。

2023年12月27日，位于北京城市副中心的北京城市图书馆正式对外开放，与首都图书馆（华威桥馆）、大兴机场分馆共同构成首都图书馆"一馆三址"的服务新格局，辐射京津冀，引领三地公共文化服务发展。

2024年2月26日，京津冀协同发展国家战略实施十周年之际，由首都图书馆、天津图书馆、河北省图书馆与雄安新区宣传网信局共同举办的雄安新区容西片区贤溪社区公益图书馆暨"XIN空间"揭牌仪式成功举行。

京津冀公共图书馆事业协同发展典型案例照片集锦

2021年4月至2022年4月，首都图书馆联动京津冀图书馆开展包括"阅读冬奥 共迎未来——京津冀百万少年儿童冬奥知识竞赛活动"在内的"图书馆，让儿童阅见奥运"主题系列活动。

2024年3月31日，"遇见藏书票"京津冀图书馆青少年阅读推广活动藏书票专题巡展启动仪式在北京大观园举行。

2019年12月15日,"讲中国故事 展冬奥风采——首届京津冀我是文化小使者"英文展示大赛展演活动在北京市石景山区图书馆举办。

2024年4月18日,"再发现图书馆 共建书香通武廊"世界读书日系列活动启动仪式在天津市武清区图书馆举行。

2023年9月26日,"书香盈怀 悦读致远"第八届京津冀诵读邀请赛决赛在北京市平谷区文化大厦举办。

2019年7月,天津图书馆邀请对口帮扶县图书馆业务骨干来津参加天津市公共数字文化工程专题培训班。

2024年4月12日，天津图书馆"童XIN同行 共沐书香"阅读推广公益讲座在雄安新区容西和平小学举办。

天图数字图书馆滦平县图书馆分馆主页

2019年11月30日，京津冀书香城市协同发展交流会在天津市和平区图书馆举办。

2024年5月26日，"遇见藏书票"京津冀图书馆青少年阅读推广活动藏书票专题巡展天津河东区启动仪式在天津市棉3创意街区举行。

"京津冀公共图书馆参考咨询服务平台"主界面

2023年6月17日,2023年京津冀图书馆联盟青年馆员论坛在河北省石家庄市图书馆(正定新馆)举办。

2021年10月20日，2021公私藏书与经典阅读（沧州）会议、"京津冀公共文化服务示范走廊"公共图书馆阅读推广联盟工作会议，在河北省沧州市图书馆召开。

2023年4月,"书香通武廊,共读一本书"系列共读活动之"百千共读——小领读者培养计划"于河北省廊坊市图书馆启动。

雄安新区容西片区贤溪社区公益图书馆"XIN空间"内陈列布局

主　编　毛雅君　　许　博　　李冠龙　　刘　栋
副主编　李念祖　　刘　朝　　张　娟　　谢　鹏
　　　　　刘思琪
编　辑　高　莹　　陈　琼　　李木子
　　　　　刘良玉　　宋丙秀　　李亚云
　　　　　冯宝秀　　杨洪江　　高　捷

前　言

京津冀山同脉、水同源、人相亲、地相连。2024年是京津冀协同发展上升为国家战略十周年。十年来，习近平总书记亲自谋划、亲自部署、亲自推动京津冀协同发展，指明前进方向、提供根本遵循，推动这一国家战略不断向纵深推进。

2014年2月26日，习近平总书记在京召开座谈会，专题听取京津冀协同发展工作汇报并作重要讲话。习近平强调京津冀协同发展意义重大，对这个问题的认识要上升到国家战略层面。大家一定要增强推进京津冀协同发展的自觉性、主动性、创造性，增强通过全面深化改革形成新的体制机制的勇气，继续研究、明确思路、制定方案、加快推进。

2015年4月30日，习近平总书记主持召开中共中央政治局会议，审议通过《京津冀协同发展规划纲要》。京津冀协同发展进入全面实施、加快推进的新阶段。

2016年5月27日，习近平总书记主持召开中共中央政治局会议，研究部署规划建设北京城市副中心和进一步推动京津冀协同发展有关工作。

2017年10月18日，习近平总书记在《决胜全面建成小康社会夺取新时代中国特色社会主义伟大胜利——在中国共产党第十九次全国代表大会上的报告》中指出，以疏解北京非首都功能为"牛鼻子"推动京津冀协同发展，高起点规划、高标准建设雄安新区。

2018年2月22日，习近平总书记主持中共中央政治局常务委员会会议。会议指出，规划建设雄安新区，是以习近平同志为核心的党中央对深化京津冀协同发展作出的又一项重大决策部署，是一项历史性工程，对承接北京非首都功能、探索人口密集地区优化开发模式、调整优化京津冀空间结构、培育推动高质量发展和建设现代化经济体系的新引擎具有重大现实意义和深远历史意义。

2019年1月18日，习近平总书记在京津冀协同发展座谈会上的讲话指出，京津冀协同发展是一个系统工程，不可能一蹴而就，要做好长期作战的思想准备。紧紧抓住"牛鼻子"不放松，积极稳妥有序疏解北京非首都功能。

2022年10月16日，习近平总书记在《高举中国特色社会主义伟大旗帜为全面建设社会主义现代化国家而团结奋斗——在中国共产党第二十次全国代表大会上的报告》中指出，推进京津冀协同发展，高标准、高质量建设雄安新区。

2023年5月12日，习近平总书记在深入推进京津冀协同发展座谈会上的讲话指出，要坚定信心，保持定力，增强抓机遇、应挑战、化危机、育先机的能力，统筹发展和安全，以更加奋发有为的精神状态推进各项工作，推动京津冀协同发展不断迈上新台阶，努力使京津冀成为中国式现代化建设的先行区、示范区。习近平强调，要推动北京"新两翼"建设取得更大突破，北京城市副中心建设要处理好同雄安新区的关系，"两翼"要协同发力，有效解决北京"大城市病"问题。

京津冀地区坐拥21.6万平方公里的土地，汇聚1亿多人口，三地地缘相接、人缘相亲、地域一体、文化一脉，正如习近平总书记所言："京津冀如同一朵花上的花瓣，瓣瓣不同，却瓣瓣同心。"京津冀协同发展国家战略实施十年间，区域经济发展不断迈上新台阶，已成为我国经济最具活力、开放程度最高、创新能力最强的地区之一。十年来，京津冀协同发展走过了不平凡的历程，取得了丰硕的成果，尤其在文旅融合发展中已经形成了协同管理、优势互补、资源共享的良好格局，开启了高质量协同发展的新局面。三地文旅部门共谱一首曲，共唱一首歌，共圆一个梦。三地公共图书馆凝心聚力绘蓝图，同心同向谱华章。

2024年是新中国成立75周年，是习近平总书记对北京发表"2·26"

前言

重要讲话、京津冀协同发展上升为国家战略十周年，也是京津冀图书馆联盟成立十周年。为展现京津冀图书馆联盟十年发展历程、在京津冀协同发展中的重要作用及取得成果，首都图书馆作为联盟轮值主席单位，联合天津图书馆、河北省图书馆共同策划编辑出版本书。本书将以京津冀图书馆联盟十年发展综述、相关论文与案例分享等内容，带您全方位领略京津冀公共图书馆十年来协同发展新气象，力求全面梳理与总结京津冀图书馆联盟 2015 年建立以来，三地公共图书馆协同发展取得的成效与经验做法，助力三地谋划新布局、创造新平台，探索创新之路，激发新质生产力，从而为京津冀高质量协同发展提供借鉴与启发。

编 者

2024 年 8 月

目 录

京津冀图书馆联盟十周年发展综述 / 1

同阅壮丽新时代 共建书香副中心……首都图书馆 / 3

协同共读无止境 古籍保护有传承……天津图书馆 / 8

交流互鉴促合作共享 凝心聚力助雄安建设……河北省图书馆 / 13

京津冀公共图书馆事业协同发展主题论文 / 19

从资源共享到服务共享：京津冀公共图书馆协同发展的现实图景与
建设构想……谢 鹏 / 21

智慧图书馆与智慧服务的实践与思考
——以北京城市图书馆为例……徐 冰 王 萌 / 37

我国区域性跨省公共图书馆联盟现状分析及思考
……陈 琼 李木子 武克涵 / 46

京津冀智慧化汽车图书馆网络建设探索与研究……于景琪 李木子 / 64

基于社群合作的公共图书馆老年人数字素养培育策略
——以京津冀公共图书馆为例……牛育芳 / 73

京津冀城市书房建设初探……刘良玉 / 88

京津冀协同发展背景下天津图书馆戏曲资源建设与服务实践探讨
……张晓君 / 98

天津图书馆京津冀古籍修复保护协同发展的实践与展望……高学森 / 107

京津冀三地图书馆区域协作研究报告
　……丁若虹 杨洪江 冯宝秀 彭春恒 徐坤 赵辉 / 115
京津冀协同发展背景下三地公共图书馆服务合作现状及发展思路分析
　……余兵 张沫 / 125
京津冀协同发展背景下公共图书馆区域协作的实践
　——以河北省张家口市图书馆开展区域馆际协作为例……党宁 / 135
浅谈京津冀协同发展背景下公共图书馆地方文献资源建设与利用
　……呼欣 宋兆凯 / 144

京津冀公共图书馆事业协同发展典型案例 / 153

图书馆，让儿童阅见奥运……左娜 / 155
区域协同发展 文化遍地开花……于燕君 张楠 邹希宽 闫菲 韩芳 / 162
书香京津冀 一起向未来……北京市石景山区图书馆 / 170
十年砥砺前行，谱写文化新篇章……魏红帅 / 179
京津冀公共图书馆区域合作联盟案例分享……北京市平谷区图书馆 / 187
京津冀图书馆联盟文化帮扶行动
　——以天津图书馆对口帮扶实践做法为例……宋丙秀 / 193
京津冀协同发展十周年——天津图书馆开展主题阅读推广活动
　……王宁 / 199
京津冀协同谋发展 资源共建共享惠民生
　——以天津图书馆搭建数字图书馆滦平县分馆为例……王心怡 / 205
京津冀协同共发展 文旅商融合启新篇
　——书香满和平"和平杯"文化阅读之旅活动纪实……杨奕 / 211
携手奋进 协同发展——天津市河东区图书馆京津冀公共图书馆事业
　协同发展十年成果展示……李睿 / 219

"京津冀公共图书馆参考咨询服务平台"建设案例介绍与分析
　　……崔稚英 / 225
以学术交流促进协同发展
　　——京津冀图书馆馆员论坛活动案例……田宏瑞 / 231
打造"京津冀公共图书馆阅读推广联盟"深化全民阅读 建设书香社会
　　——河北省沧州市图书馆京津冀协同发展创新案例分析
　　……宋兆凯 李 鹏 呼 欣 / 235
"书香通武廊 共读一本书"系列共读活动
　　……黄晓东 张卫斌 寇 爽 陈建奇 / 241
打破行政壁垒，合力共建雄安新区公共阅读"XIN空间"
　　……王一琳 / 248

京津冀图书馆联盟馆员论坛优秀论文 / 255

基于AHP理论的公共图书馆员工绩效考核指标体系设计
　　……刘雪翠 / 257
"首图北京记忆"微信公众号发展现状及对策……王静斯 / 273
智慧图书馆建设背景下图书采访工作中的大数据应用探究
　　……高文静 / 283
"十四五"时期公共图书馆新型阅读空间构建路径探究
　　——以天津图书馆为例……刘瑞华 / 290
基于区块链技术的高校图书馆信息服务模式优化路径
　　……姚文彬 / 298
论"短视频书评"在公共图书馆的应用及发展策略
　　——以"十分钟速读经典"为例……刘洋 / 308

附 录 / 317

    京津冀图书馆联盟十周年大事记 / 319

    京津冀图书馆联盟章程 / 335

    京津冀图书馆联盟"十四五"发展规划 / 339

京津冀图书馆联盟
十周年发展综述

同阅壮丽新时代　共建书香副中心

首都图书馆

2014年，京津冀协同发展上升为国家战略。推动京津冀协同发展，对于建设以首都为核心的世界级城市群，辐射带动环渤海地区和北方腹地发展，具有重要意义。十年来，在习近平总书记亲自谋划、亲自部署、亲自推动下，京津冀协同发展不断迈上新台阶。十年间，在京津冀协同发展大局中，京津冀图书馆联盟立足协同、紧扣发展，聚焦公共文化领域，为三地协同发展向纵深推进凝心聚力、勇毅前行。

联盟成立十年以来，首都图书馆作为重要成员，积极作为、勇于担当，不断优化健全合作机制、促进三地图书馆资源共建共享，尤其在联盟专项工作委员会成立后，充分发挥资源建设委员会与智慧图书馆建设委员会作用，牵头调研推进数字资源联合采购谈判、图书通借通还等重点工作。此外，经多年努力，北京城市副中心三大文化建筑之一的北京城市图书馆正式对外开放，正以其亮丽的阅览环境与创新的服务模式，持续助力副中心建设与内涵式高质量发展。

一、优化协同，健全联盟合作机制

2014年8月，北京市文化局、天津市文化广播影视局、河北省文化厅在天津签订了《京津冀三地文化领域协同发展战略框架协议》，明确了京津冀文化协同发展的指导思想、基本原则、合作内容、战略合作组织机制等重点问题，构建了三地文化合作的新平台。

中共中央政治局 2015 年 4 月 30 日召开会议，审议通过《京津冀协同发展规划纲要》，京津冀协同发展的顶层设计基本完成，推动实施这一战略的总体方针已经明确。纲要对提升区域公共文化发展水平提出了明确要求，将文化协同发展确立为京津冀协同发展的重要内容。

2015 年 11 月 19 日，首都图书馆、天津图书馆、河北省图书馆在石家庄签署合作协议，成立京津冀图书馆联盟。联盟的成立为三地图书馆事业发展掀开了历史新篇章，致力于有效提升图书馆的综合服务能力与水平，为京津冀各行业协调发展提供信息支撑和智力支持，为推动京津冀文化协同发展提供机制保障。

京津冀图书馆联盟自成立以来，不断努力健全联盟合作机制，打通三地公共图书馆沟通渠道，从基本协作模式上为各项具体工作的开展提供助力。2019 年 5 月 23 日，京津冀图书馆联盟工作会议在天津图书馆召开，通过《京津冀图书馆联盟章程》。2021 年 6 月 11 日，2021 年度京津冀图书馆联盟工作会议在河北省张家口市图书馆召开，对《京津冀图书馆联盟"十四五"发展规划》内容进行研讨。同年 8 月 31 日，联盟召开线上工作推进会议，审议通过《京津冀图书馆联盟"十四五"发展规划》。2023 年 4 月 25 日，2023 年度京津冀图书馆联盟工作会议在首都图书馆召开，研究设立联盟资源建设、智慧图书馆建设、阅读推广工作、古籍工作、智库建设和学术交流工作委员会，听取各委员会年度工作计划，审议成立雄安新区图书馆建设专家咨询组。

二、汇聚力量，促进资源共建共享

京津冀图书馆联盟自成立以来，积极促进三地公共图书馆文献资源的共建与整合，共享自建特色数据库等丰富数字资源，旨在形成区域合力，充分发挥公共图书馆实现公共文化服务公益性、基本性、均等性、便利性的重要作用。近年来，联盟更是成立专项工作委员会——资源建设工作委员会，进一步开展京津冀图书馆一体化资源建设研究，探索文献信息资源整合共享的有效途径，建设区域内文献信息资源保障体系。

2018年6月20日至22日，由北京市图书馆协会、河北省图书馆学会、天津市图书馆学会、《藏书报》共同主办的"京津冀地方文献资源建设发展论坛"在石家庄市召开。2021年，三地签订《京津冀图书馆红色文献数据库建设框架协议》，联合建设红色文献数据库；联合开展数字资源调研，共同研究推进三地联采共享工作。

2023年，京津冀图书馆联盟资源建设工作委员会初步通过《京津冀地区公共图书馆开展数字资源联合采购谈判方案》，依照方案内容开展调研。首都图书馆将"阅享京彩"网借服务范围扩大至京津冀三地，实现北京市公共图书馆"一卡通"读者可在三地使用网借"送书上门"服务，以此扩大文献资源服务范围，有效弥补因地理位置及空间因素导致的服务非均等普惠问题，使公共图书馆服务社会效益得到扩大与提升。

2024年，依托第三代社保卡的正式发行，北京市进一步推进民生卡"多卡合一"工作，旨在提升政府服务供给能力和市民生活用卡便捷度。截至3月底，首都图书馆华威桥馆、大兴机场分馆与北京城市图书馆已完成用卡场景接入，京津冀三地群众可持本地社保卡在首图"一馆三址"畅享借阅服务。下一步，首图将大力助推各分馆、各区图书馆及城市图书服务网点完成用卡场景接入，并将推动实现京津冀范围内的社保卡和电子社保卡通用，为京津冀异地图书借阅服务奠定信息化基础。

三、创新探索，助书香副中心建设

2016年，北京城市副中心的概念正式诞生，北京城市副中心三大文化建筑，即北京艺术中心、北京城市图书馆与北京大运河博物馆的规划建设得到了党中央的悉心关怀和指导。习近平总书记在2017年考察副中心时明确规划建设要"落实世界眼光、国际标准、中国特色、高点定位"的要求，强调"北京城市副中心建设不但要搞好总体规划，还要加强主要功能区块、主要景观、主要建筑物的设计，体现城市精神，展现城市特色，提升城市魅力"。

2019年3月1日，北京市发展和改革委员会印发《北京市发展和改革委员会关于城市副中心图书馆建设项目前期工作函》（京发改（前期）〔2019〕5号）。在北京市领导高度重视与深入调研、指导下，在首都图书馆全体职工与建设单位砥砺奋发的共同努力下，2021年6月8日，副中心图书馆项目实现钢结构封顶。2023年11月13日，北京城市图书馆项目通过竣工验收。同年12月27日，北京城市副中心三大文化建筑正式对公众开放。

北京城市图书馆是一座由144棵"银杏树"支撑起的知识空间，它拥有让人惊艳的建筑外立面。由276块超高玻璃组成的幕墙通透明亮，给人带来视觉享受，领行业之先，成就"临山间 于树下"的美妙阅读体验。图书馆以"亲民 特色 智慧"为目标，挖掘馆藏资源、智慧展示、空间场域的价值，结合专业服务与文旅体验，融合文化传承与科技创新，满足人民群众学习知识、感知艺术、体验创新的多维文化需求。馆内藏书能力达800万册，建有世界最大的单体图书馆阅览室、国内藏量最大的智能化立体书库、国内第一家综合性非遗文献阅览空间、国内最专业的艺术文献馆、国内面积最大的少儿室外阅读活动空间和元宇宙体验馆，是集知识传播、城市智库、学习共享等功能于一体的复合多元文化综合体，为市民的终身学习创造开放性平台。北京城市图书馆2024年元旦假期接待读者突破8万人次，开馆仅88天就迎来第100万位读者，开馆196天迎来第200万位读者，深受群众喜爱。北京城市图书馆服务效能与影响力持续辐射京津冀，引领三地公共文化服务高质量发展。

起笔是世界眼光，落笔是时代标杆。包含北京城市图书馆在内的北京城市副中心三大文化建筑的建成投用，为承接非首都功能疏解提供重要载体，充分发挥了北京城市副中心作为"新两翼"之一对京津冀协同发展的辐射带动作用。

　　站在新的历史起点上，当协同发展迈入滚石上山、爬坡过坎、攻坚克难的关键阶段，京津冀图书馆联盟将进一步深入学习、贯彻落实习近平总书记关于京津冀协同发展的历次重要讲话精神，砥砺奋进，继续为京津冀一体化发展奉献图书馆人的智慧与力量！首都图书馆也将立足首都战略定位，勇担京津冀协同发展首都责任，全力为京津冀高质量发展谱写新华章！

协同共读无止境 古籍保护有传承

天津图书馆

京津冀共同的文化背景，使三地民风民俗相近，文化认同感强烈。京津冀文化协同发展是多元文化荟萃融合的必然，是京津冀地区一体化历史脉络在新时代不断延续、促进三地文化繁荣共进的必然。公共图书馆作为公共文化服务体系的重要组成部分，在京津冀协同发展的宏大浪潮中，以图书馆之力推动京津冀文化协同发展，助力京津冀协同发展责无旁贷，一马当先。京津冀图书馆联盟成立以来，联盟成员馆积极发挥各方优势、共享优质资源，逐步实现优势互补、互利共赢、协同发展。

天津图书馆以京津冀图书馆联盟为依托，立足自身资源禀赋和发展实际，牵头策划并联合三地图书馆共同实施了阅读推广、古籍保护、文化帮扶等重点项目。在此基础上，充分发挥阅读推广工作委员会、古籍工作委员会职能，积极推进三地精品阅读活动互联互通，继续深化区域古籍保护合作开展，不断促进三地文化发展成果共建共享。

一、书香氤氲，共建共享全民阅读成果

联合开展优秀的有影响力的大型阅读推广合作项目。区域联动，优势互补，积极发挥京津冀三地合力效应，通过联合开展大型阅读推广活动，推动合作走向纵深，为三地读者搭建平等、和谐、共享的交流平台，

不断提升三地全民阅读工作水平。由天津图书馆牵头策划并联合三地图书馆共同举办的"守望青春，我与图书馆的故事"大型阅读推广交流展示活动自 2017 年起至今已连续举办七届。通过阅读推广项目展示、读书故事分享、作品征集、"悦读之星"评选、微电影呈现和经典诵读等多种形式，为读者搭建交流展示的平台，深入挖掘三地优秀阅读推广项目和感人读书故事，开展作品及优秀案例征集。活动挖掘出一批珍贵的图书馆图文资料、感人的读书事迹、新颖的服务形式，收集到众多读者优秀创作作品，建立起三地合作开展阅读活动的新机制，促进京津冀阅读推广工作水平的共同提升，推动京津冀全民阅读工作的开展。以书香融汇真情，共抒时代之声，在疫情期间，制作抗疫视频，真实记录图书馆人投身抗疫前线，用奋力担当和无私奉献书写的感人故事，铸就文化堡垒、传递精神力量。2017 年，京津冀"共沐书香，悦享好书"青少年经典导读活动启动仪式在河北省图书馆举行，三地共同签署青少年经典导读活动资源战略合作协议。活动通过整合三地的人才资源、图书资源与活动资源，在青少年经典导读活动中发挥组织引导与资源保障功能，并以青少年阅读为抓手，带动书香校园、书香家庭建设，推进全民阅读事业进一步发展。2021 年，三地联合举办"阅读冬奥共迎未来"京津冀百万少年儿童冬奥知识竞赛活动，充分展示京津冀少年儿童心向奥运、参与奥运的积极向上的精神风貌。2024 年 3 月，天津图书馆开展首届"大手牵小手 图书来漂流"京津冀协同发展十周年儿童读物募捐活动，活动受到天津市政协的高度认可和积极参与，为京津冀协同发展注入政协力量、书香力量。不断创新的阅读推广的内容和形式，为更多的市民和读者带来了感动、感悟和激励，推动了京津冀全民阅读工作的开展，有助于不断提高人民群众的获得感、幸福感、安全感。

展览联盟实现优质展览资源区域互展。不断深化京津冀图书馆展览联盟交流力度，加大三地的协作和巡展，策划推出地方特色精品展览。首都图书馆策划举办的"北京城市生活百年回顾展"在天津图书馆、河北省图书馆展出，"新思路·心纽带——'一带一路'主题展""《百名摄影师聚焦中国改革开放四十年》图片展"在天津图书馆展出。河北省图书馆的"杂技之光——吴桥杂技艺术展"在首都图书馆、天津图书馆展出。天津图书馆原创展览"感受津味年俗文化"之"天津人过年的那些事儿"在首都图书馆展出。"栉风沐雨结硕果 砥砺前行谋新篇——京津冀协同发展天津图书馆成果展"集中展出天津图书馆在三地古籍修复、阅读推广、展览联盟、人才交流培养、业务协作、文化扶贫等方面所做的努力及取得的成效。依托京津冀图书馆展览联盟，天津图书馆与首都图书馆联合举办"培根铸魂启智润心 童书经典中的党史——庆祝中国共产党成立 100 周年主题童书展""悦读阅美 2018 年请读书目"和"《百名摄影师聚焦新中国 70 年》图片展"巡展。展览巡展不断促进展览资源的三地共享，进一步加深了三地市民对彼此城市发展及地域文化的了解与认识。

二、传承文明，汇聚区域古籍保护事业发展合力

习近平总书记在 2023 年 10 月召开的全国宣传思想文化工作会议上强调，要着力赓续中华文脉、推动中华优秀传统文化创造性转化和创新性发展，着力推动文化事业和文化产业繁荣发展。一直以来，三地图书馆踔厉奋发、时不我待，不断增强做好古籍保护工作的责任感、使命感，协调联动，不断创新发展，让古籍保护成果惠及更多人民群众，不断提升地区文化软实力。

积极推动三地古籍修复事业发展。2018 年，天津图书馆举办两期古籍修复技术培训班，聘请古籍修复专家，面向来自京津冀三地的 42 名学员，采用理论联系实际教学模式，使学员在短期内掌握古籍保护基本知识和技能，为京津冀三地培养了一批古籍修复业务储备人才，不断提升古籍人才队伍建设。两期培训班结束后举办的"京津冀古籍保护与修复

成果展"，以图文的形式集中展示京津冀三地近十年古籍修复和人才培养成果，普及古籍保护知识，提高了群众参与保护古籍的意识。同年，经广泛调研、专家论证和友好协商，河北省图书馆以天津图书馆藏《[康熙]畿辅通志》为底本，进行整理影印出版。2023年，按照《文化和旅游部公共服务司关于做好2023年中华传统晒书活动的通知》，京津冀三地图书馆举办多场活动，积极展示馆藏古籍善本资源，组织读者共同参与实践，营造全社会共同参与保护传承中华优秀传统文化的良好氛围，通过晒传统、晒特色、晒技艺，展现三地古籍文献中承载的文化记忆、文化精神。2023年11月，京津冀新古籍保护业务交流活动成功举办，四地古籍保护负责同志就本单位古籍保护工作近年来取得的成果及四地合作模式和愿景进行深入沟通。未来，古籍工作委员会将在保护好、传承好、利用好古籍资源，推动区域古籍事业高质量发展上充分发挥职能作用，为新时代古籍事业传承与发展贡献京津冀图书馆联盟力量。

三、文化帮扶，携手贫困县图书馆更好发展

为深入贯彻落实国务院"十三五"脱贫攻坚规划和原文化部《"十三五"时期文化扶贫工作实施方案》，积极发挥文化在脱贫攻坚工作中"扶志""扶智"作用，携手贫困地区文化建设快速发展，2018年5月，由天津图书馆倡议，联合其他联盟成员馆共同发起"京津冀图书馆联盟文化帮扶行动"。2018年9月，《京津冀图书馆联盟文化帮扶行动实施方案》正式印发，10月，京津冀图书馆联盟文化帮扶对接会在河北省图书馆召开，联盟成员馆与河北省接受帮扶县级图书馆，就各自帮扶计划和具体帮扶需求进行深入沟通，双方签署《京津冀图书馆联盟文化帮扶协议》。接受帮扶的河北省滦平县、围场满族蒙古族自治县、丰宁满族自治县、承德县、孟村回族自治县、献县、张北县及阳原县的8家图书馆均面临着图书、资金、人力资源有限，设备老化，数字化服务能力不足等问题。

自形成对口帮扶后，三地省级公共图书馆充分结合对口帮扶馆实际需求，精心组织、精准发力，以援建分馆、共享数字资源、加强两地图书馆人员业务交流和培训等形式，切实推动贫困县图书馆发展和服务效能提升。例如，天津图书馆先后建立天津图书馆承德县图书馆分馆、围场县图书馆分馆、滦平县图书馆分馆、丰宁满族自治县图书馆分馆，调拨图书合计近4万册，同时将海量、精品数字资源向当地读者免费开放；邀请业务骨干来津参加公共数字文化工程专题培训班等业务培训，并联合举办"掌上诗词大会"等阅读推广活动，切实将文化扶贫工作落到实处，共同营造全民阅读的良好氛围。

京津冀图书馆联盟成员馆间的合作与交流、信息共享与经验借鉴，将有利于激发联盟内动力，推动各馆协同共进、高质量发展。联盟成员馆立足自身文化资源优势，深入挖掘协作潜力，积极寻求更为密切、多元的多渠道业务交流与合作，不断拓展合作空间，将助力构建更加紧密的京津冀图书馆协同发展格局，有力推动"十四五"时期京津冀图书馆事业转型与高质量发展。

交流互鉴促合作共享 凝心聚力助雄安建设

河北省图书馆

京津冀地缘相接、人缘相亲，如同一朵花上的花瓣，瓣瓣不同、瓣瓣同心。为贯彻落实《京津冀协同发展规划纲要》《京津冀三地文化领域协同发展战略框架协议》精神，京津冀图书馆联盟应运而生。十年来，三地图书馆目标同向、步调一致，主动担当、分工合作，推动京津冀图书馆联盟从初成立到见成效，挖掘三地优势资源、分享三地先进理念，合力促进京津冀图书馆共知、共建、共享、共发展，进一步发挥专业优势，助力京津冀协同发展。

河北省图书馆依托联盟积极作为，充分共享京津两地优质专家资源、文献资源、阅读推广活动资源、讲座展览资源等，促进河北省公共图书馆队伍素养提升、管理愈加规范、服务效能提高。积极发挥学术交流工作委员会、智库建设工作委员会职能，推动三地图书馆学术与业务交流、资源共建共享。制定《雄安新区图书馆发展支持计划》，助力雄安新区公共文化建设。

一、促进交流互鉴，激发创新活力

联盟成立以来，三地图书馆交流日益密切，组织人员互访、联合业务培训、开展学术研讨，通过交流互鉴提升馆员队伍专业素养、工作能力、学术水平，促进理念更新、业务创新。

合力共促学术交流。作为联盟学术交流工作委员会主任委员单位，河北省图书馆创办"京津冀图书馆联盟馆员论坛"促进三地学术交流。2020年，河北省图书馆馆员论坛特别邀请首都图书馆、天津图书馆馆员代表交流分享，三馆在此基础上沟通协商，就开办联盟馆员论坛事宜达成一致意向，并在2021年度工作会议上审议通过。由河北省图书馆牵头设立常态化馆员论坛，每年确定一个主题开展京津冀馆员学术交流，开拓馆员学术视野、提升馆员研究能力，以学术研究促进三地图书馆事业协同发展、创新发展、高质量发展。2021年，联盟首期馆员论坛——"新技术新理念下的图书馆创意传播"学术研讨会暨2021年度京津冀图书馆联盟馆员论坛在石家庄市成功举办。2022年，联盟面向三地35岁以下青年馆员举办了"守正·创新——新时代图书馆理论与实践"学术征文活动。2023年，联盟在石家庄市正定新区举办了联盟青年馆员论坛。此外，三地图书馆还通过学术研讨等多种形式深化学术交流。北京市东城区图书馆开办的"角楼论坛"，邀请三地专家学者作专题报告，三地馆员线上线下广泛参与。

2015年，联盟成立当天，三地省市级图书馆馆长在河北省图书馆召开了"京津冀图书馆协同发展研讨会"。2017年，首都图书馆组织召开了京津冀图书馆合作发展研讨会。2018年，河北省图书馆牵头举办了"京津冀地方文献资源建设发展论坛"，天津图书馆组织召开了"京津冀少年儿童图书馆、中小学图书馆学术暨工作研讨会"。2019年，天津图书馆组织召开了"新时代公共图书馆创新发展暨京津冀地区公共图书馆馆长业务交流研讨会"。2021年，中新友好图书馆、石景山区图书馆、秦皇岛图书馆共同举办了"2021京津冀公共图书馆高质量、智慧化发展研讨会"。

联合开展人才培养。为学习借鉴京津两地先进理念和成功经验，河北省图书馆于2018年策划实施了"京津冀图书馆人才交流"项目，选派业务骨干分别赴首都图书馆、天津图书馆以干代训 1 个月，到多个部门和岗位实践，在具体工作中学习两馆好的思路、好的做法和成功经验、典型案例。首都图书馆、天津图书馆给予了大力支持，根据河北省图书馆选派学员的需求，安排工作岗位并根据学习进度轮岗，指派老师悉心指导，让学员在干中学、在学中干，专业素养和工作能力显著提升。河北省图书馆还组织中层干部赴天津图书馆、滨海新区图书馆、中新生态城图书馆参观学习。为促进三地馆员业务交流，三地省级图书馆举办的业务培训班也相互预留名额。首都图书馆业务培训多次邀请河北省对口帮扶图书馆参加；天津图书馆举办的培训班邀请京津两地馆员参加，为河北省对口帮扶图书馆赠送自有培训平台账号共享优质课程资源；河北省图书馆举办"京津冀基层图书馆管理研修班暨 2024 河北省县级公共图书馆馆长培训班"，免费为北京、天津培训基层图书馆管理人员。

二、汇聚优质资源，联合参考咨询

为加强京津冀三地公共图书馆智库建设与服务，提升三地公共图书馆立法服务、决策服务的质量与水平，为京津冀协同发展贡献图书馆力量，河北省图书馆认真履行智库建设工作委员会职责，重点推进三地联合参考咨询工作。以河北省图书馆参考咨询业务为基本内容，委托专业第三方于 2023 年 7 月建立了"京津冀公共图书馆参考咨询服务平台"，实现三地图书馆参考咨询业务线上资源共享、联系互动、展示产品，也为开展三地图书馆"智库联盟"工作奠定良好基础。平台设"联合参考咨询""专题参考咨询""资源共建共享"三大版块。其中，"专题参考咨询"下设 6 项专题，"联合参考咨询"下设 4 个专题；"联合参考咨询"拟汇集京津冀协同发展相关文献、京津冀三地图书馆特色馆藏目录、自建专题数据库等。

目前，河北省图书馆已将近 10 年的立法与决策类专题文献、各类专题汇编等 1200 余篇文献数据上传至该平台。2024 年两会期间，河北省 12 家图书馆利用此平台为当地两会代表提供便捷、专业的文献咨询服务，受到两会代表们好评和热议。此外，河北省图书馆于 2015 年打造了京津冀协同发展主题馆，配置专题图书 2000 余册，研发的京津冀协同发展服务平台年更新数据 2800 条以上，通过到馆服务、网络服务、专报服务 3 种方式，向各级党政机关、科研院所及广大读者展示推送京津冀协同发展的各类数据、信息和科研成果。

三、凝聚三方力量，支持雄安新区建设

设立雄安新区是以习近平同志为核心的党中央深入推进京津冀协同发展的重大决策部署，是千年大计、国家大事。为支持雄安新区建设，联盟深挖自身优势主动作为。

制定《雄安新区图书馆发展支持计划》。为助推雄安新区公共文化服务提质增效，河北省图书馆积极与首都图书馆、天津图书馆、雄安新区公共服务局联系沟通，牵头起草《雄安新区图书馆发展支持计划》，旨在通过专家咨询、人才培养、业务指导、资源共享等途径，服务雄安新区图书馆体系建设，提升雄安新区公共文化服务品质，以文献信息支撑、公众素养提升为切入点助力雄安新区建设。2021 年 6 月，首都图书馆、天津图书馆（天津市少年儿童图书馆）、河北省图书馆、河北雄安新区管理委员会公共服务局共同签署了《雄安新区图书馆发展支持计划框架协议》，掀开助力雄安新区图书馆建设的新篇章。按照支持计划，河北省图书馆牵头组建雄安新区图书馆建设专家咨询组，京津冀三地共推荐组长、副组长和专家委员人选 11 人。咨询组于 2023 年 4 月正式成立。

共同打造公共阅读"XIN 空间"。根据文化和旅游部"公共文化新空间"行动计划部署，河北省图书馆、首都图书馆、天津图书馆共同谋划"XIN 空间"合作项目。赋予"XIN"五个美好寓意："新"，新型、创新；

"心"，文化中心、与百姓心连心；"鑫"，京津冀黄金搭档、通力合作；"欣"，提升人民群众幸福感与获得感、欣欣向荣；"馨"，书卷馨香、环境温馨。为助力雄安新区公共文化服务体系建设，首个"XIN空间"选择与雄安新区宣传网信局合作，在雄安新区容西片区打造公共阅读"XIN空间"。2024年2月26日，在京津冀协同发展上升为国家战略十周年之际，首都图书馆、天津图书馆、河北省图书馆与雄安新区宣传网信局共同签署了"XIN空间"合作共建协议，首个"XIN空间"——贤溪社区公益图书馆揭牌开放，三家省级馆分别为该"XIN空间"支持图书5000册，首都图书馆每年送读者活动不少于20场。人民网、中国新闻网、澎湃、新闻网等30余家媒体争相报道。

经过十年的完善发展，京津冀图书馆联盟运行愈加规范高效，必将推进京津冀图书馆事业再写新篇、再谱华章！河北省图书馆将全力作为，为京津冀协同发展贡献力量！

京津冀公共图书馆事业协同发展主题论文

从资源共享到服务共享：京津冀公共图书馆协同发展的现实图景与建设构想

谢 鹏 *

摘要 京津冀协同发展战略的推进为区域内公共图书馆的资源和服务共享带来了新的机遇和挑战。通过综合分析京津冀三地公共图书馆的发展现状，可以识别出区域发展不均衡、财政投入差异、合作意愿不足和缺乏指导纲领等图书馆协同发展面临的主要障碍。为实现从资源共享到服务共享的跃迁，提出构建京津冀图书馆网借一体化平台并进一步发展为共享服务平台的建设构想，从而详细分析相关平台架构、管理制度等具体建设方案，为京津冀公共图书馆协同发展的未来提供参考。

关键词 京津冀协同发展；公共图书馆；图书馆联盟；网借服务

1 引言

作为党的十八大以来我国第一个国家区域发展战略，京津冀协同发展自2014年上升为国家战略以来，至今已在党和国家的大力支持下取得了长足进展，三地政府坚持把协同创新与产业协作作为区域高质量协

---

* 谢鹏，1980年生，首都图书馆副馆长、副研究馆员，研究方向为图书情报与数字图书馆、计算机软件及计算机应用。

同发展的重要动力源[1]，在基础设施建设、高新产业布局等方面卓有成效。文化领域的区域协同也是京津冀协同发展的重要组成部分，2014年8月，京津冀三地即签署《京津冀三地文化领域协同发展战略框架协议》，以期在文化合作上实现资源共享、优势互补、合作共赢，促进区域内文化资源有效配置、生产要素合理流动、文化市场深度融合，形成各具特色、合理分工、重点突出的文化发展布局[2]。

公共图书馆作为重要的公共文化事业，在京津冀文化事业的协同发展中承担关键职能。为此，京津冀三地公共图书馆接连组建区域联盟、开展协同服务：2015年，京津冀三地省（直辖市）级公共图书馆——首都图书馆、天津图书馆、河北省图书馆于石家庄正式签署合作协议成立京津冀图书馆联盟，推动三地文献资源共享[3]；2017年，北京市平谷区图书馆联合天津市蓟州图书馆和河北省三河市图书馆、承德市兴隆县图书馆共同组建京津冀公共图书馆区域合作联盟[4]，打造"京津冀阅读品牌"并连年举办品牌活动；2020年，"京津冀公共文化服务示范走廊"发展联盟在沧州宣布成立公共图书馆阅读推广联盟[5]，北京市朝阳区、东城区、海淀区、石景山区，天津市河西区、津南区、北辰区、滨海新区，河北省秦皇岛市、廊坊市、沧州市、唐山市等共14个公共图书馆作为成员单位[6]；2024年，北京市丰台区图书馆联动河北省保定市图书馆、天津市东丽区图书馆建立首个京津冀新型阅读服务联盟，尝试京津冀三地公共图

---

1 北京市科学技术研究院科技智库中心调研组.协同发力 推动京津冀产业高质量发展[N].光明日报，2024-04-04（5）.
2 许亚群.京津冀文化领域协同发展战略框架协议签署[N].中国文化报，2014-08-29（1）.
3 王昆.京津冀成立图书馆联盟实现文献资源共享[N].中国新闻出版广电报，2015-11-25（1）.
4 京津冀公共图书馆区域合作联盟正式成立[EB/OL].（2017-06-12）[2024-05-28].https://www.pgtsg.com/engine2/general/9900348/detail?pageId=251005&engineInstanceId=1635791.
5 宾朋.探索创新发展路径 打造智能推介矩阵——"京津冀公共文化服务示范走廊"发展联盟第九届轮值会议暨2020年京津冀公共文化和旅游产品推介纪实[N].中国文化报，2020-09-25（3）.
6 "京津冀公共文化服务示范走廊"公共图书馆阅读推广联盟工作会议在沧州市图书馆举行[EB/OL].（2021-10-23）[2024-05-28].https://www.sohu.com/a/496814941_121124746.

书馆"证件互认、借书通还、活动同办、资源共享"联动新模式[1]，让京津冀公共图书馆协同发展跃上新台阶。

公共文化服务具有鲜明的地域特色和多核心的空间分布，在文化数字化建设不断推进的背景下跨地区合作已成必然[2]。京津冀公共图书馆协同发展在红色[3]、未成年人[4]主题阅读推广和参考咨询[5]等方面进行了联合服务、协同发展的构思和探索，但也面临着统筹整合不足、事业发展不均衡的客观困难，需要完善顶层设计和搭建协作平台[6]，为此需要规章制度的保障和技术的助推[7]，在增强区域文化认同的基础上，积极牵引机制创新和技术应用，提升公共图书馆的服务能力[8]。这就要求京津冀公共图书馆按照从资源共享到服务共享的路径协同发展，协同内涵从文献流通等基础业务逐步扩展至其他服务领域，提高跨区域的综合服务能力。

2 京津冀公共图书馆基础条件与协同发展的障碍

作为京津冀协同发展战略在公共文化事业方面的重要实现途径之一，京津冀地区公共图书馆的协同发展问题受到了学术和实践领域的共同关

---

1 孙颖.首个京津冀阅读服务联盟成立[N].北京晚报，2024-04-23（3）.

2 杨风云，马中红.区域一体化背景下我国公共文化服务协同发展研究[J].图书与情报，2023（5）:118—129.

3 叶卿.京津冀省级公共图书馆联动开展红色阅读推广策略[J].图书馆工作与研究，2023（10）:99—104.

4 董娜，张鑫.基于社群合作的公共图书馆未成年人阅读推广策略——以京津冀地区公共图书馆为例[J].图书馆工作与研究，2023（12）:93—99.

5 冀海燕，王静.关于京津冀图书馆联盟开展联合参考咨询服务的几点思考[J].邯郸职业技术学院学报，2016，29（1）:91—93.

6 丁若虹，杨洪江.京津冀图书馆发展现状与区域协作可行性分析[J].图书馆工作与研究，2017（11）:22—26,52.

7 党宁.京津冀一体化进程中公共图书馆区域协作实践初探——以张家口市图书馆与京津两地图书馆开展协作为例[J].图书馆学刊，2019，41（1）:38—41.

8 余兵，张沫.京津冀协同发展背景下三地公共图书馆服务合作研究[J].图书馆工作与研究，2018（3）:27—31.

注。虽然社会大众对京津冀协同发展的宏观理念已经基本达成共识，但对于京津冀三地的现实形势而言，区域内和区域间的经济、文化、教育等发展程度并不平衡，且存在一定的技术隔阂、制度差异，因此京津冀公共图书馆协同发展在具体实施过程中，受上述多重因素影响，进展依然相对缓慢而不尽如人意。为探索真正具有应用价值和实践意义的京津冀公共图书馆协同发展路径，必先对三地公共图书馆的现状进行深入调研和分析，从而识别协同发展的基础条件与现存障碍，以便制定更为精准和有效的协同发展策略。

2.1 京津冀公共图书馆事业发展现状

根据国家统计局文化相关统计数据，可以了解京津冀公共图书馆基本发展情况（见表1），目前已公布的最新数据为2022年度统计数据。根据公共图书馆业机构数、公共图书馆总藏量、公共图书馆图书流通人次，以及相较全国总数的参照情况可以得出，京津冀三地的公共图书馆业机构数占全国6.66%、总馆藏量占全国7.74%、流通人次占全国5.41%，整体基础建设水平较高。

表1 京津冀公共图书馆基本发展情况 2022 年度国家统计数据

	公共图书馆业机构数（个）	公共图书馆总藏量（万册）	公共图书馆图书流通人次（万人次）
京津冀	220（6.66%）	10523.84（7.74%）	4275.45（5.41%）
—北京	20	3491.84	677.72
—天津	20	2390.64	660.96
—河北	180	4641.36	2936.77
全国	3303	135959	78970

注：①数据来源为国家统计局"国家数据"网站（https://data.stats.gov.cn/），其中全国数据来自"年度数据—文化—公共图书馆基本情况—公共图书馆"，北京、天津、河北三地数据来自"地区数据—分省年度数据—文化—公共图书馆"，下同。

②京津冀总数据为作者自行计算所得，括号内百分比数值（均为保留两位小数的近似值）代表京津冀三地总数占全国数量的比例。

从人均文献资源可获得性数据（见图 1）可以看出，京津冀三地的人均拥有公共图书馆馆藏量（$\sigma \approx 0.697$，$CV \approx 59.8\%$）和每万人拥有公共图书馆建筑面积（$\sigma \approx 68.3$，$CV \approx 33.2\%$）离散程度较高，发展程度并不均衡。天津市的文献资源可获得性在京津冀三地中最高：人均拥有公共图书馆馆藏量 1.75 册/人，每万人拥有公共图书馆建筑面积 335.8 平方米，均显著高于全国平均水平。河北省的人均数据则尚处于相对弱势的地位，人均拥有公共图书馆馆藏量和每万人拥有公共图书馆建筑面积均未达到全国平均水平，但相关数据在 2011—2022 年保持了连续增长趋势，未来发展形势依然乐观。

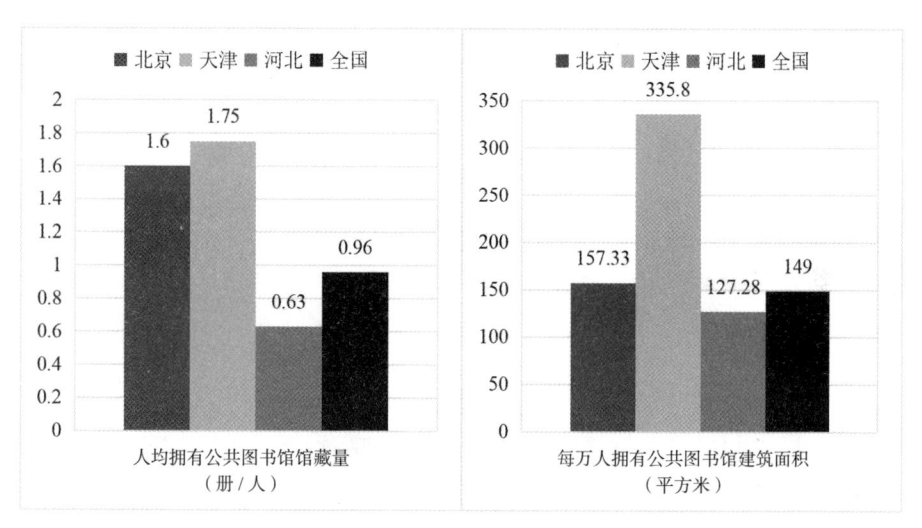

图 1 京津冀公共图书馆人均文献资源可获得性 2022 年度国家统计数据

京津冀公共图书馆协同发展的实质，在于实现馆际服务的业务合作和协调。因此，三地内部的总分馆体系建设以及协同服务的开展情况对京津冀之间的协同发展建设有重要影响。笔者于 2023 年至 2024 年分别对首都图书馆、天津图书馆、河北省图书馆的服务开展和系统建设情况展开调研，结果显示京津冀三地图书馆的发展水平和业务模式并不均衡：在读者卡方面，三地均提供了免押金办证服务，但仅有首都图书馆支持虚拟读者卡借书，而河北省图书馆的免押金读者卡仅支持访问数字资源；在总分馆体系方面，三地均有自己的总分馆体系，但河北省因各分馆系统不同未能实现网点的统一联网；在通借通还方面，北京市和天津市均实现了总分馆体系内的通借通还，其中首都图书馆更是推出网借服务，河北省则因不同系统难以互联互通导致区域服务能力受限。

总体来看，首都图书馆与天津图书馆的整体情况优于河北省图书馆。首都图书馆总分馆体系建立时间最早、程度最深，无论成员馆数量还是共享服务完善程度都优于天津与河北两地，在共享服务上表现出先发优势，并以此为基础发展了支持异地借还的网借服务，进一步增强了读者服务的便捷性。天津图书馆虽然起步稍晚于北京，但通过建立多家行业分馆，有效拓宽了服务的覆盖面。此外，天津市区级图书馆联合编目项目 2018 年发布的意见稿，为图书馆行业标准建设提供了高质量的参考，展现了天津图书馆在服务标准化方面的积极努力。相比之下，河北省公共图书馆的合作体系建设受到人口基数大、馆舍数量多以及地区发展不均衡等客观因素的制约，在总分馆体系建设方面相对滞后。虽然河北省市级图书馆早在 2010 年就签署了河北省公共图书馆联合编目中心的框架协议，但迟迟未能取得实质性实施[1]；虽然石家庄、迁安等部分市区图书馆推出了相应的总分馆模式，但并未开展联合编目等协同业务[2]，且全省范围馆际管理制度和信息化系统差异较大，目前难以支持统一的总分馆管理模式和省内通借通还服务。

在对京津冀三地公共图书馆现状的分析中，可以观察到：尽管这些地区在地理上相邻、产业上互补，公共图书馆建设方面却呈现出显著的不均衡性。具体而言，河北省在三地中处于较为不利的地位，不仅在财

---

1 冯宝秀.关于河北省图书馆联盟建设的几点思考[J].河北经贸大学学报（综合版），2012，12（3）:16—19.

2 丁若虹，赵学平.河北省公共图书馆总分馆建设的实践与思考[J].河北科技图苑，2021，34（2）:19—23.

政支持、人均藏书量和信息化建设等方面落后于北京和天津，而且其公共图书馆体系结构较为松散，尚未形成有效的互联互通和业务协作机制。这一现状凸显了河北省在公共图书馆服务体系建设方面存在短板，亟须通过政策支持和资源整合来提升其服务效能和整体发展水平。

2.2 京津冀公共图书馆协同发展面临的问题

2.2.1 公共事业与基础设施的建设水平不平衡

京津冀三地公共图书馆的发展水平存在显著差异。北京市、天津市经济基础雄厚，文化教育资源及人才储备较为丰富，公共图书馆发展水平较高，目前的主要任务是实现两市间的协同对接，以优化资源配置和提升服务效能。而河北省的公共图书馆则面临资源和人才的双重短缺，亟需通过与京津地区的有效对接，获得必要的支持和帮助，以实现自身结构的整合和服务质量的提升。这种发展不均衡的状况对京津冀公共图书馆的整体协同发展构成了挑战，需要通过加强区域间的合作和资源共享来共同推进。

2.2.2 财政投入与政策执行效率的区域性差异

国家信息中心"中经数据"对 2022 年各省级行政区人均 GDP 的统计结果显示：北京市第 1 名，为 19 万元／人；天津市第 6 名，为 11.79 万元／人；河北省则位列第 27 名，为 5.65 万元／人。京津冀三地间的经济差距由此易见。这种经济差距直接影响了三地公共图书馆的财政投入和政策执行效率。北京市和天津市作为直辖市，拥有较高的政策制定和执行自主权，而河北省则可能因行政级别而面临政策执行上的挑战。此外，三地在财政、行政、人事、投资和审批等体制机制上的差异[1]，进一步限制了公共图书馆间的协同发展，影响了资源分配和服务效能，这成为京津冀公共图书馆协同发展中需要解决的关键问题。

---

1 陈璐. 加快破解京津冀基本公共服务一体化的难题 [J]. 共产党员（河北），2022（13）:32—34.

2.2.3 协同过程的合作意愿与实际参与度有限

京津冀图书馆联盟自 2015 年成立以来，旨在促进区域内图书馆的协同发展与合作。然而，实际调研发现，三地图书馆在参与联盟活动和协同发展建设方面的意愿并不均衡。三地图书馆对联盟的参与意愿和实际贡献存在明显差异，部分图书馆积极参与，而其他一些图书馆则未能充分发挥作用。此外，联盟在网络可见度方面存在不足，其官方网站和社交媒体账号难以查找，这与北京市图书馆和天津市图书馆系统拥有的官方信息渠道形成鲜明对比。例如，北京市公共图书馆计算机信息服务网等平台的存在，显示了京津两地在图书馆系统发展上的积极作为。这种参与度和可见度的不足，不仅影响了联盟在促进京津冀公共图书馆协同发展中的效能，也反映出协同过程中合作意愿与实际参与度有限的问题。

2.2.4 关键业务领域缺乏指导纲领和深层合作

京津冀公共图书馆协同发展在宏观政策层面已得到确认与引导，但在关键业务领域的合作与指导纲领方面存在明显不足。目前，三地在公共服务基础设施的共建共享方面进展缓慢，合作方式单一，共建共享的范围与程度有限。尽管京津冀图书馆联盟自成立之初便策划并实施了包括阅读推广、文化帮扶、交流研讨在内的多项活动，这些活动在传播度和知名度上却不尽如人意，未能在目标读者群体中形成显著影响。更为关键的是，联盟的合作尚未触及业务平台的深度对接，以及通借通还、联合编目等核心业务内容，而这些正是实现图书馆服务一体化的关键环节。指导纲领的缺失导致联盟在推进这些核心业务合作时缺乏明确的方向和执行标准，影响了协同发展的实际效果和长远目标的实现。因此，为了提升合作效果，联盟需要制定一套明确的指导纲领，以指导和规范三地图书馆在关键业务领域的合作，确保合作的深度和广度，从而实现资源共享和服务整合的最优效果。

3 京津冀公共图书馆从网借一体化平台向共享服务平台发展的构想

在公共图书馆服务领域，文献借阅作为一项传统服务，长期以来一直是图书馆服务的核心内容，并且与公众对图书馆服务的普遍期待相契合。文献的通借通还服务不仅被视为图书馆服务协同化的重要标志，同时也是用户能够最为直观体验到的图书馆联合服务的形式。传统的图书馆通借通还体系需要业务系统的密切协调和高度支持，北京市和天津市通过 Aleph 系统已经成功实现了区域内图书馆之间的通借通还服务。然而，河北省的图书馆业务系统尚未统一，技术功能也相对落后，这严重削弱了传统通借通还模式的实施基础，更遑论读者证、图书条码规则等方面的统一管理。

鉴于更换图书馆业务系统耗资较大、耗时较长且涉及多方长期协调，实际操作的可行性较低。因此，为了有效推进通借通还服务的建设，应当"另起炉灶"构建一个全新的"中心平台"，通过该平台与现有各系统进行对接，以消减当前系统间对接的复杂性。这样，问题的关键便转移到了如何降低各业务系统与中心平台对接的难度上。这在很大程度上取决于协同业务的选择。在诸多可能的协同业务中，网借服务因其易于实施且用户感知明显而成为首选。通过网借服务可以形成网借联盟，实现京津冀三地的资源共享，而以此为基础可以为馆际业务积累经验和模式借鉴，进而从资源共享向服务共享转移，发展京津冀图书馆共享服务平台。

3.1 京津冀图书馆网借一体化平台

网借是图书馆网络借书的简称，是指图书馆的有效持卡读者通过网络下单方式，利用物流体系，将图书馆的物理馆藏传送到读者指定地址的过程；当读者阅读完毕后，也可通过一定的物流服务归还给图书馆，或直接（就近）归还给图书馆体系，从而完成整个借还过程。[1] 2020年，根据《长江三角洲区域一体化发展规划纲要》的相关要求，上海市杨浦区图书馆牵头，联合长三角地区多家公共图书馆，共同成立了"长三角公共图书馆网借图书服务联盟"[2]，这为图书馆服务的区域协同提供了成功范例。借鉴此模式，京津冀地区亦可通过建立类似的网借联盟，制定统一标准，构建一体化的网借平台及物流中心，以实现京津冀区域内公共图书馆的图书通借通还服务。该方案在项目复杂性和规模上均具有可控性，且能显著提升读者的服务体验，为推动京津冀公共图书馆服务协同发展提供了切实可行的切入点。

3.1.1 网借平台总体架构

首都图书馆推出的"阅享京彩"网借平台为京津冀地区图书馆协同发展提供了重要的建设基础和经验参考，该平台自2022年上线以来，已实现了面向全国读者的便捷网借服务[3]。网借业务实质上是对传统图书馆借还服务的延伸，它作为通借通还服务的一种创新形式，依托我国发达的通信与物流网络，将图书馆、服务点和读者一并联结为资源流通网络中的关键节点，实现资源的互联互通。在这一网络中，图书馆扮演着资源注入和分配协调的核心角色。

立足于京津冀图书馆协同发展下网借联盟成员业务系统不统一、技术和经济资本不均衡的现实格局，京津冀图书馆网借联盟的平台应支持网借联盟成员结合实际情况选择适合的方式接入网借平台：例如"阅享京彩"的开架库模式可以实现与实体借阅一致的网借体验，但对现有业

---

1 上海市图书馆行业协会，智慧图书馆技术应用联盟（筹）.图书馆网借服务白皮书[A/OL].（2023-03-07）:4[2024-05-27].https://www.calsp.cn/wp-content/uploads/2023/02/%E3%80%8A%E5%9B%BE%E4%B9%A6%E9%A6%86%E7%BD%91%E5%80%9F%E6%9C%8D%E5%8A%A1%E7%99%BD%E7%9A%AE%E4%B9%A6%E3%80%8B.pdf.

2 顾杰尉.长三角城市图书馆互融互通的探索实践——以"长三角公共图书馆网借图书服务联盟"为例[J].图书馆研究与工作，2022（2）:73—76.

3 谢鹏，王璐，黄钟婷.首都图书馆"阅享京彩"网借服务平台实践研究[J].图书馆研究，2023，53（3）:67—74.

务系统对接的技术要求较高；又如开辟专门用于满足网借服务需求的独立网借库可以简化与现有系统的对接工作，允许图书馆以全新的标准独立进行资源建设和管理。

由此可知，京津冀公共图书馆网借一体化平台既要具备相对的独立性，又要与三地数据密切关联，还应保持平台开放以适应不同图书馆的对接形式和流通规则。在京津冀图书馆网借一体化平台的架构设计（见图2）中，各图书馆在保留并继续运用原有业务管理系统的基础上，融入一体化平台，以实现本地数据与中心平台的有效对接和交互。该设计旨在确保图书馆业务的连续性，同时降低因新系统不熟悉而可能引发的操作问题。此外，通过这种架构，京津冀地区图书馆能够实现资源共享，优化资源配置。网借平台独立构建读者管理、书目管理、资源发现等模块，这些模块的独立性意味着它们不必依赖于各图书馆内部的业务系统，从而提高了系统的灵活性和扩展性。

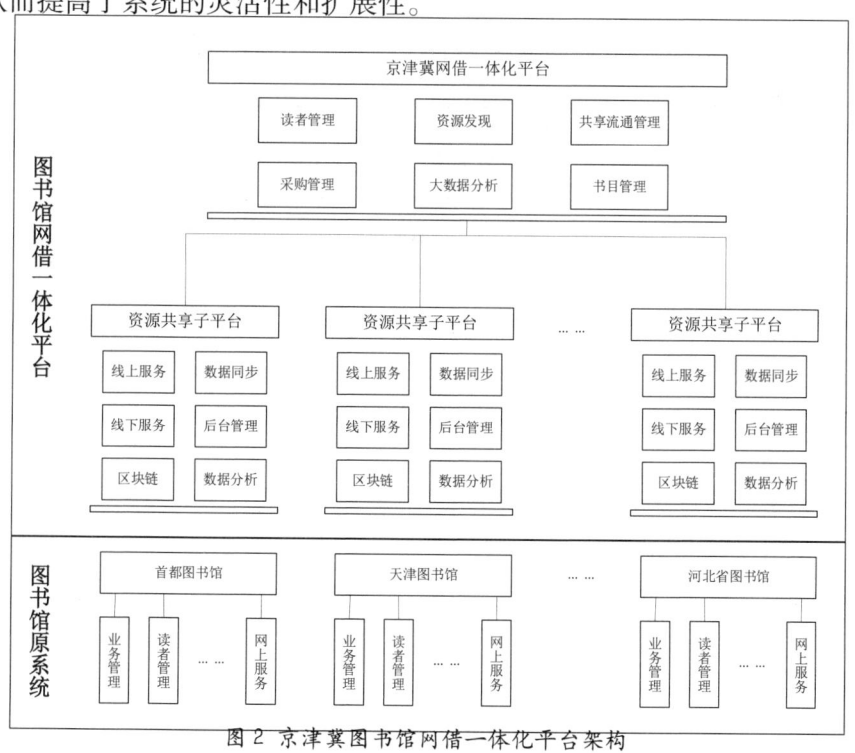

图 2 京津冀图书馆网借一体化平台架构

3.1.2 网借物流中心体系

物流配送对于网借联盟的发展和运营效果有显著影响。由于网借服务依赖于持续且大规模的物流支持，因此物流中心的体系化建制对于确保服务效率和质量至关重要。特别是对于京津冀三地的跨区域网借服务，建立高效的物流中心体系（见图3）是实现区域服务协调性和连贯性的关键。为应对大规模物流订单并满足管理需求，应设立京津冀网借服务中心，以承担图书储藏、日常订单处理以及物流对接等核心职能。此外，该中心还将作为一级物流中心，负责区域内图书的调拨和配送工作。物流中心的多级体系可以根据具体情况进行规划和建设：其中一级物流中心主要负责跨区域的图书配送及与二级物流中心之间的调拨；二级物流中心则专注于辖区内的图书配送，以及与下级物流中心和一级物流中心的图书调拨；依此类推，跨地区的资源流转均由上一级的物流中心负责管理。通过这种层级化的物流管理，可以确保跨地区资源的有效流转和分配，从而提高整个网借服务体系的运行效率。

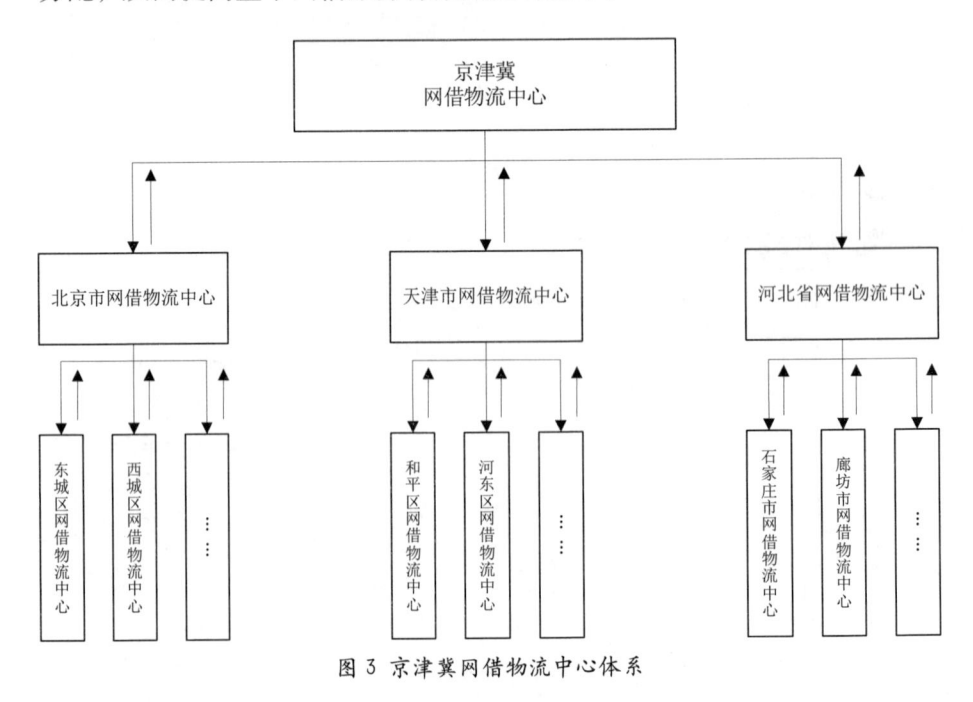

图3 京津冀网借物流中心体系

3.1.2 网借标准管理制度

在公共图书馆业务中，尤其是跨区域的网借服务，标准规范的制定和实施是确保服务顺利进行的关键。京津冀图书馆联盟在此方面承担着不可或缺的角色，需要通过组织相关利益方进行深入的调研和分析，以制定一系列业务标准和管理制度。这些标准应涵盖文献条码和读者条码管理、物流政策、文献流通规则等关键方面，以解决条码重复等问题，并确立统一的操作流程。

针对硬件设备调整的需求，如RFID技术应用中的频率不一致或读卡器兼容性问题，联盟应制定阶段性的解决方案。在初期，可以采用人工干预的方式，通过平台进行借还处理，以确保服务的连续性。随后，应分阶段实施硬件设备的配发或升级改造，以逐步提升系统的自动化和标准化水平。联盟需建立一套动态的标准更新机制，以适应技术进步和业务发展的需求。这包括定期审查现有标准的有效性，及时吸纳新技术，并根据实际操作中遇到的问题进行调整。通过持续的标准优化和管理，可以提高京津冀地区网借服务的整体效率和用户满意度，促进区域内图书馆资源的高效利用和共享。

在实施过程中，联盟应加强与各图书馆、技术供应商、物流服务商以及最终用户的沟通与协作，确保标准制定的全面性和实用性。同时，还应重视对图书馆工作人员的培训，提高他们对新标准的理解和执行能力，确保标准管理制度能够落到实处。

3.2 京津冀图书馆共享服务平台

智慧图书馆建设是图书馆领域的重要政策导向，国家层面的《中华人民共和国国民经济和社会发展第十四个五年规划和2035年远景目标纲要》《"十四五"公共文化服务体系建设规划》均明确提出了推进"智慧图书馆"建设的目标，地方层面如《河北省图书馆"十四五"规划》《天津图书馆"十四五"规划》中，也频繁出现了"智慧图书馆系统"和"京津冀协同发展"的规划内容。这些规划为京津冀地区图书馆的协同发展提供了政策支持和发展方向。

如前文所言，网借服务作为京津冀公共图书馆协同发展的切入点，具有较高的成本效益比，不仅可以积累丰富的合作经验，而且为未来更广泛的协作奠定了基础，进而推动更多图书馆业务的协同化改造。为此，可以利用智慧图书馆系统建设的机遇，将京津冀图书馆网借一体化平台扩展升级为京津冀图书馆共享服务平台。这一扩展不仅涉及资源共享，更指向服务共享，旨在实现从单一的网借服务到全面图书馆服务共享的质的飞跃，从而促进京津冀地区公共图书馆服务的整体提升和协同发展。

京津冀图书馆共享服务平台的构建关键是在跨地域、跨系统的背景下，实现用户、数据等方面的关联与互通。过于分散的独立职能系统会导致业务应用无法形成有效协同机制，进而形成数据孤岛[1]，使得馆际合作业务实施和服务开展受限。因此，需要采用"平台＋应用"的微服务架构来支持全面的区域协作，具体而言即为从封闭的传统 ILS 系统向高度集成而具备全新业务架构和智能业务模式的下一代图书馆服务平台转变[2]，建设由图书馆主导的、基于微服务架构的、全面支持智慧图书馆应用模式的开放式平台[3]。学界在以技术底座支撑图书馆多业务的全面区域协作方面作出了长足探索，例如经渊等人提出了一种基于云架构的跨系统区域图书馆联盟的一体化模型[4]，而朱伟珠、李春发则对京津冀跨区域公共图书馆联盟平台的构建进行了可行性、体系结构和关

---

1 宗琦，丁家友，郭朗睿.长三角地区高校创新创业信息系统协同优化研究[J].中国高校科技，2023（12）:31—37.

2 单轸，陈雅，邵波.桎梏与突破：我国下一代图书馆服务平台的发展历程与展望[J].图书情报工作，2023，67（8）:94—103.

3 谢蓉，刘炜，朱雯晶.第三代图书馆服务平台：新需求与新突破[J].中国图书馆学报，2019，45（3）:25—37.

4 经渊，郑建明，陈雅.基于云技术的跨系统区域图书馆联盟一体化模型[J].图书馆学研究，2017（4）:97—101.

键技术的研究[1]。

　　京津冀图书馆共享服务平台的架构由用户层、应用层、平台层和数据层组成（见图4）。该架构设计的核心在于通过建立统一的微服务网关、数据网关和技术网关，以实现对应用和数据的统一管理与分配。这样的设计允许不同应用之间实现数据的互联互通，同时，对于新扩展的应用，只要它们遵循平台的规范标准，就能够轻松地与现有的应用和数据层实现联通。此外，各图书馆的现有信息化系统中的数据将通过数据同步组件同步至平台的数据层。

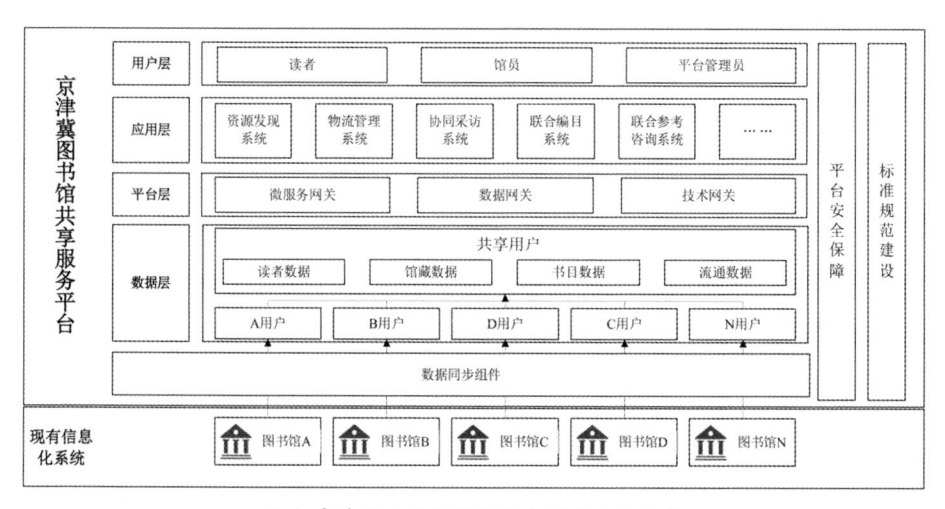

图4 京津冀公共图书馆共享服务平台架构

　　与京津冀图书馆网借一体化平台相比，京津冀图书馆共享服务平台的模式是将各图书馆的功能"孪生"至共享服务平台中。在这种模式下，各图书馆可以选择共享的数据部分，而平台上的应用则基于这些共享数据提供服务。此时，网借服务仅作为应用层的一种应用，并且根据需求还可以探索更多协同业务的可能性，例如联合编目、资源发现、联合参考咨询、协同采访和区域活动等。通过这种方式，京津冀地区的图书馆

---

1 朱伟珠，李春发.服务于协同创新的京津冀跨区域公共图书馆联盟平台构建分析[J].现代情报，2017，37（10）:78—83.

服务能够实现彻底融合，三地图书馆将能够充分发挥各方优势，共同为人民提供内容更为丰富多样和具有更高精神品位的文化产品、文化服务等，构筑强大的精神家园，促进人民精神生活的共同富裕。

4 结语

京津冀协同发展战略需要区域文化的精神助推，需要文化均衡发展，并发挥文化对经济社会发展的促进作用[1]，京津冀城市群应整体提升基本公共文化服务水平，缩小内部差距，协同发展公共文化服务[2]。本文通过深入分析京津冀公共图书馆协同发展的现实图景，提出了从网借一体化平台向共享服务平台发展的建设构想，以期实现从资源共享到服务共享的跃迁。针对京津冀三地图书馆区域发展不均衡、财政与政策执行差异、合作意愿不足等现实挑战，本文建议通过构建统一的技术和管理平台，推动三地图书馆服务的深度融合，为京津冀公共图书馆协同发展提供坚实基础，促进区域内图书馆资源和服务的高效利用和共享。

京津冀地区作为我国区域协同发展的先行示范区，其公共图书馆的协同发展不仅对提升区域文化软实力具有重要意义，也是推动区域均衡发展、实现文化共享的关键环节。展望未来，京津冀公共图书馆协同发展将继续作为推动区域文化繁荣、实现文化共享的重要途径。通过三地图书馆的共同努力，不仅能够提升区域文化软实力，还将为促进社会主义文化强国建设作出积极贡献。随着政策支持、技术创新、人才培养等方面的持续加强，京津冀公共图书馆的协同发展将迈向更高质量、更可持续的新阶段，为实现人民精神生活的共同富裕提供有力支撑。

---

1 李菊花.京津冀协同发展背景下基层社区图书馆均衡化建设探讨[J].图书馆工作与研究，2016（12）:109—114.

2 孙钰，章圆，齐艳芬，等.京津冀城市群基本公共文化服务水平的时空演变、溢出效应与驱动因素研究[J].北京联合大学学报（人文社会科学版），2022，20（2）:58—68.

智慧图书馆与智慧服务的实践与思考
——以北京城市图书馆为例

徐 冰 王 萌[*]

摘要 本文梳理了关于智慧图书馆的研究及其在图书馆行业的实践应用，以北京城市图书馆为例，介绍了在智慧图书馆建设和智慧服务方面可供参考的做法，提出夯实数字化底座、丰富知识内容表达方式、提升以人为本服务体验、实施数智监管智慧管理、推动面向未来服务创新等策略，并总结了坚持高点定位、坚持文化惠民、坚持融合发展的工作经验。

关键词 智慧图书馆；智慧服务；北京城市图书馆

云计算、大数据、人工智能等新技术改变了人们的生活方式，也将给公共图书馆带来颠覆式的行业变革。随着人们的需求变得更加个性化、多元化，单纯提供图书和其他信息资源的服务已经无法满足读者日新月异的文化需求，图书馆必须引入新的技术来走向新形态、实现新功能，探索新的智慧服务模式，实现在 AI+ 时代的可持续发展。

---

[*] 徐冰，1982 年生，首都图书馆副研究馆员，研究方向为图书馆建设与管理；王萌，1988 年生，首都图书馆馆员，研究方向为公共图书馆服务。

1 图书馆行业对"智慧化"的探索

图书馆向来是对技术变革敏感的机构,虽然"智慧图书馆"尚无公认的统一定义,但学界对智慧图书馆的认识随着技术的发展不断扩展更新,一个普遍共识是:智慧图书馆建设是利用智能化技术对图书馆的资源、空间、服务乃至业务管理活动进行全方位的重塑的过程,绝非简单地引入某种技术或设备就能实现[1]。

1.1 研究和实践

参照王栓栓[2]等的统计研究方法,以中国知网的学术期刊库作为检索数据库,以"智慧图书馆"为关键词对篇名进行检索,近十年核心期刊和 CSSCI 共检索到文献 500 篇。各年度发文数量如表 1 所示,呈逐年上升趋势。

表 1 "智慧图书馆"研究论文年度分布

年度	发文量(篇)
2015 年	21
2016 年	20
2017 年	32
2018 年	46
2019 年	50
2020 年	67
2021 年	75
2022 年	69
2023 年	86
2024 年(半年)	29

---

1 饶权. 回顾与前瞻:图书馆转型发展面临的问题与思考 [J]. 中国图书馆学报,2020,46(01):4—15.

2 王栓栓,徐瑾,王富国. 近五年国内智慧图书馆研究综述 [J]. 科技传播,2022,14(24):28—32.

通过对这些论文的主题词进行统计，反映了我国目前对智慧图书馆的研究主要集中在：智慧服务（词频106）、数字图书馆（32）、人工智能（31）、智慧馆员（24）、大数据（21）、物联网（19）、元宇宙（17）等方面。崔玥[1]对近年来智慧图书馆理论研究和调查研究进行梳理，认为目前智慧图书馆的研究主要集中在前端，而对后端技术底座的研究则相对较弱。可见智慧服务与智慧管理，也即智慧化在图书馆的具体应用，是公共图书馆普遍关心的方向。

近年来对图书馆实现智慧化转型的探讨，可以归纳为以下三种途径：（1）"智慧"应用于馆舍建设。包括在新馆建设或空间再造中引入建筑信息化模型（BIM）等技术，提升信息集成化程度；将移动互联网装配到建筑、设备、资源中，利用5G网络提供无线数据传递[2]；利用物联网技术在图书馆各角落部署传感设备，使图书馆能随时获取所需的数据与信息[3]等。（2）"智慧"应用于业务流程。包括利用RFID技术实现流通与典藏管理；基于超高频RFID打造智能图书盘点机器人[4]；尝试引入最新分拣技术AGV机器人[5]等。（3）"智慧"应用于读者服务。包括实现服务场所泛在化，读者在任何时间、地点都可获取图书馆资源；信息资源聚合化，各类信息资源之间建立起跨系统应用集成、跨部门信息共享、跨库网转换互通、跨媒体深度融合、跨馆际物流速递的广泛联系[6]；服务路径便捷化，芯片识别等技术让读者通过手机就能实现图书借还，微信公众号可实现阅读活动预约、在线阅览等功能。

---

1 崔玥. 智慧图书馆建设研究综述[M]// 首都图书馆. 图书馆与终身学习（第一辑）. 北京：国家图书馆出版社，2023:57—66.

2 李金阳. 以建筑、设备和服务为融合的智慧图书馆构建分析与思考[J]. 四川图书馆学报，2021（06）:6—10.

3 武洪兴. 基于物联网的智慧图书馆应用构想[J]. 图书馆工作与研究，2020，（03）:85—91.

4 沈奎林，邵波，陈方军，等. 基于超高频RFID的图书盘点机器人的设计和实现[J]. 图书馆学研究，2016（07）:24—28.

5 林黎南. 自动分拣技术在公共图书馆的应用研究[J]. 图书馆研究与工作，2019（04）:70—73.

6 王世伟. 未来图书馆的新模式：智慧图书馆[J]. 图书馆建设，2011（12）:1—5.

在智慧图书馆实践方面，公共图书馆行业积极探索尝试，实现信息技术对业务管理、读者服务赋能，并取得了一些成效。首都图书馆2020年建设大兴机场分馆，将其作为智慧图书馆试点，将智慧管理、智慧服务、智慧运营理念落实到实际工作中，实现了数字资源扫码借阅、智能引导服务、智能书架识别盘点、移动借阅等功能，提升了服务便捷性和管理效率。广东省立中山图书馆研究并首创图书馆采编图灵——图书采分编作业的自动化和智能化技术，实现了图书自动供件、图书信息采集及姿态调整、图书封底和封面物理加工，减少重复的人力劳动，提升图书馆尤其是大中型图书馆图书采分编效率。南京图书馆在江苏省文旅厅的支持下，建立了"江苏省公共图书馆大数据服务平台"，实现了全省关键指标排名发布、多维度统计数据、读者活动和流量数据采集等功能，为数据深度挖掘分析从而实现融合应用打下良好基础。安徽省图书馆部署了基于少儿精准阅读的人工智能服务平台，推出少儿阅读服务机器人小安，实现人脸识别、交互式语音咨询、智能化交互书目检索、阅读个性化推荐、活动推送、亲子伴读、阅读能力测评等智能化服务功能。[1]

1.2 发展方向

新一轮的信息革命已经从数字化走向数据化，从多（跨）媒体走到全媒体[2]。在这样的时代背景下，公共图书馆正在探索更多将"智慧"融合于服务的方式，实现"以人为中心"的服务愿景。通过科技赋能：（1）提供个性化、精准化的服务。基于数据形成用户画像，基于画像提供个性化的推荐与知识服务，覆盖全年龄，因"需"制宜。（2）提供更加多元的阅读方式。综合运用多种媒体和终端，以文字、图片、声音、影像

---

[1]《智慧图书馆探索与实践》编委会.智慧图书馆探索与实践[M].北京：国家图书馆出版社，2021:49—100.

[2]《智慧图书馆探索与实践》编委会.智慧图书馆探索与实践[M].北京：国家图书馆出版社，2021:49—100.

等元素全方位、立体化展示内容[1]，将馆藏拣选转化为可听、可观、可体验、可回味的表达方式。（3）提供更加融合的体验。图书馆不再是单纯阅读的场所，智慧赋能图书馆转型，在服务业态中融入更多科技、旅游、艺术元素，助其成为真正跨界融合的"城市客厅"。

1.3 问题和难点

虽然关于智慧图书馆的理论研究热度不减，应用实践也呈遍地开花的势态，但是总体来说，行业智慧图书馆建设还处在探索的初级阶段，且还要经历一个长期的、动态变化的、不断发展的过程。在这一过程中，面临的难题有很多，主要体现在如下四个方面：（1）标准和规范缺失。图书馆核心资源建设、服务模式、技术应用等方面，都缺少针对智慧图书馆建设方面的行业标准，很多应用案例还停留在探索阶段，难以复制和推广。（2）应用场景开拓不足。人工智能等前沿技术与图书馆之间存在较大断层，缺少匹配图书馆应用的普通场景，即使在文化领域的应用也是散点零星状态，不像工业互联网、医疗、媒体、交通、金融等领域应用广泛。（3）体系化建设困难重重。不论何种层面的智慧图书馆体系建设，一般都需要搭建一套支撑智慧图书馆运行的基础设施，搭载知识内容，运行智慧图书馆管理系统，建立适宜的运营环境，建设实体智慧服务空间，一次性建设投入和后续维护投入费用都相当可观。（4）急需复合型人才。智慧图书馆对馆员素质提出新的要求，知识复合型、理念引领型、技术创新型馆员受到欢迎，还应具备对先进技术的敏感度，敢于颠覆传统，勇于探索创新。

---

1 陈超.大阅读时代智慧复合型图书馆发展战略思考[J].图书馆杂志，2022（06）:4—8.

2 北京城市图书馆开展智慧服务的策略

2.1 夯实智慧服务的数字化底座

以实现图书馆业务的全流程智慧化管理为目标，形成以数据底座为支撑的智慧服务体系，打造图书馆建筑、图书馆设备、馆藏资源、读者、馆员互联融通的生态系统。贯通数据资源，融汇资源、业务、物联网、知识库等数据形成基础支撑平台。强化数据治理，建设数据中台、业务中台、AI 技术中台，实现数据的深度挖掘、安全管理与高效应用。推进数据利用，建设资源管理、读者服务、运营管理、综合事务、虚拟图书馆、分析决策、运维管理等图书馆业务系统，为公共文化服务优化提升提供智能化支撑。促进数据共享，对接市大数据平台，开放数据地图、知识图谱等数据服务资源，实现数据在社会领域的广泛应用。

2.2 丰富知识内容的表达方式

利用数字技术丰富知识内容的多元立体表达，以创新手段实现中华优秀传统文化的时代化传承。古籍文献馆对古籍珍善本进行数字化加工，利用自然语言处理技术提供古文对读功能，帮助公众理解古籍内容，发挥珍稀资源的文化价值。非遗文献馆以馆藏图书、戏票、唱片、音像制品为基础，构建专业化的非遗戏曲资源知识图谱，对非遗戏曲剧目、演员、程式、唱腔、舞美、演出场所等知识进行提取，以可视化的形式展示非遗戏曲的传承与流变。少年儿童馆运用 4D 观影、智能手环、体感互动、沉浸场 VR 等多媒体互动科技手段带领孩子进行沉浸阅读与深度学习。艺术文献馆打造"北京声音"展，综合利用数字资源库、VR 视角与可视化沉浸地图展现声景结合的北京声音。

2.3 提升"以人为本"的服务体验

先进技术深度融入服务的各个方面，创造个性化和关怀性的用户体验。资源和服务集成于同一平台，读者通过一部手机即可实现图书借阅、活动预约、资源调取。芯片感应与条码识别等技术拓宽借书渠道，除了自助借还机，读者还可通过 24 小时借阅柜、机器人、智能书架甚至是个人手机操作完成借阅，在 24 小时图书馆，享受借由视觉识别技术打造的"无感借阅"服务。引入智能推荐和隐私计算平台，将文献与活动资源精准推送到每一位读者，实现"千人千面"的智能推荐。7 款机器人馆员服务范围涵盖图书馆室内部分、共享区域、绿心园区，在不同场景中为读者提供参考咨询、导览导引、文献流通、图书配送、智能盘点等服务，将"人找书"转变为"书找人"。智慧桌面联动馆内各类智慧服务，提供电子阅读、文献检索、识别翻译、送书到桌、个性灯光等功能；对于 60 岁以上的读者，屏幕字体自动切换为大字版，并提供"呼叫馆员"按键，打造周到贴心的适老服务。

2.4 实施数智监管的智慧管理

以实现全区域覆盖、全流程闭环的智慧管理为目标，打造安全便捷的智慧楼宇，通过物联网技术实现主动感知、主动预警，实现由"人盯"向"数治"的智慧化升级。综合安防系统利用终端设备实现信息实时感知，全场馆覆盖的视频监控可实现客流统计、入侵告警、物品丢失检测等功能，图书馆整体运行情况实时呈现，为管理层决策提供依据。公共广播系统覆盖全馆，与消防信号联动，紧急情况下提供消防广播。信息导引系统与运营管理系统对接，实现信息发布的统一管理，通过覆盖全馆的显示终端让读者即时了解服务引导、紧急通告等公共信息。数智系统大屏采用数据可视化技术，融合展示楼宇数据、环境数据、人流数据、图书馆业务数据及数字资源数据，为读者和馆员提供丰富全面的信息展示体验。

2.5 推动面向未来的服务创新

随着人工智能技术的发展，全世界的图书馆正在展望一个更加开放、包容和互动的未来。北京城市图书馆创新打造元宇宙体验馆、虚拟馆员、AR 沉浸体验、VLOG 打卡等智慧服务场景，融合文化服务与旅游要素，提供多元、互动、沉浸的文化体验。元宇宙体验馆利用数字孪生技术将实体场馆复刻至云端，读者可参与线下展览活动，亦可与线上的读者、馆员交流互动，打造虚拟与现实交融的阅读世界。数智馆员"图悦阅""鲁迅""图图""未来"经大语言模型训练，提供智能问答、信息查询、书籍导航、阅读指导等服务，为读者打造直观、生动、及时的信息交互体验。AR 沉浸体验以地图导览为抓手，让读者在行进过程中身临其境地体验 3D 指引、书评留言墙、数字人向导、特色 AR 贴纸等阅读服务场景。"VLOG 打卡"根据读者意愿记录阅读、参观、参加活动的过程并生成视频日记，通过固定点位拍摄、人脸识别、高光剪辑算法等技术实现"一键成片"，支持社交媒体分享传播，为读者生成公共文化服务体验永久回忆。

3 北京城市图书馆开展智慧服务的成效与经验

北京城市图书馆开放以来受到社会各界的广泛关注，开馆第 5 日单日到馆人次突破 3 万，开馆 88 日到馆人次突破 100 万，被誉为"开馆即顶流"的图书馆。据统计，到馆读者平均停留时间为 2.5 小时，其中约 10% 的读者停留超过 6.5 小时。从单纯借阅到深度体验，从实景观光到虚实结合，科技创新为文旅融合高质量发展插上新的翅膀。

3.1 坚持高点定位，打造世界一流的公共图书馆

在规划与建设中坚持"高点定位"的建设要求，把握数字化、智能化、融合化的发展趋势，打造具有前瞻性和引领性、代表未来发展方向的世界一流图书馆。积极应对科技快速发展给文化服务带来的重要机遇，广

泛吸纳世界最先进的理念和技术，充分发挥世界一流图书馆应有的效能，回应人民群众对美好生活的需求与期待。

3.2 坚持文化惠民，打造"以人为本"的智慧服务

智慧服务的最终目标是更好地为人民服务。北京城市图书馆突破"以书为中心"的传统模式，运用先进科技手段助推文化服务供给侧结构性改革，将阅览、学习、研讨、创作、交流、观展、观演、休闲等功能集于一体，"以人为中心"扩展服务功能、优化服务流程。打造特色化、个性化、多样化的文化服务产品，深入挖掘中华优秀传统文化所蕴含的时代价值，充分满足人民群众对多样化、高品质文化服务与产品的迫切需求。

3.3 坚持融合发展，推进场景驱动的突破创新

沉浸式智慧服务新场景为人民群众提供全新的体验，也为文旅融合发展带来新的活力。北京城市图书馆基于未来趋势与需求愿景不断整合共融创新要素，充分利用数字技术跨领域、跨时空、跨层级、跨系统的特征，通过虚拟现实、增强现实、混合现实等技术推动服务场景拓展，以场景为载体，以技术为支持，为人民群众带来多维度的文化体验，让文化服务到达更有内涵、更具情感、更有潜力的新境界。

4 结语

信息技术的飞速发展令图书馆行业迎来了前所未有的变革和机遇。图书馆纷纷探索智慧服务的新模式，以期更好满足读者的需求。在新的起点上继续推动文化繁荣，是我们新时代新的文化使命。图书馆人需要不懈努力，以全球视野和战略思维思考图书馆的发展与未来，建设以人民为中心的现代图书馆，以更加包容、开放的姿态融入世界。

我国区域性跨省公共图书馆联盟现状分析及思考

陈 琼　李木子　武克涵

摘要 本文通过全面梳理省馆参与的各区域性跨省公共图书馆联盟基本情况，以及分析其中部分联盟的工作成果典型案例，对我国区域性跨省公共图书馆联盟发展现状与特点进行系统的总结归纳，并基于调研结果提出发展建议，以期为我国已成立的图书馆联盟及计划成立的相关联盟组织提供有益借鉴与参考。

关键词 图书馆联盟；区域性跨省联盟；公共图书馆

图书馆联盟是指为了实现资源共享、利益互惠的目的而组织起来的、受共同认可的协议和合同制约的图书馆联合体[1]。在我国不断构建完善公共文化服务体系和区域一体化发展战略相继提出的背景下，随着图书馆事业和信息技术的发展，各地公共图书馆相继联合发起成立了不同规模和组织形式的图书馆联盟。笔者通过文献调研、网络调查、通讯调研等

---

* 陈琼，1979年生，首都图书馆副研究馆员，研究方向为公共图书馆管理与服务；李木子，1991年生，首都图书馆馆员，研究方向为公共图书馆服务体系建设；武克涵，1989年生，首都图书馆馆员，研究方向为公共图书馆传播策略。
1 戴龙基，张红扬.图书馆联盟——实现资源共享和互利互惠的组织形式[J].大学图书馆报，2000（03）:36—39.

方法对我国区域性跨省公共图书馆联盟进行调查研究，并重点对省馆参与的跨省公共图书馆联盟进行信息收集和分析研究，以期对比参照、取长补短，为图书馆联盟工作开展和组织实施提供借鉴。

1 跨省公共图书馆联盟的总体情况

我国图书馆联盟建设始于20世纪50年代[1]，2002年后发展迅速[2]，2003年起研究成果逐步增加[3]，近年来跨省联盟建设方兴未艾。2024年4月至6月，笔者以"公共图书馆联盟"为主题词，通过中国知网、百度搜索引擎，搜集检索到我国跨省公共图书馆联盟24个。从区域范围看，跨省公共图书馆联盟包括国际性、全国性、区域性三个范围层级，在区域性跨省联盟中，从成员类型看，有省级馆参与的联盟，也有市区级馆参与的联盟。从文献和网络检索情况看，被关注度和活跃度较高的跨省联盟有粤港澳大湾区公共图书馆联盟、京津冀图书馆联盟和长三角地区的各类图书馆联盟。本文主要研究的是省馆参与的区域性跨省公共图书馆联盟。

表1 我国跨省公共图书馆联盟一览（2024年6月）

序号	区域范围	联盟名称	成员类型（级别）	成立时间
1	国际性联盟	中国—中东欧国家图书馆联盟	国家馆、省馆、市馆	2017年
2		丝绸之路国际图书馆联盟	国家馆、省馆	2018年
3		中国东盟图书馆联盟	省馆、市馆	2023年
4	全国性联盟	全国图书馆参考咨询联盟	跨系统的各类型馆	2012年
5		全国图书馆文创联盟	图书馆文创试点单位	2017年

---

1 肖鹏，陈润好.从资源共同体到命运共同体：中国图书馆联盟的四种建设路径及其未来趋势[J].图书馆建设，2018（12）：31—36.
2 陈传夫，吴钢.图书馆业态的变化与发展趋势[J].中国图书馆学报，2007（03）：5—14.
3 谈大军，高波，贾素娜.1998—2007年我国图书馆联盟研究综述[J].情报理论与实践，2010，33（04）：119—123.

(续表)

序号	区域范围	联盟名称	成员类型（级别）	成立时间
6	区域性跨省联盟	中部六省（湘鄂赣皖晋豫）公共图书馆联盟	省馆、市馆、区馆	2012年
7		京津冀图书馆联盟	省馆	2015年
8		西部省级公共图书馆联盟	省馆	2017年
9		粤港澳大湾区公共图书馆联盟	省馆、市馆	2019年
10		长三角公共图书馆智库服务联盟	省馆	2020年
11		成渝地区公共图书馆联盟	省馆、市馆	2020年
12		长三角地区公共图书馆标准化工作联盟	省馆	2022年
13		黄河流域公共图书馆智库服务联盟	省馆	2023年
14		黄河流域图书馆联合发展体	省馆	2023年
15		华南地区图书馆联盟	省馆、市馆	2023年
16		大运河沿线图书馆联盟	省馆	2024年
17		"一带一路"图书馆联盟	市馆、区馆	2016年
18		通武廊公共图书馆联盟	市馆、区馆	2017年
19		"京津冀公共文化服务示范走廊"公共图书馆阅读推广联盟	市馆、区馆	2020年
20		关中平原城市群公共图书馆联盟	市馆、区馆	2020年
21		长三角公共图书馆网借图书服务联盟	市馆、区馆	2020年
22		川南渝西七市区公共图书馆联盟	市馆、区馆	2021年
23		京津冀公共图书馆区域合作联盟	市馆、区馆	2021年
24		长三角城市图书馆联盟	市馆、区馆	2023年

2 省馆参与的区域性跨省公共图书馆联盟基本情况

在区域性跨省公共图书馆联盟中，有省级馆参与的联盟共有 11 个。从成立时间、政策背景、成员单位、组织模式、合作内容、章程协议等维度进行深入调研和信息收集，各联盟的基本情况如下：

2.1 中部六省（湘鄂赣皖晋豫）公共图书馆联盟

表 2 中部六省（湘鄂赣皖晋豫）公共图书馆联盟基本情况

类别	中部六省（湘鄂赣皖晋豫）公共图书馆联盟基本情况
成立时间	发端于 2012 年在武汉成立的"湘鄂赣长江中游城市集群信息中心"暨"湘鄂赣公共图书馆联盟"； 2013 年安徽省图书馆加入该联盟，联盟更名为"湘鄂赣皖四省公共图书馆联盟"； 2020 年 9 月在南昌签署合作协议，成立中部六省（湘鄂赣皖晋豫）公共图书馆联盟
政策背景	《促进中部地区崛起规划》（2009 年 9 月）
发起单位	共同发起成立
成员单位	湖南省图书馆、湖北省图书馆、江西省图书馆、安徽省图书馆、山西省图书馆、河南省图书馆，以及湖南、湖北、江西、安徽四省的部分市县级图书馆
组织模式	设联盟馆长联席会议制度，联席会议为联盟领导决策机构，每年至少召开一次工作会议，由六省省馆轮流负责，轮值馆长作为联盟会议召集人，任期一年，成员包括六省图书馆馆长、分管副馆长、相关部门主任。各联盟成员馆设联盟办公室，成立相应的专门委员会
合作内容	协调文献采购，优化资源配置，编制联合书目，实现统一检索，共同开发文献，深化信息服务， 加强古籍保护，弘扬传统文化，加强资源共享，提供优质服务，交流办馆经验，促进科学管理， 建设数字资源，推动智慧阅读，培养专业人员，提升队伍素质，开展研讨活动，繁荣学术园地

(续表)

类别	中部六省（湘鄂赣皖晋豫）公共图书馆联盟基本情况
协议章程	《中部六省（湘鄂赣皖晋豫）公共图书馆联盟协议》、中部六省（湘鄂赣皖晋豫）公共图书馆联盟运行机制、《中部六省（湘鄂赣皖晋豫）公共图书馆联盟章程》

2.2 京津冀图书馆联盟

表3 京津冀图书馆联盟基本情况

类别	京津冀图书馆联盟基本情况
成立时间	2015年11月
政策背景	《京津冀三地文化领域协同发展战略框架协议》（2014年8月）《京津冀协同发展规划纲要》（2015年4月）
发起单位	共同发起成立
成员单位	首都图书馆、天津图书馆、河北省图书馆
组织模式	设轮值主席馆，每两年轮换一次。设六个专项工作委员会，形成不同业务领域常态化整体协作机制
合作内容	联合搭建六个平台：资源共建共享平台、联合参考咨询平台、专业人才培养平台、惠民服务平台、公共文化示范区建设平台、冬奥会主题服务平台；联合开展京津冀一体化发展研究
协议章程	《京津冀图书馆合作协议》《京津冀图书馆联盟章程》《京津冀图书馆联盟"十四五"发展规划》

2.3 西部省级公共图书馆联盟

表4 西部省级公共图书馆联盟基本情况表

类别	西部省级公共图书馆联盟基本情况
成立时间	2017年2月
政策背景	西部大开发战略（1999年9月）

(续表)

类别	西部省级公共图书馆联盟基本情况
发起单位	共同发起成立
成员单位	西部12省、区、市（重庆市，四川省，云南省，贵州省，广西壮族自治区，西藏自治区，陕西省，甘肃省，宁夏回族自治区，青海省，新疆维吾尔自治区，内蒙古自治区）的13家省级公共图书馆（广西2家，包括广西壮族自治区图书馆、广西壮族自治区桂林图书馆）
组织模式	设有联盟理事会和秘书处
合作内容	构建定期互访机制，在馆员交流、业务发展、项目共建共享、文旅融合等方面策划合作项目，举办西部省级公共图书馆文创产品巡回展，开展形式各异的文化交流活动
协议章程	《西部省级公共图书馆联盟章程》

2.4 粤港澳大湾区公共图书馆联盟

表5 粤港澳大湾区公共图书馆联盟基本情况

类别	粤港澳大湾区公共图书馆联盟基本情况
成立时间	2019年11月
政策背景	《粤港澳大湾区发展规划纲要》（2019年2月）
发起单位	广州图书馆、广东省立中山图书馆
成员单位	广州图书馆、广东省立中山图书馆、深圳图书馆、广州少年儿童图书馆、中山纪念图书馆、珠海市图书馆、佛山市图书馆、惠州慈云图书馆、东莞图书馆、江门市图书馆、肇庆市图书馆、广州大典研究中心12家公共图书馆和文献机构
组织模式	广东省立中山图书馆为长期主持单位；其他各成员馆轮流担任轮值主持单位，任期两年。 该联盟是一个开放合作的框架，秉持自愿、平等、共赢、开放原则，对大湾区范围内其他有意向加入的公共图书馆及相关机构持续开放
合作内容	推进粤港澳大湾区历史文献、全民阅读、图书馆发展等领域交流合作，弘扬中华优秀传统文化，支持岭南历史文化研究。重点合作领域：历史文献的整理与交流、阅读推广
协议章程	《粤港澳大湾区公共图书馆联盟倡议书》

2.5 长三角公共图书馆智库服务联盟

表 6　长三角公共图书馆智库服务联盟基本情况

类别	长三角公共图书馆智库服务联盟基本情况
成立时间	2020 年 5 月
政策背景	《长江三角洲区域一体化发展规划纲要》（2019 年 12 月）
发起单位	南京图书馆
成员单位	沪苏浙皖三省一市公共图书馆：上海图书馆、南京图书馆、浙江图书馆、安徽省图书馆
组织模式	由南京图书馆牵头推动，日常运行和管理工作主要由智库服务联盟办公室负责。采用会员加盟制，所有成员馆享有同等的权利和义务，并通过章程加以明确。
合作内容	发挥各联盟馆地缘优势、先发优势和智力优势，在理论研究、咨政辅政、决策咨询等方面积极作为，共同促进长三角公共图书馆决策咨询服务水平提升。科学统筹长三角公共图书馆资源配置，携手推进联盟建设任务，建立健全长三角公共图书馆智库服务体系。
协议章程	《长三角公共图书馆智库服务联盟合作协议》《长三角公共图书馆智库服务联盟章程》

2.6 成渝地区公共图书馆联盟

表 7　成渝地区公共图书馆联盟基本情况

类别	成渝地区公共图书馆联盟基本情况
成立时间	2020 年 6 月
政策背景	成渝地区双城经济圈战略部署（2020 年 1 月）
发起单位	共同发起成立
成员单位	四川省图书馆、重庆图书馆、成都图书馆
组织模式	统一谋划、一体部署，相互协作、共同实施、优势互补、共建共享

(续表)

类别	成渝地区公共图书馆联盟基本情况
合作内容	在联合编目、读者互认、通借通还、资源共享、人才培训、讲座展览、文创开发等方面展开合作。 有10余个成渝公共图书馆共建一体化项目：成渝阅读一卡通项目、送书到家一线通项目、数字文化一网通项目、高铁阅读一路通项目、讲座展览一站通项目、巴蜀文献联合开发项目、巴蜀文化特色文创产品研发项目等
协议章程	《成渝地区公共图书馆共建公共文化一体化方案》《成渝地区公共图书馆联盟合作框架协议》

2.7 长三角地区公共图书馆标准化工作联盟

表8 长三角地区公共图书馆标准化工作联盟基本情况

类别	长三角地区公共图书馆标准化工作联盟基本情况
成立时间	2022年12月
政策背景	《长江三角洲区域一体化发展规划纲要》（2019年12月）
发起单位	安徽省图书馆
成员单位	沪苏浙皖三省一市公共图书馆：上海图书馆、南京图书馆、浙江图书馆、安徽省图书馆
组织模式	由安徽省图书馆牵头推动，各馆协同配合、共同完成各项工作
合作内容	围绕"十四五"期间图书馆标准化工作的目标和任务，组织参与国家标准、地方标准的制定、修订，开展标准转化、标准化交流培训等工作
协议章程	《长三角地区公共图书馆标准化工作联盟合作框架协议》

2.8 黄河流域公共图书馆智库服务联盟

表9 黄河流域公共图书馆智库服务联盟基本情况

类别	黄河流域公共图书馆智库服务联盟基本情况
成立时间	2023年5月

(续表)

类别	黄河流域公共图书馆智库服务联盟
政策背景	"黄河流域生态保护和高质量发展"国家战略（2019年9月）《黄河流域生态保护和高质量发展规划纲要》（2021年10月）
发起单位	山东省图书馆、甘肃省图书馆
成员单位	山东省图书馆、甘肃省图书馆、青海省图书馆、四川省图书馆、宁夏回族自治区图书馆、陕西省图书馆、山西省图书馆、河南省图书馆、内蒙古自治区图书馆
组织模式	设有联盟秘书长单位和副秘书长单位，组建联盟办公室
合作内容	资源共建共享、成果交流互鉴、人才队伍建设等；打造服务于政府决策、企业发展、社会进步与文化传播的黄河流域公共图书馆智库服务体系；制作联盟信息产品、编制《九省馆藏黄河文献联合目录》
协议章程	《黄河流域公共图书馆智库服务联盟合作协议》《黄河流域公共图书馆智库服务联盟章程》

2.9 黄河流域图书馆联合发展体

表10 黄河流域图书馆联合发展体基本情况

类别	黄河流域图书馆联合发展体
成立时间	2023年8月
政策背景	"黄河流域生态保护和高质量发展"国家战略（2019年9月）《黄河流域生态保护和高质量发展规划纲要》（2021年10月）
发起单位	陕西省图书馆
成员单位	陕西省图书馆、青海省图书馆、四川省图书馆、甘肃省图书馆、宁夏图书馆、内蒙古自治区图书馆、山西省图书馆、河南省图书馆、山东省图书馆
组织模式	由陕西省馆牵头推动，各省馆协同配合、共同实施、共建共享
合作内容	聚焦黄河文化遗产保护利用，推动沿黄九省公共文化资源整合、共建共享和规模化、专业化发展。在资源共建共享、联合宣传推广、共谋学术发展、共建人才互访交流、联合培养模式等方面开展合作。举办首届黄河流域图书馆高质量发展论坛
协议章程	《黄河流域图书馆联合发展体合作框架协议》

2.10 华南地区图书馆联盟

表 11 华南地区图书馆联盟基本情况

类别	华南地区图书馆联盟基本情况
成立时间	2023 年 11 月
政策背景	无特定区域政策背景
发起单位	广东地区公共图书馆
成员单位	广东、广西、海南三省公共图书馆
组织模式	每省轮值一年。每年"三个一"，即一个会议，一个项目，一项成果
合作内容	以华南地区文献资源的收集、整理和开发利用为基础，加强业务建设，促进馆际交流，扩大对华南地区图书馆事业宣传推广力度，实现华南地区图书馆事业协同发展
协议章程	《华南地区图书馆联盟合作框架协议》

2.11 大运河沿线图书馆联盟

表 12 大运河沿线图书馆联盟基本情况

类别	大运河沿线图书馆联盟基本情况
成立时间	2024 年 6 月
政策背景	《大运河文化保护传承利用规划纲要》（2019 年 5 月） 中国大运河申遗成功十周年（2024 年 6 月）
发起单位	首都图书馆
成员单位	首都图书馆、天津图书馆、河北省图书馆、山东省图书馆、河南省图书馆、安徽省图书馆、南京图书馆、浙江图书馆
组织模式	实行轮值主席馆制，原则上按照京津冀鲁豫皖苏浙顺序，每个轮值期为 1 年，联盟执行机构设在轮值主席馆。
合作内容	联合策划举办"大运河文化阅读行"活动；联合开展特色文献、专题文献，特别是"大运河文化带"相关文献的揭示与开发；联合举办馆员培训、学术论坛及馆员交流活动；联合开展"大运河文化带"相关研究；加强大运河沿线图书馆间的科研合作与业务交流
协议章程	《大运河沿线图书馆联盟战略合作协议》

3 区域性跨省公共图书馆联盟的主要特点

3.1 合作背景特点

各联盟多以国家区域一体化发展战略为成立动因，伴随着西部大开发、中部崛起、京津冀协同发展、粤港澳大湾区发展规划、黄河流域生态保护和高质量发展、长江三角洲区域一体化发展、成渝地区双城经济圈战略、大运河文化遗产保护等国家战略和区域发展规划的提出，为推动区域内文化事业和公共图书馆事业的协同发展，跨省公共图书馆联盟相继建立，以整合区域内各馆力量，实现优势互补、全面合作，推进图书馆事业高质量发展。

3.2 合作模式特点

各联盟成员馆通过签订合作协议、制定联盟章程等方式对联盟的运行机制进行规范，多采用联席会议制[1]、轮值主席馆制[2]等形式进行管理，各联盟省馆是平等、共商、合作的关系。一般一年召开一次集中性会议，对联盟工作进行总结部署。其他时间各联盟成员馆采取统一联合、部分联合或单馆牵头等方式推进各项工作。合作模式较为松散，没有专职机构和人员负责联盟的运行管理。

3.3 合作内容特点

包括资源共建、阅读活动、宣传推广、人才培训、古籍保护、论坛研讨会、参考咨询等。这些合作内容将原本被各馆分散掌握的资源整合成联盟成员馆共享的行业资源，加强了馆际业务交流和合作，为读者提

---

[1] 中部六省（湘鄂赣皖晋豫）公共图书馆联盟运行机制[EB/OL].[2024-06-22].http://www.library.hb.cn/html/19.html.

[2] 石钰冰.区域性公共图书馆联盟建设研究——以粤港澳大湾区公共图书馆联盟为例[J].图书馆学刊，2023，45（05）：24—29.

供了更多元丰富的文化供给，提升了图书馆整体服务效能。其中，尤以整合各馆馆藏资源编制地方特色文献，最能突出呈现图书馆工作特点，如粤港澳大湾区联盟完成的《粤剧文献总览》《粤港澳大湾区珍贵古籍图录》项目，黄河流域公共图书馆智库服务联盟推进的《九省馆藏黄河文献联合目录》等。

3.4 合作范围特点

自 2012 年"湘鄂赣公共图书馆联盟"成立以来，省馆参与的跨省公共图书馆联盟成为图书馆合作的新趋势。各地省馆在原有省内联盟的基础上，推进跨省合作，实现强强联合。在这些跨省联盟中，有仅省馆参与的联盟；也有省馆牵头，省内各级馆共同参与的联盟；还有专注于某一业务领域的联盟，如长三角地区公共图书馆标准化工作联盟、黄河流域公共图书馆智库服务联盟等。

表 13 我国区域性跨省公共图书馆联盟现状调研汇总

联盟名称	合作机制				合作内容										
	联席会议或论坛	轮值制度	联盟办公室	专项工作委员会	理事会及秘书处	文献购置	联合编目	编制文献	通借通还	古籍保护	资源共享	建设数字资源	交流研讨	专业人员培训	阅读推广	参考咨询	文创开发
中部六省（湘鄂赣皖粤豫）公共图书馆联盟	√	√	√	√		√		√			√	√	√	√			
西部省级公共图书馆联盟				√							√		√	√			√
粤港澳大湾区公共图书馆联盟	√						√	√			√		√				
长三角公共图书馆智库服务联盟			√								√			√			

（续表）

联盟名称	合作机制			合作内容										
	联席会议或论坛	轮值制度	联盟办公室	专项工作委员会	理事会及秘书处	文献购置	联合编目	编制文献	通借通还	古籍保护	资源共享	建设数字资源	交流研讨	专业人员培训	阅读推广	参考咨询	文创开发
长三角地区公共图书馆标准化工作联盟											√		√	√		√	
黄河流域公共图书馆智库服务联盟			√	√			√				√		√		√		
黄河流域图书馆联合发展体	√									√	√		√	√			
华南地区图书馆联盟	√	√									√			√			
大运河沿线图书馆联盟		√					√				√		√	√			

4 区域性跨省公共图书馆联盟优质成果典型案例

4.1 京津冀图书馆联盟：基于新型公共阅读空间的共建共享

2024年，在京津冀协同发展国家战略实施十周年之际，首都图书馆牵头联合天津图书馆、河北省图书馆与雄安新区宣传网信局共同于雄安新区容西片区创建"XIN空间"。"XIN空间"是首都图书馆、天津图书馆、河北省图书馆，在三地文旅部门指导下，共同谋划的新合作项目，旨在发挥各自优势合力打造的新型阅读空间。三馆对"XIN空间"赋予了无个美好期盼："新"，新型、创新；"心"，文化中心、与百姓心连心；"鑫"，京津冀黄金搭档、通力合作；"欣"，提升人民群众幸福感与获得感、欣欣向荣；"馨"，书卷馨香、环境温馨。依据合作协议，雄安新区负责"XIN空间"的运营管理，而京津冀三地图书馆则在业务指导、人员培训、活动联动、资源共享等方面给予支持，共同提升"XIN 空间"的服务能力与管理水平。尤其是在共享优质资源方面，三地图书馆与"XIN 空间"共享图书、信息及数字资源等，并在此联合策划实施各类阅读推广、文化帮扶、展览巡展等活动，促进图书馆事业均衡发展。本项合作丰富了京津冀图书馆联盟的合作形式，深化了合作内容，推动京津冀三地公共图书馆共建共享再开新局，为雄安新区文化事业发展注入了新的活力。

4.2 长三角地区公共图书馆标准化工作联盟：基于图书馆业务建设的机制创新

近年来，长三角地区公共图书馆标准化工作联盟成员围绕"十四五"期间图书馆标准化工作的目标和任务，组织参与国家标准、地方标准的制定、修订，开展标准转化、标准化交流培训等工作。如安徽省图书馆在服务综合标准化试点期间，整理制定了包含多项国家标准、行业标准、地方标准以及本馆标准的服务标准体系。联盟鼓励成员馆在标准化工作中引入创新技术，如对数字化、智能化技术进行应用，以提升公共图书馆的服务水平和效率；积极探索新的服务模式和管理机制，如联合采购、资源共享、跨馆服务等，以推动标准化工作的持续创新。这些创新模式有助于打破地域限制，实现资源的优化配置和高效利用。联盟还组织标准化培训工作，内容涵盖标准化基础知识、标准制定与修订流程、标准化工作实践案例等，通过举办培训班、研讨会等形式，提升成员馆工作人员的专业素养和技能水平。

4.3 成渝地区公共图书馆联盟：基于巴蜀地方特色的文化创意产品项目开发

成渝地区公共图书馆联盟发挥公共图书馆在打造巴蜀文化旅游走廊中的积极作用，塑造巴蜀文化品牌、提升巴蜀文化形象、丰富巴蜀旅游文化内涵。联盟研发了一系列独具巴蜀地方特色的文化创意产品，涵盖书籍、文具、生活用品等多个类别，深入挖掘了巴蜀文化的独特元素，如川剧脸谱、蜀绣技艺、巴山蜀水自然风光等，通过现代设计手法进行创意转化。具体项目包括但不限于：巴蜀文化主题绘本，以生动的图画和有趣的故事讲述巴蜀地区的历史传说和民俗风情；融入巴蜀元素的文具用品，如具有川剧脸谱图案的笔记本、书签等；结合蜀绣技艺的生活用品，如抱枕、挂饰等，将传统工艺与现代审美完美结合。这些文化创意产品不仅丰富了图书馆的服务内容，还成为传播巴蜀文化的重要载体。此外，联盟还组织和推动了"成渝地，巴蜀情"阅·创图书馆文旅文创设计大赛，分为平面设计类、产品设计类、创意摄影类，面向全国公开征集创意设计作品，吸引众多参与者投稿。其中，成渝地区各级公共图书馆不仅积极组织本馆员工和读者参赛，还通过宣传推广等方式吸引社会力量参与，联动各方力量共同推动巴蜀文化的传承与创新发展。

4.4 华南地区图书馆联盟：基于已有品牌活动的深化拓展

"共读半小时"活动最初由深圳图书馆界于 2016 年发起，2023 年华南地区图书馆联盟成立后，2024 年的"'4·23'共读半小时"活动，从粤港澳三地扩大到粤港澳桂琼五地共读，联合深圳、广州、东莞、香港、澳门、南宁、海口等城市公共图书馆及社会各界力量，采用"7+N"形式，即 7 个主会场与众多共读点同步进行，通过具有仪式感的共读行为，共同倡导阅读。活动共设立超 600 个图书馆总分馆共读点与 2800 个基层共读点，吸引近 80 万人线下线上参与。参与者可以选择推荐或自选的共读书目，以集体诵读、角色扮演、情景再现、静默阅读等多种形式，结合音乐、绘画、游戏等元素，增强共读体验。活动以"品味书香·享阅读之乐"为主题，不仅促进了城际阅读文化交流，还通过广泛的参与和多样化的共读形式，极大地激发了公众的阅读兴趣。活动连接整个华南地区，体现了联盟成员在推广阅读、传承文化方面的高度一致性和协同性。这种一致性有助于形成强大的品牌合力，实现品牌效应的叠加，不仅增强了活动的吸引力和影响力，也进一步提升了联盟整体的品牌形象和知名度，完善了联盟各成员间的合作机制，推动联盟事业持续发展。

5 对区域性跨省公共图书馆联盟的发展建议

5.1 寻求核心需求与利益共享

跨省公共图书馆联盟因国家战略而建立，在建立联盟之前，首先应进行充分的需求调研，了解各成员馆的实际需求和期望，如资源、技术、服务等。通过问卷调查、座谈会、访谈等方式，收集基层图书馆员和读者的意见，确保联盟的建立是基于实际需求和共同目标，而非仅仅为了响应政策或追求形式。通过建立明确的利益共享机制，让各成员馆在联盟中看到实际的利益回报。自下而上的参与，可以鼓励基层图书馆员和读者参与联盟的建设和决策过程，增强他们的归属感和参与感。在实际运行中，应及时跟进和研究最新政策，配合国家区域性战略规划部署，将公共图书馆"自下而上"的行动与各级政府"自上而下"的决策形成合力，为联盟发展营造良好的政策支撑和外部环境，使得联盟能够真正发挥作用，为公共图书馆事业的发展做出实质性贡献。

5.2 完善联盟组织管理机制

一是从运行机制层面，在联席会议、轮值馆等的基础上，加强联盟运行的常态化管理和督办，可通过建立秘书处、定期召开项目推进会或专题工作会等方式，增加联盟黏性，促进成员馆之间常态化的沟通协作。二是在实施操作层面，联盟各馆应本着最大诚意开展合作，分享特色资源，参与联盟事务，全力推进项目实施；联盟管理者和合作者应有坚韧不拔、与时俱进的事业追求，用专业精神推动联盟工作[1]，真正实现优势

---

[1] 吴建中. 新常态下图书馆联盟发展的新课题[J]. 新世纪图书馆，2015（01）：5—8，17.

互补和合作共赢。三是从外部力量方面，可借助图书馆学（协）会的协调作用[1]，搭建协作平台，建立补充协调机制，完善联盟管理。

5.3 强化以强带弱的区域策略

区域公共图书馆联盟是解决区域发展不平衡至关重要的策略，它旨在通过联盟内部的资源优化配置和协作机制，促进成员馆之间的均衡发展，提升整体服务水平和效能。因此，第一联盟应对成员馆进行全面、客观的评估，得出数据依据，如馆藏量、服务人次、数字化水平、人员素质等。第二，制订帮扶计划，制订具体的帮扶计划，明确帮扶的目标、内容等。应注重实效性和可持续性，确保弱势馆在得到帮助后能够自主发展。第三，可通过资源共享、技术转移与人员培训、联合服务等方式，鼓励强势馆在资源方面给予弱势馆支持，满足其发展需求。值得注意的是，强化以强带弱不应该是一次性的活动，而应该是一种长期的合作机制。通过建立稳定的合作关系，确保强势馆和弱势馆能够长期携手共进，共同提升。

5.4 深化品牌合作与共建，推动全民阅读与创新服务

联盟各成员馆应进一步挖掘和发挥各自的品牌优势，通过共同策划、组织和推广品牌活动，形成品牌合力，提升联盟的整体影响力和吸引力。加强品牌宣传和推广，利用多种媒体渠道和社交平台，提高联盟及其活动的知名度和美誉度。打造高辨识度和影响力的品牌项目，尤其是地方特色品牌，跨省的区域联盟因地缘相近而建立，在地方文化属性上应有共性特征。各联盟馆可充分挖掘这些共性的文化符号，收集、整理、盘活区域内的各类型文献资源，建设区域性特色文献总库，彰显联盟优势，更好地保存、展示和传承地方文化。同时，应持续关注和推动全民阅读

---

1 丁若虹，杨洪江.京津冀图书馆发展现状与区域协作可行性分析[J].图书馆工作与研究，2017（11）:22—26，52.

活动，创新服务模式，利用数字化、智能化技术提升阅读体验，从而有效推动全民阅读与创新服务的发展。

5.5 发挥智库功能及服务社会职能

跨省公共图书馆联盟既要向内扎根，通过联合协作、优势互补，把图书馆自身的专业性工作做精做强，为延伸服务打好基础；更要向外生长，服务经济社会发展和全局性工作。跨省公共图书馆联盟因国家战略而建立，天然具有服务于国家战略和区域文化协同发展的使命，应围绕联盟创建宗旨，通过提供定制信息产品、专题报告和课题研究成果等，为政府区域性项目的规划、制定和推进提供决策参考服务，不断提升联盟的专业形象，深度参与服务社会的各项事务中，更好地体现公共图书馆的社会价值。

京津冀智慧化汽车图书馆网络建设探索与研究

于景琪　李木子[*]

摘要　智慧城市与新质生产力的加速发展，无人技术的不断进步，传统汽车图书馆面临着升级与迭代。对智慧化汽车图书馆网络的建设将成为京津冀公共图书馆服务体系连通的桥梁。本文从智慧化汽车图书馆网络的建设方式、模块化设计、布点循环、软件支撑、拓展功能等方面对智慧化汽车图书馆网络的筹建与服务方式进行了前瞻性研究，为京津冀公共图书馆体系的融合发展提出创新性方案。

关键词　图书馆；汽车图书馆；服务体系

随着国务院印发《推动大规模设备更新和消费品以旧换新行动方案》，提出了设备设施要高端化、智慧化、绿色化发展的目标。交通运输部印发《交通运输智慧物流标准体系建设指南》明确指出："智慧物流是物联网、大数据、云计算、区块链等信息技术与现代物流业深度融合的新兴领域，具有联通性强、融合度广、经济成本低、运行效率高、

---

[*] 于景琪，1979年生，首都图书馆副研究馆员，研究方向为公共图书馆服务体系建设；李木子，1991年生，首都图书馆馆员，研究方向为公共图书馆服务体系建设。

生态效益好等显著优势，代表着现代物流业的发展方向。"[1]工信部、国家标准委发布《国家车联网产业标准体系建设指南（智能网联汽车）》及 GB/T 40429—2021《汽车驾驶自动化分级》等标准后，无人自助充电警用巡逻机器人、京东无人快递车、"萝卜快跑"无人驾驶出租车、街头无人贩卖车等先后在全国各地展开测试应用。工信部等四部门联合发布《通用航空装备创新应用实施方案（2024—2030 年）》也大力促进了低空飞行器的发展、服务与应用，2024 年 4 月 7 日，亿航智能获得了中国民用航空局向颁发的 EH216—S 无人驾驶载人航空器系统生产许可证，这是全球 eVTOL（电动升起起降航空器）行业获得的首张许可证。

随着新质生产力的加速发展，现有的流动图书车，已逐渐无法满足智慧图书馆建设及智慧城市的功能拓展要求。目前对汽车图书馆的研究主要有以下三个方面，一方面是张秀敏[2]、杨孙超[3]等提出的合理规划日程与服务、调研读者需求、保证经费投入、加强宣传、利用新技术等方法提高汽车图书馆的利用率。另一方面是谭晓君[4]提出的流动图书车运行中遇到的交通事故及人员配备要进行科学安排及规范培训。再一方面是莫建军[5]在分析现有图书流动模式利弊的基础上，提出依托公交车、火车、长途车等公共交通创新图书流动服务。笔者结合 2024 年京津冀协同发展国家战略十周年，并基于科技发展趋势，探索研究汽车图书馆模块化升级与智慧化组网，对构建京、津、冀图书馆智慧化服务体系的作用。以期通过前瞻性研究为中国智慧化图书馆服务体系建设抛砖引玉，并引发

---

1 中华人民共和国交通运输部.交通运输部国家标准化管理委员会关于印发《交通运输智慧物流标准体系建设指南》的通知[EB/OL].（2022-09-19）[2024-04-05].https://xxgk.mot.gov.cn/2020/jigou/kjs/202210/t20221024_3699366.html.

2 张秀敏.汽车图书馆助力乡村文化振兴策略研究——以天津市滨海新区图书馆汽车图书馆为例[J].图书馆工作与研究，2022（9）：91—96.

3 杨孙超.图书流动服务车把书送到"家"门口——以石狮市流动图书车服务模式为例[J].数字通信世界，2020（12）：269—270.

4 谭晓君.图书馆流动服务车的实践应用探究[J].河南图书馆学刊，2018（6）:107—112.

5 莫建军.公共图书馆流动服务模式与路径的创新分析[J].大众文艺，2018（1）:183—185.

设备制造商的思考，促进图书馆设备智慧化发展。

1 京津冀智慧化汽车图书馆网络建设方式

京、津、冀三地图书馆目前使用不同的图书馆业务系统，因此建立独立的智慧化服务及调度系统，可以避免大规模进行系统整合而带来的诸多兼容问题，节省资金和时间。对京津冀智慧化汽车图书馆服务网络的建设可分为软件及硬件两方面的建设。软件方面，三地联合打造一个集大数据收集与智慧化调度的系统。硬件方面，采用目前已有或即将实现的硬件技术，在与供应商联合开发的基础上，逐步形成集借阅服务与图书流转为一体的智慧化文献流动网络，以此促进三地图书馆体系的融合发展。由于京、津、冀三地目前财政分开，由一省承担全部系统的建设及运维费用存在阻碍，建议三地政府采用集中带量联合采购的方式开展智慧化系统建设、进行硬件设施采购及后期购买运维服务等。

2 智慧化汽车图书馆的模块化设计与组合应用场景

相较于现有流动图书馆在一辆汽车上集中了书架、阅览座席、发电设备及影音设备，并配备图书管理员的传统流动图书车。智能化、无人化、模块化将是应对人口生育降低，有效节省人力成本和维护成本，并具有长时间部署优势的解决方案。不同的模块可以分别设计到不同载体中，或集成于同一载体之中，应对不同场景组合使用。

2.1 自助借还书模块（无人自助借还书车）

可视为街头 24 小时图书馆自助机的升级，其可以依托智能无人电动汽车发展技术，形成可移动的 24 小时自助图书馆，以突破原有固定 24 小时自助图书馆布点不足，迁移不便，服务人群较小的缺点。它以自助借阅与图书载量大为功能侧重，配合智能电量计算系统，可在智能系统的导引下自动寻找附近的图书馆或智慧充电桩完成自助充电。目前，北京城市图书馆室外机器人借还书车已在馆内开展巡航服务，随着技术的进一步完善与发展将为城市无人自助借还书车提供技术验证与借鉴。

2.2 数字资源阅读模块（无人文献阅览车）

利用数字资源阅览设备空间占用小的特点，进行图书馆 VR、AR、元宇宙等数字资源的阅览与交互。以提供舒适的读者阅览体验为侧重。可根据场景，灵活选用不同座位车型，配以方便拆装的平板电脑、数字体验设备等组成无人文献阅览车。其与无人自助借还书车共同服务，可以方便组合成一个移动图书馆。

2.3 保障模块（单独保障车或集成于上两种车中的保障模块）

装备燃油或燃气发电设备，网络信号及通信增强设备、应急照明系统，可以作为车辆的移动电源。其可采用无人增程式电动车设计原理，并具备接入智慧城市或智慧电网保障系统的功能，可为应急救灾，缓解节假日时期高速服务区充电桩不足提供支持。如高速路服务区车主边使用图书馆保障车充电，并享受其他随行的智慧图书馆流动车提供的文献借阅与数字文献阅览服务。

2.4 换书箱模块（轻量的图书流转设备）

视不同城市要求，可采用轻型无人车或无人机设计。其功能主要是配合自助借还书车，将归还或读者预订的图书，便捷运输至身边的基层图书馆或自助借还书车，以增加自助借还书车在固定地区的服务时长及使用寿命，减少其电能消耗及部件劳损。

以上模块可以视服务范围及要求，单独使用或组合使用。如在城市中大量使用自助借还书车，可以起到补充 24 小时自助图书馆不足的作用。

自助借还书车+数字资源阅读车可以支援基层图书馆瞬时客流大或助力无图书馆地区开展阅读及活动之用。而以上几个模块同时使用，可以形成具有长"航程"的省际流动图书馆服务。三地的智慧化汽车图书馆组网应用，如同血管连通器官一样，可以使省际图书资源有效流通起来。虽然不如快递物流迅捷直达，但可以起到边服务、边流转的作用，还可以为高速服务区、边远山区提供长时服务。

3 智慧化汽车图书馆的多循环服务模式

每个区域总馆根据需求，配备可服务本辖区的多台自助借还书车，优先在本区域先进行自助借阅服务，根据需要确定每个服务点的服务时段。如一辆自助借阅车第一天部署在 A 地，6 至 24 时服务，次日凌晨 1 时自助充电，并在夜间或非高峰时段向下一个服务点 B 点进发。第二天同样时段部署至 B 点，而昨天 B 点的车今天部署至 C 点，昨天 C 点车今天部署至 A 点，这样就形成了本区域的图书服务流动循环。以此方式促进本区域图书流转，使服务点的读者每天都能看到不同借还书车带来的不同图书。所有点位的选择及部署时长，根据智慧化平台分析、研判后提出建议，最终由本区域总馆及有关部门审核、批准后执行。

当一辆自助借还书车将本区域服务点都服务过一次后，就自动加入本市其他区域服务循环，当将本市服务点都循环服务完一次后，就可以配合保障图书车和阅览图书车，开展省际高速公路服务区点位及边远地区的服务，然后逐渐到达其他省，融入其他省的循环服务中。途中邻近的图书馆根据系统指示为流动图书车进行图书补充、接收还书及搭乘预约图书。这样就可以形成区域、市域、省域的多循环图书馆流动图书车服务网络，从而使京、津、冀地区的图书资源边服务边流动起来。

4 智慧化汽车图书馆的系统支持

4.1 建立大数据分析可视化系统

智慧化的流动图书车将依托于智慧图书馆大数据的建立与发展，因此首先要建立京津冀三地大数据分析可视化系统。大数据系统的建立，将为智能化汽车图书馆网络提供有效支撑。大数据系统数据收集的具体项目，可以以《全国文化文物和旅游统计调查制度》中的文旅基4表及历年公共图书馆评估标准中的统计项目为基础，并结合实际需要进行项目收集、利用与整合，从而提供多种可视化服务。

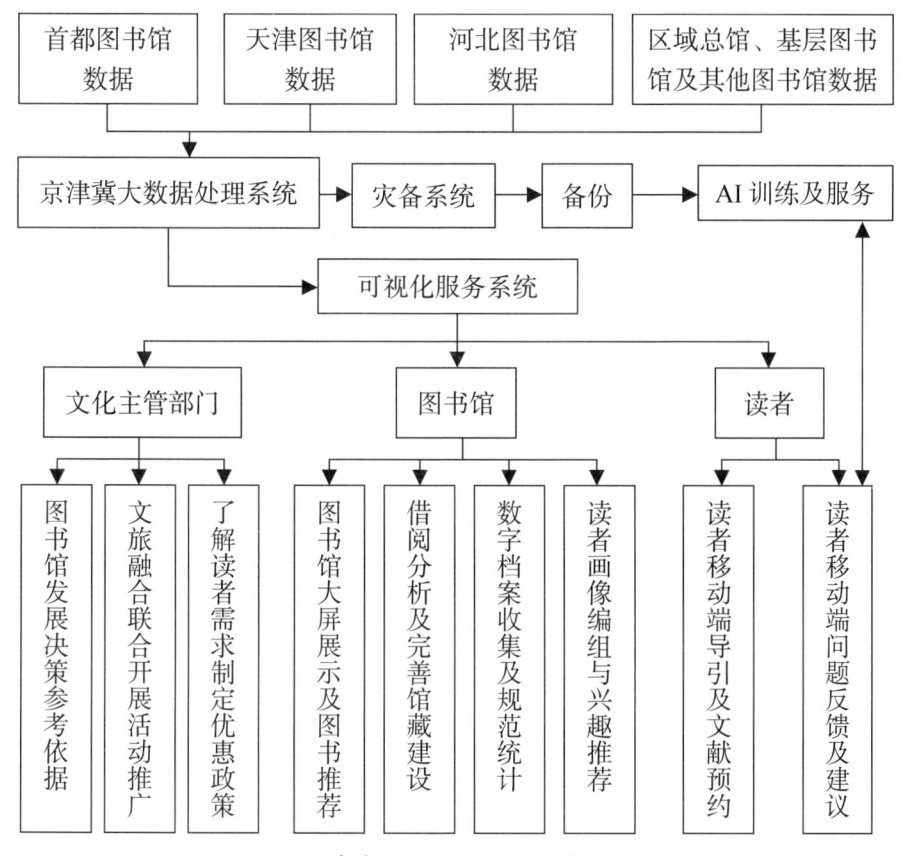

图1 京津冀大数据分析可视化系统

4.2 建立图书馆服务体系态式感知系统

"态势感知数据链主要用于传输战场态势信息和作战指挥信息。美国是最早发展数据链技术的国家，数据链最初主要被用于态势感知，实现舰机协同、提高海陆空一体化的作战效率，降低战损率，减少误伤。态势感知数据链的代表就是 Link 系列的数据链，也是目前使用最广的数据链。"[1]

为实现三地图书馆服务体系的融合发展，可以基于大数据及数据链建立京津冀三地图书馆服务体系态势感知系统，利用各图书馆馆内摄像头、门禁统计等硬件设备及设施，对各馆接待读者能力做出预估与提示，统筹周边可调配资源，提供读者导引及流动图书车支援等决策建议，供各区域总馆进行决策。并随着 AI 智能化的逐步发展最终将使无人智慧化图书车多循环网络得以自主决策与运转。

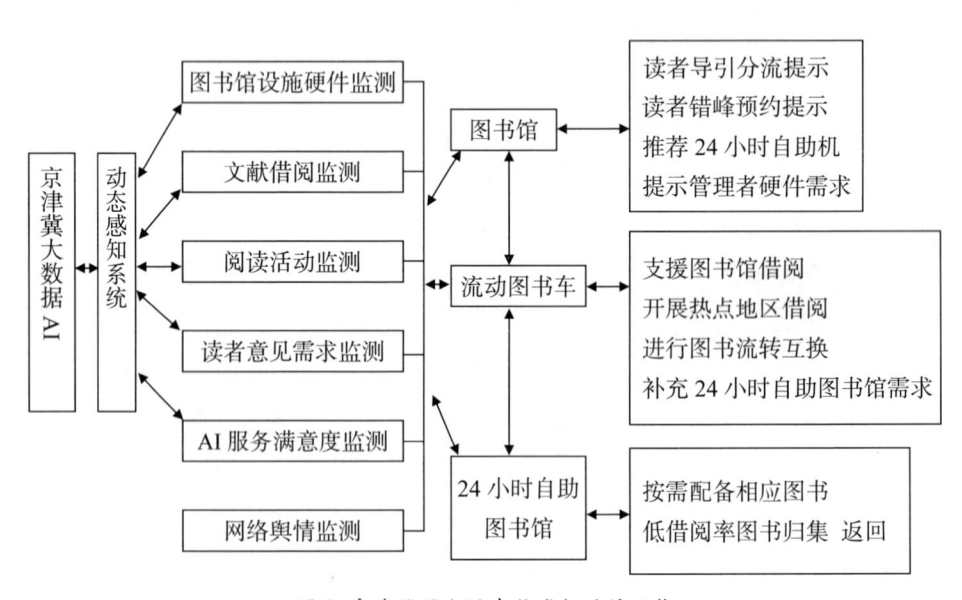

图 2 京津冀图书馆态势感知系统功能

---

[1] 邓志均等.国外信息化装备数据链发展综述[J].飞航导弹，2014（6）:72—75.

4.3 三地读者借阅系统的互认

鉴于三地目前使用不同的借阅业务系统，为形成三地图书馆馆藏文献的共享，短期内可进行在本省借阅证加挂其他两省电子虚拟证的研究，这样读者等于同时拥有三个省的读者卡，借哪个省的书，书就在哪个省的卡中。借书信息通过京津冀大数据系统实时与三地借书系统同步。认证方式可以在读者借外省书时，开通诸如省际借书功能的电子确认单，以告知三地不同的借阅时限及逾期费用等。同时，建议三地政府部门推进三地公共图书馆统一立法，从政策上保障京津冀三地图书馆的规范、标准及联合建设模式，为今后统一三地图书馆业务操作系统及各项业务建设奠定基础。

5 智慧化汽车图书馆的作用与应用拓展

5.1 满足读者需求灵活部署，为完善图书馆规划布局提供支持

近年来随着城市改扩建的发展，智慧化汽车图书馆可以有效弥补部分基层图书馆（室）搬迁改造、服务面积不足或藏书品种不丰富等问题，更好地满足读者需求。

通过智慧化汽车图书馆服务点的变化与测试，可以有效了解不同地区读者使用量大小，为区域图书馆建设规划提供数据支撑及验证反馈。并且结合不同地区读者借阅的兴趣爱好，为其服务点附近的基层图书馆（室）特色化文献建设提供参考依据。

5.2 盘活下架文献，组织特色文化交流车队进行捐赠

智慧化汽车图书馆服务网络的应用，可以缓解部分基层图书馆（室）因涨架，而将图书打包下架无法服务的情况。基层图书馆可以将部分下架图书经过智慧化汽车图书馆网络进行流转，如确属于长期无人借阅的图书，最终由 AI 系统将它们进行归集至指定地点，给出捐赠、储藏、报

废建议，以此有效扩大文献借阅数量。智慧化汽车图书馆还可以通过装载特色地方文献，形成地方特色文化巡游车队，开展跨省域、跨国界的文化交流，同时搭载部分捐赠文献进行捐赠。

5.3 融入智慧城市服务，形成便捷的应急保障车队

智慧汽车图书车网络除了可以根据活动需要形成临时的露天阅读场所之外，还可以为应急救灾、组成临时学校发挥作用。如几辆分布在附近的阅读车及保障车可以迅速前往受灾地区部署，并接入教育数字化系统，供受灾学生及时在线使用教育数字资源，并方便教师开展车内或线上授课。

基于社群合作的公共图书馆老年人数字素养培育策略
——以京津冀公共图书馆为例

牛育芳 *

摘要 本文利用文献调查法和网络调查法，以京津冀地区 43 个一级公共图书馆基于社群合作的老年人数字素养培育情况为研究对象，分析社群合作模式和存在问题，从数字素养培育体系化建设、社会关注度、主体需求、区域联盟等方面提出基于社群合作的京津冀公共图书馆老年人数字素养培育提升策略。

关键词 京津冀公共图书馆；社群；老年人；数字素养培育

1 引言

我国老年人口增长迅速，截至 2022 年底，我国 60 岁及以上人口达 2.87 亿，占全国总人口的 19.86%[1]，老龄化程度加深。在数智技术更迭的背景下，一些老年人由于科技能力等问题无法及时有效获取信息资源，丧失了获取数字信息的机会，逐渐产生数字鸿沟。中央网络安全和信

---

* 牛育芳，1987 年生，天津图书馆馆员，研究方向为读者服务。
1 国家统计局. 中国统计年鉴（2022）[EB/OL].[2023-03-04]. http://www.stats.gov.cn/tjsj/ndsj/2022/indexch.htm.

化委员会印发《提升全民数字素养与技能行动纲要》，推动形成社会各界积极帮助老年人、残疾人融入数字生活的良好氛围，构建全龄友好包容社会[1]。明确了数字素养成为社会数字化转型背景下国际竞争力和软实力的关键指标，并将普及提升全民数字素养与技能上升为国家战略。面对老年人日益增长的数字素养需求，我国《关于推动公共文化服务高质量发展的意见》指出，要提供更多的适合老年群体的文化产品和服务[2]。国际图书馆协会联合会发布的《数字技术政策中的图书馆：政策领域、机制、做法》中总结了各国公共图书馆提高公民数字技能的案例[3]。在数字高速发展的时代，公共图书馆作为公共文化与信息技术服务的重要阵地，在单独开展数字素养培育中面临经费投入不足、数字教育资源短缺、数字专业化水平不足等多种挑战。为了提升数字素养培育的专业性和竞争力，公共图书馆应从延伸数字素养培育的空间、途径、范围和内容出发，整合各方资源利用馆内外主体资源相结合的方式，积极探索社群合作模式，创新开展适老化数字素养培育服务，缓解人口老龄化与社会数字化之间的矛盾，帮助老年人快速融入数字社会，无障碍获取数字信息参与数字生活。因此，本文将以京津冀地区公共图书馆老年人数字素养培育情况为研究对象，梳理总结基于社群合作的公共图书馆老年人数字素养培育策略，以期为京津冀地区公共图书馆老年人数字素养培育理论体系构建和实践提供一定参考与借鉴。

---

1 中共中央网络安全和信息化委员会办公室.提升全民数字素养与技能行动纲要[EB/OL]. [2021-11-05]. https://www.cac.gov.cn/2021/11/05/c_1637708867754305.htm.

2 文化和旅游部关于推动公共文化服务高质量发展的意见——公共文化服务高质量发展的总体蓝图和行动指南[EB/OL]. [2021-04-08].https://www.mct.gov.cn/whzx/bnsj/ggwhs/202104/t20210408_923613.htm.

3 董甜甜，李全.《数字技术政策中的图书馆：政策领域、机制、做法》解读与启示[J].图书与情报，2021（01）:126—132.

2 基于社群合作的国内外公共图书馆老年人数字素养培育实践情况

陆和建等[1]认为，社群是拥有共同价值观、共同信念的特殊社会力量。《行动纲要》提出数字素养是数字社会公民学习、工作和生活应具备的数字获取、制作、使用、评价、交互、分享、创新、安全保障、伦理道德等一系列素质与能力的集合。国内外公共图书馆通过社群合作的形式整合社会资源，提高老年人数字素养培育的服务效能。

2.1 国外总体概况

国外公共图书馆聚集多方力量，政府主导、图书馆、企业、基金会、社区等合作开展数字素养服务项目，成立数字素养门户网站，形成"线上+线下"、代际服务、同辈服务、家庭学习、志愿服务等实践模式，以项目推动老年人的数字基本知识、数字安全意识、数字伦理道德和数字创新能力的提升。

澳大利亚政府联合图书馆各行业、基金会出资设立了专门的老年人数字素养网站，供线上学习和线下服务点服务[2]。美国阿利根尼县图书馆系统在其各个分支公共图书馆中实施了代际项目（Inter-generational Programming）服务，让中小学生帮助老年人学习新技术[3]。欧洲多国常以联盟的形式开展广泛合作，ICT 4 the Elderly 项目通过一对一方式培育老年人完成高级的数字技能学习后担任项目大使，让其在社区传授学习内容，Development of Elderly's Digital Skills Through Family Learning 项目让

---

1 陆和建，李皖颖. 中外公共图书馆社群合作模式案例分析及启示[J]. 图书馆，2017（9）:108—111.

2 ALIA. Be Connected grants[EB/OL].[2018-04-10].https：/www.alia.org.au/news/16279/beconnected-grants./.

3 Intergenerational Programming at Your Library[EB/OL]. [2015-11-27]. http://www.alsc.ala.org/blog/2013/05/intergenerationalprogramming-at-your-library/.

中老年人及其家庭成员共同学习，共同创建新的培训模式[1]。Digital Clinic for Seniors 由新加坡国家图书馆管理局与资讯通信媒体发展局合作开展，线下志愿者在图书馆为老年人提供一对一服务，线上通过网络咨询数字医生，共同完成实践操作[2]。美国旧金山公共图书馆同加利福尼亚州听力和演讲中心合作，为有听力障碍并且沟通困难的老年人放映适合老年人观看的医疗保健类视频。美国国会图书馆同美国退休人员协会合作为有视力障碍的老年人提供邮寄和网络下载提供盲文出版物和有声读物[3]。

2.2 国内总体概况

我国公共图书馆数字素养培育起步较晚，但随着国家对素质素养培育工作的逐渐重视，我国公共图书馆数字素养服务社群合作案例日渐丰富。通过与老年大学、基金会、高校志愿团体、通讯集团合作品牌项目，采用线上线下，区域联盟等方式，分层级推进老年人数字素养培育工作。

广州图书馆与蚂蚁集团、蚂蚁公益基金会"蓝马甲行动"联合开设"蓝马甲公益性"活动，设立"蓝马甲驿站"。普及反诈知识，防范老年群体支付风险。同时还与老年大学合作开办老年人智能手机应用培训班，分为基础班和提高班，采用线上直播、线下授课的方式，帮助老年人解决数字时代出行、就医、购物、缴费等难题。深圳图书馆牵头组织市、区 12 家公共图书馆组成数字资源联合建设小组，由市区联合错位采购，打造具有本地特色的线上资源库，满足不同读者的数字化阅读需求[4]。湖南图书馆协同湖南大学电气与信息工程学院志愿者团队策划了"助您上网工程"品牌服务。海南省图书馆与海南联通联合举办"银龄 E 时代"

---

1 刘晓娟，谢瑞婷. 欧洲老年人数字素养项目的实践经验与启示 [J]. 图书情报知识，2023，40（02）:117—130.

2 卜淼. 新加坡图书馆老年人数字素养服务实践及启示 [J]. 图书馆，2023，（05）:34—40.

3 李宇佳. 美国公共图书馆老年人数字包容服务研究 [J]. 图书馆建设，2016，（10）:57—62.

4 侯衡. 数字赋能公共图书馆线上服务的实践与思考——以深圳"图书馆之城"为例 [J]. 大学图书情报学刊，2024，42（03）:90—94+102.

老年人智能手机公益课堂。湖北省图书馆邀请公安分局民警开展老年人智慧触网系列主题讲座等。

3 京津冀地区公共图书馆基于社群合作开展老年人数字素养培育情况分析

本文作者采用文献调查法和网络调查法，选取京津冀地区 43 个一级公共图书馆为调查对象，借助其官方门户网站的公开信息，调查其与社群合作开展老年人数字素养培育情况（详细情况见表 1）。

表 1 京津冀地区一级公共图书馆基于社群合作的老年人数字素养培育情况

地区	图书馆名称	合作主体	内容	形式	是否持续
北京地区	首都图书馆	专业助老服务团队	"老年群体信息素养课堂"：智能手机使用、微信常用功能、学习查看健康养生和医疗服务信息，生活类 App 使用	线上+线下	4 期
		中国知网	"信息素养培训大讲堂"	线下	否
		网络公司	培养老年人数字素养知识与技能会议	线下	否
	东城区图书馆	社区服务协会	"短视频进社区自媒体创作大讲堂"	线下	2 期
	西城区图书馆	社区	"中老年人 E 课堂"：中老年电脑基础知识、抖音、手机摄影 PS 培训	线上+线下	是
		西城区团委；同方知网	计算机软件知识和智能手机为主 计算机基础、邮箱的使用、PPT 制作、腾讯会议、智能手机应用	线下	是

（续表）

地区	图书馆名称	合作主体	内容	形式	是否持续
北京地区	西城区图书馆	社区；志愿者	"数字文化社区行"：从支付宝的初级使用、生活类数字化初级应用、扫码支付、使用安全等实际操作及使用方法	线上+线下	是
	西城区图书馆	老年大学	"中老年电脑培训班"：电脑软件使用、微信、智能手机使用、上网购物	线下	2期30课
	西城区图书馆	团委、微软	微软西城社区青年学习中心：基础班和提高班	线下	是
	朝阳区图书馆	—	—	—	—
	丰台区图书馆	志愿者	"中老年电脑培训班"：指导中老年读者学习网络知识，简单的电脑操作、上网浏览、收发邮件、图片编辑等	线下	是
	石景山区图书馆	—	—	—	—
	房山区图书馆	志愿者	老年人预防网络诈骗培训，网络购物、医疗、微信使用	线下	否
	通州区图书馆	志愿者	公益小课堂：智能手机、电脑产品的使用	线下	否
	顺义区图书馆	志愿者	"智慧助老"：馆内电子资源和电子设备的使用，智能手机微信功能	线下	否
	昌平区图书馆	—	—	—	—
	大兴区图书馆	志愿者	中老年手机电脑培训	线下	每月2期
	怀柔区图书馆	—	—	—	—
	平谷区图书馆	老年机构	"老年智能手机培训"	线下	否

（续表）

地区	图书馆名称	合作主体	内容	形式	是否持续
北京地区	平谷区图书馆	志愿者	"夕阳红"：老年人智能手机、电脑培训班，上网看新闻、看戏曲，如何用微信晒朋友圈、和好友聊天等	线下	否
	密云区图书馆	—	—	—	—
	延庆区图书馆	—	—	—	—
天津地区	天津图书馆	志愿者	"智慧助老 畅享数字生活新方式"系列讲堂：便捷地利用图书馆资源；逐步掌握智能手机基本操作、微信软件、健康码申请等使用方法，让老年人也能享受掌握信息、办理业务的便捷	线下	否
	天津市滨海新区图书馆	数据库开发企业	"数字图书馆深度游"："智能+"与智慧社区建设发展	线下	否
	中心生态城图书馆档案馆	医院	健康信息	线上+线下	否
	天津空港经济区文化中心	—	—	—	—
	泰达图书馆	爱迪科森数据库	书香泰达数字阅读之"终身教育学习"爱迪科森数据库体验活动	线上	是
	和平区图书馆	社区、志愿者	"读书点亮生活 科学与我同行"：学习智能手机微信、天津地铁App、网上挂号、实时公交操作流程	线下	否
		社区	"网络书香过大年 数字资源进社区"：讲解海量数字资源并指导使用	线下	否

（续表）

地区	图书馆名称	合作主体	内容	形式	是否持续
天津地区	河西区图书馆	天津市社会科学界联合会、社区	《"智能+"与拥抱智慧社区美好生活》主题讲座	线下	否
		志愿者	"计算机公益培训""手机摄影"主题公益讲座："手机摄影的分类""手机中相机功能的用法"及"手机摄影的构图"等知识以及对本馆书刊检索、图书续借、电子书的在线查找、阅览、下载等操作方法进行培训解答	线下	是
		国家图书馆	"我们的中国梦"——公共数字文化进万家、"书香博闻·欢启归程"在线趣味答题、"欢乐祥瑞·金猪纳福"VR贺新春数字文化虚拟现实体验活动	线上+线下	春节期间
	河东区图书馆	社区	添加手机联系人、设定闹钟、微信扫一扫、打开健康码、预约挂号等	线下	否
		QQ阅读	数字阅读	线上	是
		志愿者	学习智能手机读屏软件和智能听书机的使用方法	线下	否
	东丽区图书馆	高校	中老年"零基础"公益电脑培训班：帮助老人享受图书馆丰富的线上线下资源	线下	否
		中核（天津）机械有限公司	中老年"零基础"公益电脑培训班	线下	是
	西青区图书馆	—	—	—	—

(续表)

地区	图书馆名称	合作主体	内容	形式	是否持续
天津地区	津南区图书馆	社区	"科技助力阅读 共享智慧书香"数字阅读推广活动	线下	否
		体育局	数字资源培训班	线下	否
		超星集团培训部、志愿者	歌德电子借阅机使用培训	线下	否
	北辰区图书馆	—	—	—	—
	武清区图书馆	消费者协会	"防范消费陷阱 科学理性消费"	线下	否
	宝坻区图书馆	—	—	—	—
	宁河区图书馆	天津市反诈电信网络诈骗犯罪中心	电信诈骗	线下	否
		图书馆博物馆行业、企事业单位	"弘文化共'元'梦"元宇宙探索闯关活动	线上	否
	静海区图书馆	中国图书馆学会	2023年全民信息素养教育公益大讲堂活动，馆员培训	线下	否
河北地区	河北省图书馆	中国老科学技术工作者协会	"科普大讲堂"老年人保健知识	线下	是
		银行	电信诈骗防范意识	线下	否
		广播电视台	智能手机课堂	线下	是
		文化广电新闻（出版）局	河北省公共数字文化：宣传数字使用功能	线上+线下	是
	石家庄市图书馆	市民革	"民革专家讲堂"——疾病预防	线上+线下	是
		同方知网	学术知识素养大讲堂：学习如何通过搜索解决问题	线下	否
	唐山市图书馆	—	—	—	—
	秦皇岛图书馆	—	—	—	—

（续表）

地区	图书馆名称	合作主体	内容	形式	是否持续
河北地区	廊坊市图书馆	万方数据	提升全民数字素养与技能知识有奖竞答	线上	否
	邢台市图书馆	—	—	—	—
	张家口市图书馆	反诈中心、通讯公司	老年人防诈安全知识讲座	线下	是
	沧州市图书馆	医院	沧图云讲座·健康有道、健康伴您行	线上+线下	否
		公益机构	养老防诈骗知识	线上	否
	衡水市图书馆	—	—	—	—
	邯郸市图书馆	—	—	—	—
	保定市图书馆	—	—	—	—
	承德市图书馆	—	—	—	—

注："—"表示未在该图书馆官方门户网站中搜索到相关实践案例。

3.1 图书馆+社区

由于老年人身体原因，社区是京津冀公共图书馆老年人数字素养培育中最为常见的社群合作模式，北京西城区图书馆与企业运营的广内街道广艺+图书馆分馆开展的"数字文化社区行"合作，邀请北京市西城经济科学大学志愿者通过线上和线下相结合形式为老年人提供数字生活和数字安全方面的培训知识。天津和平区图书馆与社区、志愿者合作，指导老年人使用图书馆的数字资源，同时为老年人讲解数字出行的相关知识。

3.2 图书馆+企业

企业是京津冀公共图书馆合作的主要社群。北京西城区图书馆与同方知网（北京）技术有限公司合作为老年人提供以计算机软件知识和智能手机操作为主的培训课程，同时与微软公司长期开办数字素养培训班，并针对老年人开设基础班和提高班，帮助不同阶段老年人提升数字技术能力。天津图书馆与数据库开发企业联合举办"数字图书馆深度游"读者培训讲座，通过结合国内外典型的智慧社区建设和社区居民智慧生活案例提升老年人提升数字素养的意识。

3.3 图书馆＋志愿服务

志愿服务是公共图书馆最为常见的社群参与形式，专业的志愿者不仅能够缓解公共图书馆人员不足的问题，提供专业的服务，同时为数字素养培育提供创新动力。北京地区图书馆志愿服务水平较为成熟，其通过与老年大学、政府机构、医院等共联共建的合作形式，为老年人数字素养培育提供专业的培训课程。大学生志愿团队也是志愿服务的主要力量，公共图书馆可以通过为学校提供实践平台，以代际服务模式为老年人开展数字技能培训。

3.4 图书馆＋其他社群

京津冀公共图书馆还与通讯公司、银行、医院、反诈中心、公益组织等其他类型社群合作，从一定程度上提高了老年人数字素养服务内容的多样化，提升了服务的质量和专业水平。河北省图书馆与中国建设银行联合开展"守住钱袋子 护好幸福家"活动，通过情景演绎进行反诈宣传。张家口市图书馆与反诈中心、移动公司三方合作为老年人提供警企联动反诈宣讲。中新天津生态城图书档案馆与医院合作利用线上和线下方式向老年人宣传健康信息。

3.5 存在问题

经调查，三个地区公共图书馆都有不同程度的社群合作情况，但是同一城市区域间协同不明显，存在发展不均衡现象。如北京地区首都图书馆、西城区图书馆、平谷区图书馆有较多的社群合作服务，而未查询到朝阳区图书馆、石景山区图书馆、怀柔区图书馆、昌平区图书馆社群合作的经验。从社群合作类型看，社群合作类型比较单一，多为社区、志愿团体和利益相关组织和机构。从社群合作开展的时效性看，大多为一次性活动，并未做到持续性开展。从开展的形式上看，并未考虑到老年人身体情况，多为线下授课，少数开展线上和线下相结合的方式，且形式固化缺乏创新性。从培育内容上看，多为数字基础能力培训，并未根据老年人实际需求开展分级培训，服务内容多样性、层级性、体系化有待提升。鉴于此，京津冀公共图书图书馆应该从老年人数字素养培育体系化建设、社会关注度、主体需求、区域联盟等方面开展多元化社群合作，提升服务效能。

4 京津冀地区公共图书馆基于社群合作老年人数字素养培育提升策略

4.1 明确主体职责，构建多元化联动培育体系

为了全面提升京津冀地区老年人数字素养能力水平，省（市）级的政府相关机构、公共图书馆、社区及其他相关利益社群应积极发挥自身的职能作用，通过顶层设计、制定内容、联合实施等方式共同推进老年人数字素养培育体系的建设。

4.1.1 政府支持

政府部门作为数字素养培育的顶层设计者，发挥着主导作用。中央网络安全和信息化委员会印发《提升全民数字素养与技能行动纲要》，从宏观层面为全民数字素养培育原则、任务及保障措施作出全面部署，地方政府应根据《行动纲要》具体要求出台更为细化的老年人数字素养培育政策性条例，内容应涵盖经费筹措、培育标准、资源配置、社会化参与激励等机制；投入更多的资金用于支持老年人数字教育和培训项目；拓展公共文化服务场馆、医院、社区等公共场所数字基础设施的建设，

搭建数字素养门户网站；引导广大数字相关利益组织机构组建面向老年人的数字培育联盟。通过制度保障、资金支持、设施建设和联盟组建为老年人数字素养培育工作的社群合作奠定基础。

4.1.2 图书馆参与

公共图书馆一直以来承担着公众的教育职能，是数字素养培育中的推进者。由文化和旅游部、教育部、工业和信息化部等国家部委联合指导国家图书馆、中国图书馆学会、相关机构等制定全国性的公共图书馆数字素养教育培训和评估通用标准，公共图书馆参照标准根据地方政府出台的政策性条例和地方特色完善本地区老年人数字素养培育计划、制定老年人数字素养培育项目、组织馆员数字素养能力培训。作为老年人素质素养培育的实施成员，公共图书馆应通过宣传、开展阵地服务、寻求其他社群合作，丰富培训内容和形式，延伸服务范围的方式吸引更多老年人参与数字技能提升。

4.1.3 "图书馆+"社群合作方式实施

社区、老年大学是老年人学习计算机知识和上网知识的主要阵地。社区以地域优势方便辐射更多行动不便的老年人参与数字素养培育，但缺乏教育经验。老年大学为老年人提供更为专业和系统的数字素养培育，但其收费的性质让许多老年人望而却步，公共图书馆以"图书馆+"的合作形式，联合社区、老年大学等培训机构为老年人提供更为便捷化和专业化公益性质的数字素养培育。当然，图书馆也可以和互联网企业、医疗机构通过互利互惠的社群合作机制获得资源、技术、人才等支持。

4.2 以需求为导向，推进多层级服务

公共图书馆应该通过问卷调查、访谈等方式收集老年人对数字技术的使用情况、遇到的问题、感受和期望等数据，制定数字素养课程内容，同时将数字素养与技能培训划分为启蒙课程、应用课程、安全课程、高阶课程等，通过不同层次，渐进式的教学主题和内容，开展不同层级的服务内容。例如，启蒙课程面向零基础的老年人，主要是计算机、智能手机具体操作。应用课程以日常应用为导向，包括搜索引擎、微信等社交媒体，消费、交通、医疗等软件的使用。安全课程是帮助老年人识别信息来源和真假，提升保护隐私和安全访问意识。高阶课程基于老年人的兴趣爱好和自我提升目标，设置数字媒体制作、短视频剪辑、自媒体引流与运营等内容。公共图书馆可以与医院、属地派出所、互联网企业、编程公司、数字设备生产商等合作，为老年人提供"课程+实操"的服务形式，培训内容以生活事件为主题，涉及与数字技能相关的出行、就医、消费、文娱、办事、安全、智能化产品和服务应用7类高频事项和服务场景，并将内容录制上传到公共图书馆官方网站，或者将课程推广至社区、养老院，方便无法到馆的老年人随时进行学习。同时及时对老年人的学习情况进行评估，根据老年人学习后的情况反馈，修正和完善数字素养培训课程的内容。

4.3 扩大合作社群，营造浓厚参与氛围

公共图书馆可以构建多元化宣传让更多社群和老年人了解并参与到数字素养培育工作。在全媒体背景下，公共图书馆应当将传统推广模式与现代化推广模式相结合，广泛发掘媒介渠道。一方面利用老年人更易接受的传统媒介模式，加强与相关媒体、网站、报纸、电视以及广播电台等的合作。通过在小红书、抖音推送消息和进行直播，利用新媒体平台保持图书馆在公众视野的活跃性。同时与区域内的图书馆、合作社群网站相互嵌入式宣传，扩大资源利用率。另一方面，与公交、地铁等交通部门进行合作，通过投放宣传视频或者发放宣传册等手段，扩大活动宣传的覆盖面。另外，可借鉴国外公共图书馆在人员密集的街道、商超进行宣讲和路演，通过这种方式，引起老年人和公益社群的关注，提高社会影响力。

4.4 开展区域联盟，实现资源共建共享

基于京津冀三地公共图书馆数字素养实践水平发展不平衡的现状，一是联盟应定期组织成员开展经验交流活动，通过"线上＋线下"的形式邀请深圳图书馆、广州图书馆、香港公共图书馆等数字素养培育较好的图书馆为成员馆分享培育经验，同时邀请合作社群代表、数字素养培育对象代表参与座谈会，共同创建适合老年人的数字素养培育模式。二是京津冀图书馆联盟成立数字素养培育研究小组，联合相关专家，研究和关注国内外数字素养培育社群合作成功案例，编写报告，结合三地实际情况，研究合作模式供各成员馆参考。三是京津冀三地利用各自资源优势和合作社群联合建立数字素养教育网站或资源库，使区域内各馆可以共享教育资源，弥补一些偏远地区和基层公共图书馆开展数字素养培育的差距。

5 结语

公共图书馆作为全民终身学习的场所，理应承担全民数字素养培育的责任，促进数字公共服务普适普惠发展。今年是京津冀协同发展 10 周年，京津冀公共图书馆在面向老年人数字素养培育研究和实践中，应形成目标同向、措施一体、优势互补、互利共赢的协同发展新格局，通过形成合力不断提高京津冀公共图书馆的数字资源质量和数字素养培育水平，不断提升老年人数字素养，为我国区域联盟提供借鉴意义。帮助老年人更快融入社会，参与数字生活甚至是完成数字创造，从而真正实现数字时代数字红利的"全民共享"。

京津冀城市书房建设初探

刘良玉[*]

摘要 文章选取北京市大兴区、天津市西青区、河北省石家庄市"24小时城市书房"为研究对象,结合网络调查和文献调查等方法从建设现状、建设亮点进行分析,并提出京津冀城市书房创新发展的策略,即科学布局、协同建设、加强宣传、融入互动性体验、强化市场化运营,以助力实现京津冀"城市书房"的高质量发展。

关键词 新型公共阅读空间;城市书房;京津冀协同发展

1 引言

相较于传统公共阅读空间,新型公共阅读空间是一种融合了阅读、社交、休闲、艺术等多种元素且以人为核心的阅读场所[1]。城市书房,是一个集阅读、学习、互动等于一体的新型公共阅读空间。2014年,温州

---

[*] 刘良玉,1984年生,天津图书馆馆员,研究方向为京津冀协同发展。
1 陈则谦,孙金瑛,张博文.新型公共阅读空间建设及服务效果研究——以扬州市"24小时城市书房"为例[J].图书馆,2023(02):63—71.

市将小型智能化场馆型自助图书馆命名为"城市书房"[1]，此后，以"城市书房""文化驿站"为代表的新型公共文化空间建设迅速在全国各地铺开。2018年，"最美公共文化空间大赛"首次在上海市全新亮相，一大批"外在形式美""功能服务好""理念模式新"的空间脱颖而出[2]。近年来，京津冀地区也涌现出了一批"小而美""小而精""小而优"的公共阅读空间，例如北京市大兴区的S.D阅读空间，天津市西青区的"青阅书苑"城市书房，东丽区的"阅东方"城市书房，河北省石家庄市的城市书房，沧州市的"遇书房"城市分馆及书吧等。本文通过对京津冀三地城市书房建设现状对比分析，对未来京津冀城市书房新发展策略进行探讨。

2 京津冀三地城市书房建设现状

表1 京津冀三地部分城市书房名称

序号	城市书房名称	所在地
1	S.D阅读空间（采育镇禹王）	北京市大兴区
2	采育镇城市书房	
3	礼贤镇城市书房	
4	S.D阅读空间（潞城营）	
5	大兴机场自贸区书房	
6	S.D阅读空间（半壁店）	
7	S.D阅读空间（孙村）	
8	荣华街道24小时城市书房	
9	S.D阅读空间（鹿华苑）	
10	S.D阅读空间（融汇）	

---

1 温州城市书房引领公共阅读空间发展方向[EB/OL].[2023-12-23].http://qiye.eastday.com/n34/u1ai1171090_T2.html.
2 揭晓时刻！最美公共文化空间大赛最终获奖名单出炉！[EB/OL].[2022-01-01].https://baijiahao.baidu.com/s?id=1720735095434293231&wfr=spider&for=pc.

（续表）

序号	城市书房名称	所在地
11	鉴止书屋（团河行宫）	北京市大兴区
12	鉴止书屋（兴政街5号）	
13	S.D阅读空间（盛嘉华苑）	
14	S.D阅读空间（永华实验学校）	
15	S.D阅读空间（新媒体）	
16	S.D阅读空间（福海佳园）	
17	S.D阅读空间（清城）	
18	S.D阅读空间（黄村公园）	
19	三合庄24小时城市书房	
20	S.D阅读空间（清源北路）	
21	S.D阅读空间（康顺园）	
22	洪村24小时城市书房	
23	S.D阅读空间（康馨园）	
24	S.D阅读空间（景山学校）	
25	S.D阅读空间（保利茉莉）	
26	S.D阅读空间（理想家园）	
27	精武文化公园城市书房	天津市西青区
28	牛坨子村城市书房	
29	小稍直口村城市书房	
30	王顶堤村城市书房	
31	民盛里城市书房	
32	四季花城城市书房	
33	王兰庄花园城市书房	
34	古镇景区城市书房	
35	安吉书院城市书房	河北省石家庄市
36	解放书咖城市书房	
37	绿园城市书房	
38	睿和城市书房	

(续表)

序号	城市书房名称	所在地
39	追光城市书房	河北省石家庄市
40	智汇城城市书房	
41	方塘城市书房	
42	诗光里城市书房	
43	无显新茶会城市书房	
44	瀚林社区城市书房	
45	龙泉书院城市书房	
46	正定县城市书房	
47	文创书苑城市书房	
48	滹沱书院城市书房	
49	赵州桥城市书房	

2.1 北京市大兴区城市书房建设现状

大兴区图书馆率先在北京市建设24小时城市书房（智能图书馆），树立起新型公共阅读空间的"大兴样本"。24小时智能图书馆可以看作是24小时城市书房的升级版，可以识别人脸，在无人值守的情况下，安全自助运行。同时，24小时智能图书馆作为图书馆分馆，对总分馆制建设体系进行了补充。大兴区目前已建成使用26家24小时城市书房（智能图书馆）（详见表1）。书房集办证、阅览、听书、借还图书、浏览数字资源等功能于一体，并定期举办讲座、沙龙、亲子阅读等公益性活动。大兴区城市书房方便快捷，向社区延伸，主打"15分钟公共阅读服务圈"，方便群众错峰阅读。城市书房由大兴区图书馆审核、指导、监督，并通过政府购买服务的方式进行运营。将城市书房列入分馆，由区图书馆直接管理，与驻地街镇签订安全管理协议，属地与区图书馆各司其职，并通过建章立制，规范工作流程。在建设模式上，既有政府提供场地和设备，区图书馆负责管理的政府投资模式，也有企业提供场地和人员，区图书馆提供图书资源的政企合作模式[1]。

2.2 天津市西青区城市书房建设现状

天津市西青区城市书房均采用"青阅书苑"作为统一名称标识，书房外部招牌采用统一设计，目前建有8家城市书房[2]（详见表1）。书房利用信息化、RFID无线射频技术和智能化设备实现图书通借通还和书房智能化管理及无人化管理。城市书房统一配备电子阅读机和数据分析大屏。在选址上，优先考虑居民成熟社区、大型公园广场、著名旅游景区、街镇社区中心。城市书房与区图书馆、市图书馆实现三级图书馆通借通还。城市书房建设由区委宣传部推动建设，区文旅局负责具体实施，各街镇或者委托所属村居通过现有场地改建或者扩建，负责城市书房设计建设工作，鼓励社会力量参与城市书房建设。书房后期维护既有公益性运营模式，即所属街镇负责运维开支，也有经营性运营模式，即引入第三方运营企业负责运维开支，并需要开展一定次数的阅读推广活动[3]。

2.3 河北省石家庄市城市书房建设现状

2023年，河北省石家庄市城市书房第一批开放15家（详见表1），除了提供图书借阅服务，城市书房还提供主题讲座、艺术展览、非遗展示、阅读分享等活动，促进了书房与读者之间的互动。城市书房有的开在文博场馆内，集图书、文创、展示于一体，有的开在社区内，居民就近即可享受阅读体验，有的开在写字楼里，作为白领"充电"场所，有

---

1 "大兴区24小时城市书房建设"案例｜2022北京"阅读榜样"·全民阅读优秀案例[EB/OL].[2023-03-21].https://www.sohu.com/a/657248435_210950.
2 西青区图书馆入选文旅部基层公共阅读服务推广项目名单[EB/OL].[2024-05-29].https://www.tjxq.gov.cn/xwzx/xqyw/202405/t20240529_6637201.html.
3 马会婷.西青区图书馆"青阅书苑"城市书房建设模式探索[J].科技资讯,2022,20(13):195—197.DOI:10.16661/j.cnki.1672—3791.2201—5042—2633.

的开在旅游景区，以文塑旅、以旅彰文，助力文旅融合[1]。位于景区、场馆的城市书房开放时间一般在上午9时到下午5时。位于社区、公园的城市书房每天开放时间根据季节的变化和读者的需求相对有弹性，一周不少于6天。城市书房由石家庄市文化广电和旅游局按照统一标识设计、统一管理系统、统一服务规范的原则择优打造[2]。石家庄市图书馆负责城市书房的运营管理，城市书房里的图书来自石家庄市图书馆，每个书房都配备了智能借还机，可以与全市图书馆通借通还，实现资源共享。

3 京津冀三地城市书房建设亮点

3.1 环境高雅，功能多样

城市书房的建设目标是打造兼具审美性和功能性的"小而美"的公共阅读空间和艺术空间[3]，北京市大兴区鉴止书屋集图书馆、沙龙、自习室、书店、咖啡厅、亲子乐园等多功能于一体，读者在鉴止书屋可以通过VR互动体验室、VR眼镜体验沉浸式阅读，也可以在古色古香的阅读空间感受古今融合，体验不一样的读书乐趣[4]。西青区"青阅书苑"城市书房精武文化公园分馆总面积近800平方米，是目前西青区面积最大的城市书房。书苑分上下两层，在书苑一、二层的过渡空间，打造了图书墙和阶梯阅读空间，简约时尚、明亮大气的风格，既为群众营造了更加浓厚的阅读氛围，提供了更加舒适的阅读环境，也成为年轻人追逐的网

---

[1] 城市书房 让城市弥漫书香 [EB/OL].[2023-12-25].http://sjzrb.sjzdaily.com.cn/sjzrbpaper/pc/content/202312/25/content_150275.html.

[2] 建设书香社会 石家庄举行"城市书房"揭牌仪式 [EB/OL].[2023-12-12].https://baijiahao.baidu.com/s?id=1785081937188061705&wfr=spider&for=pc.

[3] 郭欣萍，付静静.新理念 新空间 新发展——图书馆新型公共文化空间建设概览与思考[J].图书馆，2024（05）:1—7.

[4] 空调房里喝咖啡看书 大兴这个24小时书屋挺不错 [EB/OL].[2023-06-27].https://www.163.com/dy/article/I88RAM990514A688.html.

红打卡新地标[1]。石家庄市龙泉书院城市书房除了本身提供的舒适环境和先进设施，书房周围的生态环境十分优美，在阅读之余，读者可以欣赏到大自然的美景，感受城市与自然的和谐共处[2]。

3.2 文旅融合，效果显著

城市书房相较于传统公共图书馆，其空间布局更强调美学意义[3]，文旅融合的时代背景为城市书房提供了良好的发展机遇，京津冀部分城市书房在文旅融合方面已经取得了显著的效果。北京市大兴区"S.D阅读空间（清源北路）"，集文化、网红、旅游、阅读、休闲等功能于一体，极具"网红"气质的同时，又兼具文旅融合特色，其将科举古风融入场景布局，让明亮的室内空间充满时间的历史痕迹，采用线上与线下融合的模式展示大兴特色文旅产品，通过线下实体摆放、线上扫描了解的方式，让读者更加详尽地了解大兴文旅特色[4]。天津市杨柳青镇古镇景区城市书房位于千年古镇杨柳青镇，毗邻著名景点石家大院，室内装修风格复古、典雅、古色古香，与古镇的风格浑然一体，不仅能让游客疲惫的心灵得到短暂休憩，同时也能够切实体验当地文化特色，感受文化和旅游融合的魅力所在。石家庄市"赵州桥"城市书房、龙泉湖公园"龙泉书院"城市书房等开在景区、公园的城市书房推进文旅融合，颇受游客欢迎。

---

1 西青区"青阅书苑"城市书房精武文化公园分馆揭牌开放 [EB/OL].[2021-03-16].http://www.xq.net.cn/system/2021/03/16/051113676.shtml.

2 石家庄最大规模！建成开放 [EB/OL].[2023-07-20].https://baijiahao.baidu.com/s?id=1771926961531376658&wfr=spider&for=pc.

3 汪圣,刘旭青,李秀义.景观化："网红"城市书房建造的实践逻辑及其审视 [J].新世纪图书馆，2023（01）:5—11+87.DOI:10.16810/j.cnki.1672—514X.2023.01.001.

4 "书"适生活 | 大兴区24小时城市书房巡礼「第一期」[EB/OL].[2023-10-20].https://baijiahao.baidu.com/s?id=1780263699160480383&wfr=spider&for=pc.

4 京津冀城市书房创新发展策略

4.1 科学布局

城市书房是区域内公共文化服务体系的一种有力补充，打通了公共文化服务的最后一公里。城市书房的建设不能一味地追求"以貌取人"，而忽视了为人民群众提供高质量公共文化服务的核心职能。在选址上，城市书房要着力体现公共文化服务的均等性，着力优化区域文化资源配置，着力弥补偏远地区居民享受公共文化服务难的短板，不仅仅要在人口密度大的街镇中心、商业中心、旅游景区设址，也要在相对偏远但居民聚集的区域设址，让阅读更好地贴近居民生活。

4.2 协同建设

京津冀三地发展存在一定的不平衡性，通过两地甚至三地联手创建城市书房，可以在一定程度上实现优势互补，同时能够帮助城市书房所在地减轻建设负担。例如，首都图书馆、天津图书馆、河北省图书馆与雄安新区宣传网信局共同创建的雄安新区容西片区贤溪社区"XIN 空间"就是一次有益尝试，雄安新区负责"XIN 空间"运营管理，三馆提供业务指导、人员培训、活动联动、资源共享等支持，着力提升"XIN 空间"服务能力与水平[1]。

4.3 加强宣传

对城市书房进行统一的 logo 设计，提升城市书房的辨识度。通过微信、抖音等新媒体平台，对城市书房优质、免费的资源进行推介，制作城市书房宣传视频，突出城市书房优美的阅读环境，吸引更多的读者前来体验。线下可以将城市书房的宣传资料，通过在公共图书馆和各城市

---

1 京津冀三地共建，雄安新区公益图书馆暨"XIN 空间"正式揭牌 [EB/OL].[2024-02-26]. https://baijiahao.baidu.com/s?id=1791967085941018706&wfr=spider&for=pc.

书房网点定点投放或通过流动图书馆多点发放，对城市书房的风貌和服务内容进行宣传。

4.4 融入互动性体验

提高活动策划水平，依托城市书房，开展系统化、品牌化的阅读推广活动，同时结合自身特色和实际情况，开展沉浸式、体验式的文化活动，使城市书房在社会服务中充当更加灵活多变的角色。定期开展满意度调研，广泛收集读者的意见建议与需求，有针对性地进行优化调整，吸引更多读者前来体验。例如，河南省洛阳市河洛书苑·兴洛湖城市书房除定期开展经典阅读推广活动外，还积极举办主题讲座、绘本阅读等活动，并组织开展手工制作、公益培训等各类阅读推广延展活动。

4.5 强化市场化运营

城市书房要利用自身"小而美"的独特优势，要吸引更多社会资本投入，拓展资金来源，丰富商业业态，既能用以弥补共用经费有限而导致的资金缺口，又能改变图书馆"单打独斗"的局面，进一步实现资源共享。通过融入"书房+"等多业态，引入社会力量市场化运作，使城市书房走得更远。例如，大兴区绿地缤纷城24小时城市书房融合了书店、咖啡吧和文化活动空间等多重职能，由大兴区图书馆与雷图志悦公司共同建设管理。区图书馆提供自助借阅设备和图书资源，公司支付场地租金、物业费、装修费，购买书架座椅，提供日常运营服务，利用书友会、文创产品售卖等方式"自主造血"[1]。

---

[1] 北京大兴开启首家入驻商圈的 24 小时城市书房 [EB/OL].[2018-09-29].https://baijiahao.baidu.com/s?id=1612951316121217174&wfr=spider&for=pc.

5 结语

京津冀三地城市书房建设近年来取得了不少的成果,广大读者的文化需求得到了较好的满足,今后应进一步借助京津冀协同发展的政策支持,不断完善合作机制,统一建设标准,强化品牌意识,注重文旅融合,打造一批优质、智能、便民的新型公共阅读空间。

京津冀协同发展背景下天津图书馆戏曲资源建设与服务实践探讨

张晓君[*]

摘要 京津冀协同发展作为国家重大战略，为区域文化协同发展提供了新机遇。天津作为戏曲之乡，拥有丰富的戏曲资源和深厚的文化底蕴。天津图书馆作为文化传承与知识传播的重要机构，在推动天津戏曲发展方面具有独特优势和重要作用。本文旨在探讨天津图书馆在京津冀协同发展背景下，通过资源建设、服务创新、合作交流等方面的具体实践，推动中国戏曲艺术的传承与发展。

关键词 京津冀协同发展；公共图书馆；戏曲艺术

戏曲艺术作为中国传统文化的重要组成部分，具有深厚的历史底蕴和广泛的群众基础。京津冀协同发展作为我国重大国家战略之一，自 2014 年提出以来，在基础设施建设、产业布局优化、生态环境保护以及文化交流等方面取得了显著成就。京津冀地区作为中国北方的文化重地，其公共图书馆在戏曲资源建设与服务方面进行了积极探索与实践，取得

---

[*] 张晓君，1993 年生，天津图书馆助理馆员，研究方向为公共图书馆与社会教育。

了一定成效。基于此背景下，本文以天津图书馆为例，探讨其在戏曲资源建设与服务实践中的具体做法与经验，以期为京津冀地区公共图书馆协同创新发展、推动区域内的戏曲文化繁荣提供参考。

1 京津冀地区的戏曲艺术发展

戏曲艺术包含着中华民族乃至全人类的口头与非物质文化遗产，是我国与世界不容忽视的精神文化财富之一。中国的戏曲是一座蕴藏丰富的文化宝库，从多个层次和侧面映照出中华文化的神韵风采。它呈现出极其顽强而旺盛的生命力，经过不同的时代，不断适应新时代、新观众的需要，保持和发扬民族传统的艺术特色。

京津冀是近代中国重要的政治文化中心地区，独特的人文地理环境也使其成为近代戏曲发展、演出的中心舞台。北京、天津和唐山等城市都具有深厚的文化底蕴和丰富的文化资源，它们也是全国著名的戏剧、戏曲之乡。京津冀近代戏曲走过了晚清和民国，历经百年沧桑，其中京剧、评剧、河北梆子三大剧种闻名全国，它们都经历了萌芽、发展、兴盛、衰落和新生几个阶段，都在中国戏曲史写下了各自辉煌的篇章。来自全国各地的戏曲名家几乎都曾在近代京津冀的舞台上争相献艺、相互交流，在这种良性的互动和竞争中不断提升自身的表演技艺，在全国打出知名度。而这些高水平的表演又带动了京津冀地区戏曲演出场所的升级换代和相关经济的繁荣。

天津作为京津冀地区的重要城市和著名戏曲演出中心，是名副其实的北方戏曲大本营。从明永乐二年（1404）设立天津卫开始，历经600多年，造就了天津中西合璧、古今兼容的独特城市风貌，民俗文化相互交融又各具风采，极具都市民俗所特有的个性和魅力。在此基础上，天津人民海纳百川、兼容并蓄的气魄和豪放爽朗、豁达乐观的精神面貌造就了天津戏曲，使戏曲在这片肥沃的土壤中茁壮成长，并且不断结出丰硕果实。谭鑫培、梅兰芳、荀慧生、周信芳、李少春、成兆才等诸多戏曲名家都曾在近代天津舞台上展现过精湛的表演技艺。这些高水平的表演也推动了戏曲经济的发展和演出场所的变迁，从戏台、戏楼、茶园到现代化的剧院，铸就了另一种形式的近代戏曲演出史。天津戏曲艺术的兴旺发达、长盛不衰，已然成为天津文化一道最亮丽的风景线。近年来，天津图书馆将发展戏曲艺术摆在重要战略地位，这为传播京津冀地区特色传统文化提供了得天独厚的机遇。

2 天津图书馆戏曲资源建设与服务创新

推动本土戏曲传承发展，对于弘扬天津优秀传统文化、促进京津冀地区的文化交流具有重要意义。对此，天津图书馆不断突破创新，从丰富馆藏资源到开展各种线上线下活动，挖掘整理其蕴含的当代价值、人文精神和文化内涵，为天津戏曲传承发展营造良好的社会氛围。

2.1 建设多元化的戏曲馆藏体系

天津图书馆已经把建立特色音乐资源馆藏体系纳入全馆资源建设总体规划中，每年有固定的采购经费按比例购置各种类型、不同载体的戏曲文献资源。与普通的纸质资源相比，音乐文献资源馆藏更具有独特性和专业性，因此在资源建设上，要向多元化发展，才可以让天津戏曲的馆藏资源更具生命力。

首先，在数字图书馆中搭建了戏曲资源总库平台。将纸质文献、影视音像资料、电子资源等原先互不相连的数据库统一为完整的网络知识体系，避免了读者必须登录各个站点来进行检索的烦琐程序，这样有助于提高读者的检索效率，同时形成了可循环的信息供给环境，也间接提高了文献的使用频率。譬如，搜索"戏曲"相关检索字段时，检索结果可以得到纸质文献 5418 种、音视频资料 35 种；搜索"相声"相关检索字段时，检索结果可以得到纸质文献 523 种、音视频资料 13 种、电子资源 5 种。所有类型的文献和视频资料可以在同一页面实现高效整合，读者可以随时随地获取想要的戏曲资源，这些数字资源可以被无数次地复制、下载和传播，不会造成原文献的损耗或消失。

其次，建立关于天津戏曲的音乐数据库。目前，公共图书馆收录的大部分数据音乐资源为现代音乐，相比之下，民俗音乐数据资源匮乏。为了解决这一突出问题，天津图书馆结合本区域内的民俗音乐特色，推动以天津戏曲为代表的音乐资源库建设。在馆内的自建资源中，设有"天津曲艺"专栏，是一个涵盖了戏曲知识、曲坛轶事、理论研究、名家名角、获奖作品等全方位系统理论知识的数据库。此外，在专栏"天津民俗""天津文化艺术志""天津民俗方志"中，与天津戏曲相关的内容也被列入重点专题，满足读者对戏曲文化的不同需求。这些资源库都在一定程度上保存了天津戏曲信息资源，不仅引领了对天津戏曲文化的传承和发展，而且为围绕这些特色曲种开展科研教学奠定了基础。

2.2 提供多样性的戏曲主题读者活动

不同于专业音乐院校的图书馆，公共图书馆开展音乐主题的活动时应将着力点放在普及音乐艺术，提高全民音乐文化素养，推动音乐文献的保存和音乐文化的传播上。天津图书馆提供的音乐服务立足于普通市民，以专业的音乐环境、公益的运作方式，为到访的音乐爱好者提供一个交流音乐、学习音乐的机会，进而培育城市文化艺术消费群体，推动学习型社会的建设。

第一，围绕天津戏曲等相关主题，天津图书馆开展了一系列读者讲座。从 2013 年至今，相继开展了"天津文化大讲坛"和"走近大师"非遗系列讲座，每周邀请一位戏曲名家与广大市民见面，京剧表演艺术家杨乃彭，戏曲表演艺术家王文玉、张志宽、刘秀梅等依次开讲，和读者亲密互动，普及戏曲知识。此外，与天津音乐学院合作开展的"音乐大讲堂"系列讲座也逐渐将内容拓展到民族器乐与戏曲上来。例如，天津音乐学院民乐系副教授黑连仲主讲了"琵琶在戏曲和曲艺中之运用及雅俗共赏"，受到广大民乐迷的一致好评。特色服务品牌"海津讲坛"系列讲座中，开设了天津戏曲系列讲座。从"京东大鼓的起源和发展"到"梅派的男旦艺术"，从"我与王派快板的渊源"到"鼓曲艺术欣赏"……场场经典，让广大读者在参加讲座的过程中陶冶情操、修身养性。

第二，与相关戏曲、曲艺文化场馆合作，拓宽行业分馆的建设。2020年12月23日，天津图书馆与"相声之家"谦祥益合作共建天津图书馆谦祥益相声分馆。谦祥益被海内外媒体誉为津门第一相声茶馆，是天津文化旅游的一张名片。在其中设立的分馆作为全国首家相声主题图书馆，将图书馆的公共服务延伸至社会公众的日常休闲、旅游空间，有效提升了阅读的交互程度和根植深度。馆内图书配置彰显主题特色，拥有相声主题及相关类别图书近2000册，免费向公众开放。天津图书馆谦祥益相声分馆的建立是天津图书馆开展延伸服务，在目前行业分馆建设的基础上拓展服务范围、深化服务内涵的一次创新。其不但打造了嵌入式、交互式新型阅读空间，推动公共文化建设形成新合力，让浓浓书香浸润津城，而且使相声文献资源的保存保护、挖掘阐发、传播推广和展示利用有了重要依托。有助于进一步厚植戏曲之乡、曲艺之乡的文化根脉，提高天津城市文化自信和文化影响力，让天津历史文化名城的品牌更加闪亮。

3 京津冀地区公共图书馆的启示与思考

3.1 加强跨界合作，充分发挥社会教育职能

为了使戏曲艺术长久可持续发展，突显区域文化特色，公共图书馆继承和发扬戏曲文化离不开与戏曲学校、文艺团体的合作，通过建立良好的合作关系以促成文教跨界、优势互补、资源共享的共赢机制。京津

冀地区高校开设戏曲专业的有 8 所，其中不乏"双一流"高校——中央戏剧学院，也有专业戏曲院校，如中国戏曲学院、北京戏曲艺术职业学院、天津艺术职业学院、河北艺术职业学院等。此外，国家鼓励戏曲表演领域的民间艺术家及非物质文化遗产的传承人深度融入戏曲职业教育体系，通过构建"双向流动"的非物质文化遗产传承人参与机制，即一方面鼓励传承人走进校园担任技艺指导，另一方面也促进职业教育师生深入传承实践，双向学习与交流。中国戏曲学院已将非物质文化遗产京剧项目代表性继承人纳入其师资队伍中，彰显了对精湛技艺传承与教学的重视与尊重，进一步推动戏曲艺术的活态传承与创新发展。为了让公众全方位、多角度地了解戏曲艺术，应定期邀请院校的戏曲专业教师参与图书馆开展的讲座和沙龙。高校的师资优势与公共文化服务相互融合，不仅为学校的对外交流提供合适的平台，更是让京津冀地区的戏曲艺术不再束之高阁。广大市民可以近距离了解戏曲知识，增强对戏曲艺术深刻价值的广泛认同。值得注意的是，每场讲座和音乐会虽然形式、内容不一，但在构建京津冀戏曲资源中都能形成独树一帜的珍贵视听文献。因此，图书馆应将每场讲座的内容录制、剪裁，数字化加工后形成视频资料保存。这些视频资料不仅可以放在图书馆官网、微信公众平台供更多市民点播欣赏，更可以加入馆内的自建特色数据库中，并可以进行数据库共享，转化为各戏曲学校和文化团体的教育资料，以供更深层次的开发研究。

3.2 调整活动主体，形成读者主导的新型服务模式

京津冀地区的公共图书馆虽然推出了形式各样的戏曲主题活动和服务，但在实践过程中存在着一些问题。第一，服务对象有局限性。传播戏曲知识的对象不应仅仅局限于音乐爱好者、文化社团等有一定音乐基础的群体，少年儿童、退休老人、残障人士等对戏曲文化感兴趣的各类群体都应是图书馆的服务对象。因此，在馆内开展一系列活动的同时，

应积极深入各大学校、街道社区、福利机构等开展特殊的音乐服务，让所有市民都能享受戏曲饕餮盛宴，感受到图书馆的文化魅力。第二，被动填鸭式的服务不符合时代潮流。现存大部分活动的策划者、组织者都是图书馆工作人员，读者在多数的情况下都是被动的参与者。同时，由于戏曲相较于古典音乐、流行音乐等常规音乐类型在受众面上更小众，专业主讲人才储备不足、讲座形式单一，使图书馆开展戏曲的宣传活动遇到瓶颈。因此，为了增加服务的多样性和互动性，图书馆可以面向社会公开招募戏曲讲师志愿者，充分挖掘社会力量。无论是琵琶、二胡等乐器领域的发烧友，又或者是从小热爱相声的退休老干部，都可以有机会成为戏曲活动的主讲人。此外，将报名参加的志愿者登记在册，三地图书馆成立"戏曲文化俱乐部"，建立长效的馆际合作与交流机制。通过定期举办戏曲文化研讨会、经验分享会等活动，为读者提供更多分享交流的机会，也有助于京津冀地区的图书馆提升自身的业务水平和服务质量，为京津冀戏曲文化的协同发展提供有力支持。

3.3 提高社交媒体的使用率，拓展宣传渠道

公共图书馆传统的自主宣传方式主要有显示屏、宣传手册、海报展板等，但在新媒体强势驱动的社会中，读者的信息资源需求已呈现出多元化的发展趋势，传统方法难以达到理想的宣传效果。此外，现今图书馆通过社交媒体平台发布活动预告，内容多是以文字为主、活动视频为辅，形式过于生硬模板化，无法提高公众的关注度和兴趣。对此，图书馆可以尝试开通官方微博、短视频账号，增加和读者的信息交流渠道，广泛听取更多意见反馈。缩短长篇文字带来的枯燥感，将各种戏曲资源拍摄剪辑成短视频、vlog等形式，拓展共享戏曲文化资源的平台，让公众可以充分利用碎片化时间，随时随地享受公共文化资源。

3.4 加强区域内的馆际合作，搭建京津冀戏曲交流平台

依托京津冀图书馆联盟，区域内公共图书馆可以实现图书资源、电子资源、数据库等信息的共享，包括特色戏曲书籍、专著、音视频资料的互通有无。同时要加强图书馆员的培训与交流，分享管理经验和服务创新案例，提升整体服务水平。在图书馆合作联盟的官方网站或各区域内图书馆的网站上设立"京津冀戏曲交流平台"专区，展示三地戏曲文化、艺术家介绍、演出信息、在线课程等内容。整合京津冀地区的戏曲数字资源，如京剧、相声、时调、评书、河北梆子等音视频资料，供公众免费或付费下载观看。设立论坛、评论区等互动区域，鼓励爱好者交流心得、分享二次剪辑作品或进行自主创作。设定特定日期为"京津冀戏曲文化交流日"，通过展览、演出、体验活动等形式，增进公众对京津冀三地戏曲文化的了解和认同。

4 结语

为保护和发扬戏曲文化，天津图书馆在全国范围内发挥出了带头表率作用，也为之付出了不懈的努力。在今后的发展中，天津图书馆将继续深化与京津冀地区的合作与交流，不断创新服务模式和方法，为京津冀地区戏曲艺术的长远发展持续增添生机与活力。

参考文献

[1] 陈扬. 公共图书馆特色服务新体验——以天津图书馆音乐图书馆特色服务为例[J]. 图书馆工作与研究. 2016（01）:83—86.

[2] 洪学敏. 治乱—赋权—重塑：乡村文化的三阶治理逻辑[C]// 河北省公共政策评估研究中心, 河北省地方政府改革与发展研究基地, 燕山大学京津冀协同创新研究中心. 智启雄安——第九届公共政策智库论坛暨乡村振兴与"一带一路"国际研讨会论文集. 内蒙古大学公共管理学院,2021:10.

[3] 郭娜. 国内音乐图书馆特藏资源建设的现状与思考[J]. 交响－西安音乐学院学报. 2021（06）:134—138.

[4] 李飞飞. 基于地方文化传承的小学音乐校本课程开发研究——以天津为例[D]. 吉林：东北师范大学,2011.

[5] 张蕊. 优化图书馆发展之路，推动京津冀协同发展[J]. 文化产业.2024（05）:94—96.

[6] 张秉军, 邢杰, 卜洁. 高校图书馆地域文化特色数据库建设与研究——以天津文化艺术特色数据库为例[J]. 图书馆工作与研究. 2014（06）:46—48.

天津图书馆京津冀古籍修复保护协同发展的实践与展望

高学淼[*]

摘要 京津冀文化协同发展是我国京津冀协同发展重大国家战略的重要组成内容，古籍作为文化传承发展载体，是实现中华民族伟大复兴、树立文化自信的根基所在。天津图书馆作为天津地区古籍存藏重要单位，拥有古籍藏量丰富、古籍修复保护历史悠久、基础设施完善等优势，近年来深耕京津冀古籍修复保护协同发展，在人才培养、项目合作、成果交流分享、成果宣介诸多方面取得了显著成果，实践经验具有参考和借鉴价值。2023年，京津冀三地古籍保护中心成立京津冀图书馆联盟古籍工作委员会，随着"讲好古籍故事，弘扬中华优秀传统文化暨古籍保护课程进中小学"等三地合作的大型古籍宣传推广项目推出，相信京津冀古籍修复保护合作将进一步向纵深发展。

关键词 京津冀协同发展；古籍修复保护；天津图书馆

1 前言

京津冀文化协同发展是我国京津冀地区整体协同发展重大战略的重

---

[*] 高学淼，1986年生，天津图书馆馆员，研究方向为纸质文物修复保护研究。

要组成内容。习近平总书记指出："京津冀地缘相接、人缘相亲，地域一体、文化一脉，历史渊源深厚、交往半径相宜，完全能够相互融合、协同发展。"京津冀三地各大文博场馆历史悠久、资源丰富、底蕴深厚，作为文化保护和传播的主阵地，在文化协同发展中占有无可替代的地位。中华古籍是中华民族在 5000 多年历史发展进程中创造的重要文明成果，是民族之精神、文化之灵魂，是我们实现中华民族伟大复兴、树立文化自信的根基所在。文博场馆作为我国古籍存藏的主要单位，亦须在新时代认识并肩负自身文化使命，做好古籍方面的保护和研究工作。

古籍的保护和利用是文化传承发展的重中之重，近年来在京津冀协同发展的战略引领下，北京市古籍保护中心、天津市古籍保护中心、河北省古籍保护中心不断深化合作，在人才培养、展览宣传、修复保护业务合作等诸多方面取得成果颇丰。特别是 2023 年京津冀图书馆联盟古籍工作委员会的成立，标志着京津冀古籍修复保护合作进一步向纵深发展。

天津图书馆是中国创建较早、历史悠久的省级公共图书馆之一，自清光绪三十四年（1908 年）成立"直隶图书馆"至今，历经百余年发展，业已成为国内藏书宏富、设施功能齐全的大型综合图书馆。天津图书馆作为天津市古籍保护中心，是天津地区古籍存藏和保护的重点单位，所藏古籍 59 万册，善本图书 8000 余部，列入全国善本总目的有 2563 部，如岳飞之孙岳珂著，南宋临安陈家书籍铺刻本《棠湖诗稿》为国内仅有。天津图书馆先后荣获"全国古籍重点保护单位""国家级古籍保护中心""国家级传习所""国家级人才培训基地"等，均为国家第一批授牌；2015 年获得国家文物局颁发的"可移动文物修复资质"。

天津图书馆古籍修复保护的历史最早可以追溯至 1953 年周叔弢先生委派邢俊斗先生来馆开展修缮古籍工作。2012 年 5 月，伴随天津图书馆文化中心馆落成，天津古籍保护中心被分配馆室面积达到 1000 平方米，按功能划分为文献修复室、文献保护实验室、纸库、工具库、多媒体教学培训室等，并配备数十套物理、化学、生物检测实验仪器。丰富的古籍存藏量、悠久的古籍保护传承、完善的基础设施设备使得天津图书馆可以作为京津冀古籍修复保护协同发展的重要参与者。

2 京津冀古籍修复保护协同发展实践

2.1 薪火相传，以人才促发展

党的十九大报告对新时代文化建设进行了全面部署，要求推动中华优秀传统文化创造性转化、创新性发展，加强文化遗产保护传承。研究好、利用好、保护好这些文明遗产，才能使它们在传承弘扬中华优秀传统文化的伟大征程中发挥应有的作用。装裱修复技艺（天津古籍修复技艺）于2021年入选"第五批国家级非物质文化遗产名录"。目前，这门技艺的保护单位为天津图书馆，以"师带徒"方式传承，包括天津市级非遗传承人在内，受过正规专业技术培训的古籍保护和科研人员共14人，其中具有10年以上古籍修复工作经验的员工10名，由此形成起一支国家级古籍保护队伍。该技艺秉承传统，一般分为书籍分解、修补书叶、装订复原三个阶段，这三个阶段又可分解出二十几道工序，每道工序既独立又相互关联，要求修复者不仅具备正确的修复理念、熟练高超的修补技术，还应具备高雅的书籍装帧审美，甚至古籍版本、书史等相关知识。

天津图书馆除了师带徒的传承方式外，充分利用京津冀地缘优势，在人才培养方面，近年来采用了培训班规模教学和聘请专家针对性施教两种方式，开阔传承群体眼界，加强非遗技艺保护，提升古籍保护队伍整体的保护理念和技艺水平。

2.1.1 培训班规模教学

2013年至今，天津图书馆近十年共举办培训班7次（见表1），派人员参加全国各地古籍修复培训班不计其数，以此加深对其他地域、流派古籍修复技艺的了解，借鉴经验，丰富自身知识库，使技艺做到与时俱进。特别是在2018年先后举办两期"津京冀"古籍修复技术培训班，一方面使京津冀三地古籍保护单位从业者建立联系、交流分享保护成果、加深彼此了解，另一方面在为三地古籍保护单位培养古籍保护人才、提升古籍保护专项能力的同时，进一步助力形成三地共同古籍保护理念，从而为三地深入合作打下扎实基础。

表1 2013年以来天津图书馆举办古籍培训班情况

序号	时间	培训班名称
1	2013年3月29日	天津市古籍保护中心古籍普查培训班
2	2013年6月至8月	第一期全国古籍修复技术与工作管理研修班
3	2014年5月12日至5月15日	第三期珍贵古籍数字化培训班
4	2014年10月至11月	第二期全国古籍修复技术与工作管理研修班
5	2017年3月	第一期天津地区古籍修复技术培训班
6	2018年6月	第一期"津京冀"古籍修复技术培训班
7	2018年11月	第二期"津京冀"古籍修复技术培训班

2.1.2 专家针对性施教

聘请专家"走进来"针对施教，可以弥补培训班规模教学无法突出重点的短板，使指导更有目的性，培养更具针对性。目前就我国北方而言，行业内专家多生活工作于北京地区，京津冀协同发展的重大战略，无疑为天津图书馆在专家聘请方面提供了巨大优势。通过跟从杜伟生、徐建华等国家级修复专家进行修复实践，按照他们的指导完成修复工作，从一点一滴中学习他们的技艺手法，天津图书馆每位修复师不断地精进自身技艺。

2.2 优势互补，以项目促合作

天津图书馆作为天津市古籍保护中心，积极履行为各存藏单位提供古籍保护修复方案建议与古籍修复服务等职责，充分发挥自身优势，加强与其他古籍存藏单位之间的联系与合作，利用各类项目，开展相关古籍保护与修复工作。近年来成功与天津博物馆、天津北疆博物院、天津大学图书馆、滨海新区图书馆、中共天津市委党校等多家天津本地存藏单位开展古籍保护修复合作项目。同时积极实施"走出去"战略，在京津冀协同发展的战略引领下，不断尝试与京冀两地公藏和民营单位合作。

2.2.1 公藏单位合作

其一，敦煌遗书残片保护修复项目：天津图书馆与国家图书馆于2010年开启"天津图书馆藏珍贵古籍整理、保护与研究项目"合作，项目整修《唐人写经残卷》《唐人写经真本》《敦煌石室经卷残字》等敦煌文献，年代从南北朝到宋元时期，时间跨度长达8个世纪，且采用多学科综合研究，有助于推动古籍保护修复从"经验"到"科学"的迈进。项目是"中华古籍保护计划"实施以来国家图书馆与省图书馆合作开展的首个深度研究项目，亦是京津冀古籍修复保护协同发展的首个实践项目，具有较强的示范意义。[1]

其二，北京市文物局图书资料中心藏文献修复项目：2004年，天津图书馆接受北京市文物局委托，对其图书资料中心藏19种49册古籍善本进行了为期一年的修复，过程中重新鉴定《南岳九真人传》《书断列传》等书版本，揭示了书籍的版本价值，项目成果获得双方高度评价。[2] 在这一成果的基础上，2015年起，天津图书馆参与北京市文物局图书资料中心所藏珍贵碑帖拓片的整修项目，帮助其修复馆藏佛经和拓片。截止到2023年底，共完成7批拓片（计1182种3398件）以及佛经（计22种1000开）的修复整理工作。

2.2.2 经营性企业合作

2021年4月，文化和旅游部印发《"十四五"文化和旅游发展规划》，规划了古籍保护研究利用总体要求。要完成"十四五"时期古籍保护修复的工作目标，仅靠政府的力量和资金是不够的，要引入社会力量，调

---

[1] 万群.天津图书馆藏敦煌遗书残片的保护修复[M].北京：学苑出版社，2019:198.
[2] 天津市古籍保护中心，北京市文物局图书资料中心.精艺覃思：北京市文物局藏拓片保护及修复研究[M].天津：天津古籍出版社，2019:3.

动社会各界参与古籍保护的积极性。2022年至2023年，天津图书馆与北京乐石文物修复中心有限公司签署战略合作协议，为其所承担的孔子博物馆和安徽休宁博物馆馆藏修复项目提供修复技术指导。此为公藏单位与经营性企业合作模式的创新探索实践，为古籍修复保护吸收社会力量提供了又一成功范例。

2.3 成果交流，以分享促共赢

为进一步加强京津冀三地古籍保护中心的紧密合作，2023年12月1日，由天津图书馆发起，京津冀三地古籍保护中心会同新疆地区图书馆共同线上举办京津冀新古籍保护业务交流会。此次四地合作是"春雨工程"的重要内容，以实际行动践行了党中央对于京津冀在各领域战略合作的整体布局，以及对口援疆的国家战略。通过交流会的形式，各地区古籍保护单位分享近年来各自古籍保护工作取得成果，深入沟通四地未来合作模式和愿景，同时为京津冀新四地青年古籍专家和业务骨干搭建起交流的平台，进一步推动四地古籍保护工作的高质量发展。

2.4 文化惠民，以宣传促深耕

习近平总书记在中共中央政治局第十二次集体学习时指出，要使中华民族最基本的文化基因与当代文化相适应、与现代社会相协调，以人民喜闻乐见、具有广泛参与性的方式推广开来。要系统梳理传统文化资源，让收藏在禁宫里的文物、陈列在广阔大地上的遗产、书写在古籍里的文字都活起来。

为贯彻习近平总书记关于"京津冀"协同发展重要讲话精神，促进三地非物质文化遗产的展示与交流，进而在广大读者及社会公众中传播古籍保护的理念，培育公众的古籍保护意识，传承中华优秀传统文化，天津图书馆充分发挥天津古籍保护技术的优势，主要以图文、图表类展板和现场演示体验相结合的方式，开展古籍保护与修复宣传展示活动。

截止到 2023 年，天津图书馆共举办或参与 9 次古籍保护修复展览（见表2），特别是 2018 年举办的"京津冀古籍保护与修复成果展"，集中展现三地古籍保护工作取得的新经验、新成绩，成功将三地近年来古籍保护与修复成果向社会做了一次整体汇报。

表 2 2013 年以来天津图书馆举办或参与古籍展览情况

序号	展览时间	展览名称	展览地点
1	2013 年 6 月	国家图书馆暨天津图书馆古籍修复成果展	天津图书馆
2	2015 年 6 月 13 日至 6 月 20 日	"我与中华古籍"摄影大赛优秀摄影作品巡展	天津图书馆
3	2016 年 6 月 8 日至 6 月 12 日	第二届京津冀非物质文化遗产联展	天津美术馆
4	2017 年 6 月 9 日至 6 月 12 日	第三届京津冀非物质文化遗产联展	河北省廊坊市廊坊国际会展中心
5	2018 年 11 月 9 日至 11 月 11 日	2018 中国旅游产业博览会	天津市梅江会展中心
6	2018 年 11 月 23 日至 12 月 9 日	京津冀古籍保护与修复成果展	天津图书馆
7	2019 年 2 月	丝路津韵——记忆·天津非物质文化遗产展	意大利米兰
8	2019 年 9 月	中华传统文化典籍保护传承大展	国家图书馆
9	2019 年 12 月 2 日至 12 月 24 日	精艺覃思——天津图书馆修复碑拓成果展	天津图书馆
10	2023 年 10 月 21 日至 10 月 27 日	京津冀非物质文化遗产联展	全国农业展览馆

3 京津冀深化古籍修复保护合作展望

京津冀协同发展、"一带一路"建设和长江经济带发展是当前我国三大国家战略，京津冀地区同属京畿重地，战略地位十分重要。京津冀三地经过多年的古籍修复保护协作，已经基本形成了古籍修复保护目标同向、措施一体、优势互补、互利共赢的协同发展新格局，在人才培养、项目合作、成果交流分享、成果宣介诸多方面取得了可喜的成果。

习近平总书记视察天津时指出："以文化人、以文惠民、以文润城、以文兴业，展现城市文化特色和精神气质，是传承发展城市文化、培育滋养城市文明的目的所在"，为此，要进一步推进古籍保护宣传工作，传承中华文明绵延数千载的历史文化薪火，2024年，在京津冀图书馆联盟古籍工作委员会的总体安排下，京津冀三地古籍保护中心将联合举办"讲好古籍故事，弘扬中华优秀传统文化暨古籍保护课程进中小学"大型古籍宣传推广项目。京津冀三地古籍保护中心发挥引领作用，与各区级公共图书馆建立有机连接，使其作为活动触角延展，从而将优质的古籍资源、古籍保护文化输送到京津冀三地中小学。京津冀三地古籍保护中心将从组建项目团队、开展系列活动、利用新媒体广泛宣传三个方面着手，有效协作、三地联动，不断促进古籍成果转化利用，让古籍在保护宣传中重焕光彩，打造立体阅读推广宣传矩阵，为人民提供真正有价值又符合时代精神的典籍服务，突出中华优秀传统文化在满足人民日益增长的美好生活需要方面的作用，以实际行动践行国家战略。

京津冀三地图书馆区域协作研究报告

丁若虹　杨洪江　冯宝秀　彭春恒　徐坤　赵辉[*]

摘要　本文以翔实的资料分析了京津冀三地图书馆协同发展现状，梳理了三地图书馆开展区域协作的有利因素，提出了三地图书馆区域协作的现实意义，即一是推动京津冀三地图书馆行业发展的集群化；二是推进各类信息资源共享；三是实现区域内公共文化服务均等化，促进贫困地区加快发展。

关键词　京津冀协同发展；图书馆；区域协作

推进京津冀协同发展，是党和政府确立的重大国家战略，旨在优化区域发展布局、打造新的经济增长极，对于以中国式现代化全面推进强国建设、民族复兴伟业具有重大意义。《京津冀协同发展规划纲要》出台以来，三地在城市群发展、产业转型升级、社会民生改善等多领域、多

---

[*] 丁若虹，1967 年生，河北省图书馆副馆长、研究馆员，研究方向为图书馆建设与发展、阅读推广；杨洪江，1972 年生，河北省图书馆研究馆员，研究方向为图书馆建设与发展、阅读推广；冯宝秀，1970 年生，河北省图书馆研究馆员，研究方向为公共图书馆服务体系建设；彭春恒，1972 年生，河北省图书馆副研究馆员，研究方向为文献资源建设。；徐坤，1977 年生，河北省图书馆副研究馆员，研究方向为文献资源建设；赵辉，1970 年生，河北省图书馆馆员，研究方向为地方文献的整理与开发。

方面、多层面展开多种形式的合作，不同程度地实现了共知、共享、共赢，促进了协同发展。京津冀三地各级各类图书馆一方面主动服从与服务于京津冀协同发展大局，另一方面加快三地图书馆业界的交流协作、融合发展。由于三地特殊的地理区位关系、历史文化渊源，相较于其他区域，三地图书馆业界在加强区域协作、协同发展方面，具有明显的优势；在长期的工作实践中，也形成了良好的传统。

1 京津冀三地图书馆协同发展现状

1.1 京津冀三地图书馆事业发展现状

京津冀三地较高的整体经济水平为教科文卫事业乃至图书馆事业的全面协调发展提供了可靠的基本保障，三地图书馆办馆条件较为优越，服务能力与服务水平总体较高。从数据来看，北京市、天津市两地公共图书馆部分指标虽然整体排名不高，但在人均指标排名方面，如人均藏量、人均购书费、万人均建筑面积、人均到馆次数等均处在较高水平。北京市、天津市两地高校图书馆指标处在全国较高水平。相对于河北省，京、津两地的区县级公共图书馆发展更为均衡。

表1 京津冀三地公共图书馆基本办馆条件（2015年国家统计局数据）

基本办馆条件指标	北京市	排名	天津市	排名	河北省	排名
公共图书馆机构数（个）	24	★	31	★	172	★
从业人员（人）	1263	22	1189	23	1855	13
财政拨款（万元）	58565	6	37294	11	28569	16
总藏量（万册）	2424.50	13	1696.93	20	2199.83	14
阅览室座席数（万个）	1.55	★	1.45	★	3.31	★
总建筑面积（万平方米）	24.66	23	25.90	22	43.92	9
计算机台数（台）	4229	★	3714	★	7400	★
电子阅览室终端数（台）	1748	27	1972	26	4673	8

表2 京津冀三地公共图书馆主要服务指标（2015年国家统计局数据）

服务水平指标	北京市	天津市	河北省
公共图书馆累计发放有效借书证数（万个）	103.66	73.60	89.27
公共图书馆总流通人次（万人次）	1263.94	788.70	1427.56
公共图书馆书刊文献外借人次（万人次）	394.27	305.68	596.10
公共图书馆书刊文献外借册次（万册次）	940.41	859.29	971.81
公共图书馆组织各类讲座次数（次）	1863.00	794.00	2042.00
公共图书馆参加讲座人次（万人次）	14.15	10.13	28.24
公共图书馆举办展览数（个）	311	214	703
公共图书馆参观展览人次（万人次）	116.97	108.18	134.51
公共图书馆举办培训班数（个）	585	295	864
公共图书馆参加培训人次（万人次）	2.91	1.76	5.77

表3 京津冀三地高等院校图书馆数据（2013年教育统计数据）

地区	高校数（个）	图书（万册）	排名
北 京	89	10999.5	6
天 津	55	4876.7	23
河 北	118	9308.9	11

1.2 京津冀三地图书馆辖区内合作项目

根据2001年以来文献记录的资料进行查询统计，北京、天津、河北三地图书馆在本辖区内依托某高校、公共或行业协会组织，建立联合体、联盟、服务网络等形式，如北京高校网络图书馆、北京市公共图书馆计算机信息服务网络、天津市图书情报工作协调委员会书目数据研究中心、河北省公共图书馆讲座联盟等，在实现本地区、本系统文献资源共建共享方面做了非常有意义的探索和尝试，取得了良好的社会效益。特别是经过多年实践运行，天津高等教育文献信息中心在天津教委和天津工业大学的共同领导下，形成了一个较为成熟的具有天津区域特点的图书馆联盟。在资源采购、信息服务、读者培训、资源建设、文献共享、对外业务交流等方面开展深层次的合作，其开创的资源联合采购的"天津模式"成为全国图书馆地区联盟的一个优秀典范。

1.3 京津冀三地图书馆现有协作机制

京津冀三地图书馆的交流协作由来已久，在不同系统、不同层面建立了多种形式的协作机制。如1980年华北五省区（北京、天津、河北、山西、内蒙古）公共图书馆学会成立的华北地区图书馆协作委员会（简称华北图协），1985年华北五省区高校图工委组建的华北地区高等学校图书馆协作委员会，以及华北地区省市委党校理事会、河北省图书馆学会医院图书馆分会与北京市有关医院图书馆交流互访等不同层级、不同领域的协作形式。近年来，随着京津冀一体化和协同发展的提出，三地图书馆协作更加紧密、更加频繁，主动性也更突出。三地图书馆间的协作已经从学术交流研讨领域向协同发展平台构建、协同服务开展的深度拓展深化，有力地促进了参与协作的各馆业务水平的提升。

2 京津冀三地图书馆深化协同发展的有利因素

长期以来，三地图书馆积累了海量的馆藏资源，培养了一大批专业人才，开展了各具特色的读者服务，有着广泛的合作基础。三地文献资源、专业人才以及服务设施、研究成果等的聚合，必将大幅提升各馆的服务能力与水平，助力京津冀协同发展。京津冀三地图书馆当前开展的协同发展工作，无论与以往各个历史时期相比，还是与其他地区图书馆间的区域协作相比，都具有无可比拟的优势，三地图书馆协同发展面临着前所未有的诸多有利因素。

2.1 强有力的宏观政策支持

2014年2月26日，习近平同志在北京主持召开座谈会，专题听取京津冀协同发展工作汇报，正式提出了京津冀协同发展，是实现京津冀优势互补、促进环渤海经济区发展、带动北方腹地发展的需要，是一个重大国家战略。2015年4月30日，中央政治局召开会议，审议通过了《京津冀协同发展规划纲要》。从中央、各部委到京津冀三地，各级党委政府对京津冀协同发展给予了空前的重视，各个领域的相关政策陆续出台。2014年8月，北京市文化局、天津市文化广播影视局、河北省文化厅在天津签署了《京津冀三地文化领域协同发展战略框架协议》。协议指出，京津冀三地应在优势互补、共建共享、统一开放的原则下，推动三地文化发展实现同城化谋划、联动式合作、协同化发展。这样的政策环境以及各级党委政府的重视程度与支持力度都是其他地区的区域协作无法相比的，也大大超过了历史上任何一个时期。对三地图书馆进一步推进协同发展来说，是一种难得的历史机遇。

2.2 地域一体，文化一脉，互补性强

京津冀三地共存于同一生态文化圈，区域一体化由来已久。京津冀区域具有共同的文化根脉——京畿文化。无论是先秦时期的燕文化，隋唐时期的幽州文化，还是元、明、清时期的京畿文化，其核心地带都大致相当于今天的京津冀区域。北京、天津两地文化发展一方面各自有其独特鲜明的特色，另一方面又都与河北文化形成一种你中有我、我中有你的共生关系。三地文化一脉对图书馆带来的是文献资源尤其是地方文献信息资源的交叉重叠性特点，带来的是三地图书馆在地方文献建设与开发方面的共同需求，为文献信息资源共建共享提供了与生俱来的优势。

2.3 长期形成的坚实协作基础

京津冀三地图书馆业界、学界建立了多种交流协作的平台，交流协

作的广度和深度都达到了相当成熟的程度。在近年来京津冀协同发展重大国家战略的引领下，三地图书馆的融合进一步加快。

2015年11月，在河北省图书馆召开的京津冀图书馆协同发展研讨会上正式成立了京津冀图书馆联盟，将深化合作意向写入了三馆合作协议。会后，河北省廊坊市图书馆就和北京市西城区第二图书馆结成了对子。随即，三地图书馆开展了优秀展览资源互展等活动。2016年12月，京津冀图书馆发展合作研讨会在首都图书馆召开。首都图书馆、天津图书馆、河北省图书馆以及三省市相关代表40余人参加了会议。三方交流了各馆"十三五"规划，并结合馆情特色就京津冀图书馆联盟2017年重点工作给出了规划和意见。华北地区五省区省级党校召开会议，就加强党校特色数据库建设展开研讨。京津冀信息资源管理高峰论坛已经连续举办了两届。三地图书馆间已有的协同发展的渠道与平台在接下来的深化协作中将可以继续发挥重要的作用。

2.4 新媒体新技术广泛应用为京津冀三地图书馆协同发展提供了广阔空间与有力支撑

通信技术、互联网的发展使得社会信息跨越距离障碍，加快传播速度。计算机、移动终端等设备的普及转变了信息获取和处理的方式，物联网、大数据、云计算等技术带来了强大的计算和存储保障。截至2016年6月，我国网民规模达7.10亿，手机网民规模达6.56亿。同时，据《第十三次全国国民阅读调查报告》，2015年我国成年国民图书阅读率为58.4%，其中，数字化阅读方式的接触率为64.0%，首次明显超过纸质阅读。一方面，阅读率整体全面上升，公民的个人阅读需求、全民阅读服务需求全面提升，另一方面数字阅读发展迅速，移动阅读、社交阅读成为主流与发展趋势。相较于传统纸质文献建设与服务，不同区域图书馆的数字资源的共建共享、业务融合、服务整合更易于实现。

京津冀三地图书馆可以借助新技术应用，在实现联合编目、联合参考咨询、自建数字资源统筹、联合服务数字平台建设、读者证相互认证方面开展广泛合作。另外，在展览讲座资源共享、人才培训方面也大有作为。

3 京津冀三地图书馆区域协作的现实意义

3.1 推动京津冀三地图书馆行业发展的集群化

据资料显示，长江经济带发展、"一带一路"建设等国家战略实施以来，长江三角洲图书馆联盟、长三角高校图书馆联盟和"一带一路"图书馆联盟已初步形成了多层次的合作机制，在学术交流、讲座与展览资源共享、联合参考咨询、教育培训等领域的项目合作有序推进，区域内图书馆合作与联动发展逐渐成为区域文化合作交流的主体。正如《"一带一路"公共图书馆地区联盟倡议》中倡议的"一带一路"不仅是经济的交流，更是文化的传承与共融。图书馆——人类文化遗产的保存者、各方信息资源的汇集者和社会科普教育的参与者，理应在其中发挥先锋作用。

3.2 推进各类信息资源共享

3.2.1 共享馆藏文献信息资源

在当前信息爆炸，出版物成倍增长的大环境下，各级各类图书馆根据当地经济、社会、文化、科研和读者需求，制定自己的文献收藏原则，有重点地入藏各种载体、各类学科的文献，形成了馆藏各有侧重、各具特色、资源很丰富的藏书体系，为三地图书馆共享馆藏文献信息资源奠定了坚实的文献基础。各级各类图书馆，特别是公共图书馆、高校图书馆和科研情报机构，可以分工协作开展文献分级、分类、分重点入藏文献，集众馆之合力建立京津冀地区图书馆文献资源保障体系和文献资源总库，一方面尽最大限度地保存人类文化遗产，一方面避免重复购置造成资源浪费，同时为开展联合编目、建设联合目录，共享书目数据库信息供三地读者查询，信息传递、馆际互借、通借通还等提供可能。

3.2.2 联采数字资源

数字资源通过网络进行传播并提供读者服务，是图书馆各类文献信息资源中最便于实现远程共建共享的文献资源。公共图书馆方面，对于基本的、普遍的数字资源可以由一家牵头与数据商进行谈判，形成合力向数据供应商争取最大利益，让市级、县级公共图书馆能够不花钱或花最少钱实现让基层读者免费使用，全面提升三地各地市、县级图书馆，特别是资金相对紧缺的河北省基层图书馆数字资源保障水平与服务能力。高校图书馆、科研情报机构方面，可以集中财力，有针对性地重点入藏更为专业、学术水平更高的中外优质数据库，并通过统一服务平台向社会全面开放或通过点对点传输有限制地共享。对于各馆拥有自主产权的自建数字资源可以通过签订资源共享协议，使各馆的自建数字资源实现三地共享。

3.2.3 加强三地文化资源互联互通，尝试建立三地地方文献采购交流互换机制，逐步实现文献资源共建

三地各图书馆有计划、有分工、有合作地对本馆特有文献，特别是地方文献、古籍文献和"京津冀协同发展"相关文献进行揭示开发与数字化建设，建设专题数据库、专题题录数据库、电子版地方文献资源库，为各领域、各行业、各系统科研与建设项目、京津冀协同发展项目提供信息服务与数据支撑。同时，根据京津冀经济社会发展需求，规划若干个专题，由三地各图书馆分别对本馆相应专题的各类型文献信息资源进行开发，形成二次、三次文献后，在统一的检索平台发布，提供读者一站式查询并通过馆借互借、文献传递等形式开展借阅服务。

3.2.4 共享优秀讲座、展览资源

为更好地传播优秀文化，三地各级公共图书馆积极吸引社会力量合作，通过公益讲座的形式创新服务模式、拓展服务内容，且根据地方特

色文化、本馆读者需求策划各具特色的系列讲座，邀请行业专家名师举办专题讲座，推广和传承优秀文化。如河北省图书馆"冀图讲坛"主打河北乡土文化等10余个系列讲座，首都图书馆"首图讲坛"包含"上品课堂"等7个系列讲座，天津图书馆"海津讲坛"包括"天津记忆"等多个主题系列讲座。可以将各馆的优秀讲座资源信息整合到一个平台，让各馆能够及时查询到各馆的讲座信息，通过专家巡讲、共享优秀讲座视频、共同策划优秀讲座专题等多种形式共建共享，通过公益讲座普及推广京津冀特色文化、传播科学知识。

3.2.5 开展联合参考咨询和阅读推广活动

一是以京津冀地区图书馆资源为基础，依托三地各行业、各系统、各学科专家资源，研发统一服务平台，三地图书馆开展网上联合参考咨询服务，实现优势互补、资源共享、促进业务、提高效率、增强实力，为京津冀地区政府、机构、企事业单位等提供智力支撑。二是根据京津冀公共文化发展需求，整合三地图书馆优秀的读者活动，开展联合惠民服务、开发新型服务项目，引导服务资源流动。

3.2.6 促进人才培养，加强科研合作与学术交流

首先，促进人才培养。联盟应借助京津冀三地丰富的学术资源和专家资源，充分利用北京大学、南开大学等院校的学科优势和教育资源，加强与研究机构的交流与合作，利用互联网开展图情专业人才培训，促进人才培养。其次，开展科研合作与学术交流活动，可以根据事业发展情况不定期策划召开专题学术研讨会，多途径提升三地图书馆馆员专业素养和学术水平。加强京津冀图书馆从业人员的交流研讨与科研合作，联合申报、开展国家和省部级重大科研课题的合作研究，共同推动研究成果的转化，促进三地图书馆工作创新，推动京津冀图书馆事业的协同发展。

3.3 实现区域内公共文化服务均等化，促进贫困地区发展

长期以来，三地各级各类图书馆积累了海量的馆藏资源，培养了一大批专业人才，开展了各具特色的读者服务，有着广泛的合作基础。同时，三地各级各类图书馆在场地设施、软硬件设备、综合管理、社会力量合作、图书馆文化创意产品开发、古籍保护与利用、战略储备库建设、阅读推广等方面均有着广泛的合作基础，其文献资源、专业人才以及服务设施、研究成果的聚合与协作，是实现区域内公共文化服务均等化，促进河北贫困地区发展，大幅提升京津冀三地图书馆整体服务能力与水平的有效举措，进而助力京津冀协同发展。

京津冀图书馆协同发展既是国家重大发展战略的要求，也是三地图书馆事业发展的现实需要；既面临着空前有利的机遇，也存在着亟待解决的突出问题。在宏观政策的强力支持下，京津冀三地图书馆依托科学的发展规划、完善的协作机制、有序的组织实施，扎实推动、循序渐进，协同发展取得切实的效果是可以期待的。

京津冀协同发展背景下三地公共图书馆服务合作现状及发展思路分析

余 兵　张 沫[*]

摘要 促进京津冀协同发展，是党中央、国务院在新的历史条件下作出的重大决策部署。文化协同发展作为其中一环，发挥着至关重要的作用。本文以京津冀三地公共图书馆合作共融为切入点，通过实地走访、网络调查、文献分析等方式对三地公共图书馆服务合作发展现状进行了调查分析，总结出三地图书馆服务合作面临的问题，并提出未来合作的发展思路。

关键词 京津冀协同发展；公共图书馆；现状与对策

1 合作背景

促进京津冀协同发展，是党中央、国务院在新的历史条件下做出的重大战略决策。要实现国家这一重大战略部署，文化的协同发展是城市区域合作取得成功的核心支撑力。只有激活人们对区域文化的认同感，

---

[*] 余兵，1969年生，河北省图书馆研究馆员，研究方向为数字资源建设与服务、智慧图书馆建设、新媒体服务；张沫，1980年生，河北省图书馆副研究馆员，研究方向为公共数字文化、读者服务。

才能从根本上提高协同发展的内在驱动力，进而促进其他各领域一体化发展。[1]以我国区域经济协同发展成效突出的"长三角""珠三角"为例，正是因为存在着极强的区域文化认同，使得在发展目标、利益协调等方面内在阻力和认知阻力较小，从而能真正突出各自优势，协调互补，创造了区域经济、社会迅猛发展的良好局面。2017年4月，以习近平同志为核心的党中央提出设立雄安新区，这是深入推进京津冀协同发展作出的一项重大决策部署，在习近平指出的规划建设雄安新区要突出7个方面的重点任务中，第四项就是"提供优质公共服务，建设优质公共设施，创建城市管理新样板"。这其中优质的公共文化服务、优质的公共文化设施、创新高效的公共文化服务手段，无疑是不可或缺的重要组成部分。

公共图书馆作为政府开办的最基础、最重要的公益性文化机构，是提供本区域基本性、公益性、均等性和便利性兼备的公共文化服务设施，是构建现代公共文化服务体系主要平台，对于实现本区域内公共文化服务的均等化，提升文化认同感起着重要的推动作用。公共图书馆因其在资金来源、服务人群、服务目标上的高度一致性，在区域协同发展上也具有其他行业无法比拟的基础优势。特别是在促进京津冀协同发展、建设雄安新区这一国家重大发展战略背景下，三地公共图书馆合作发展无疑具有更加重要和紧迫的现实意义。

2 京津冀三地公共图书馆服务合作发展现状

京津冀三地公共图书馆服务合作近几年来在各自行政区划内广泛开展，特别是京津两地发展迅速，如北京市将全市131个成员馆整合成一个整体，实现了联合编目、联合检索和馆际互借；天津市于2016年12月实现了全市20个区级图书馆与天津图书馆通借通还服务，真正实现了

---

1 陈安国，柴哲涛.重建区域文化认同，促进城市区域经济合作[J].河北经贸大学学报.2012（33）.3:73—76

读者"一卡在手，全市通读"的愿望，河北省市、县两级公共图书馆总分馆建设覆盖范围近年来也迅速拓展，带动了服务效能的整体提升。但在京津冀整体区域内，三地尚处于"各自为政"的情况，缺乏行之有效的协作、协调机制和服务共建、共享平台。

区别于国内其他地区图书馆文化服务自下而上、自发形成的合作模式，京津冀三地公共图书馆的合作服务借助于党中央提出的国家重大发展战略，得到了国家政策层面强有力的支持，近年来，三地从顶层设计入手，呈现出自上而下、政策推动、重点面向基层合作、服务合作以图书馆延伸文化服务为切入点的显著特点。

2.1 自上而下的强力政策推动

为贯彻国家确定的京津冀协同发展战略方针，2014年8月北京市文化局、天津市文化广播影视局、河北省文化厅三方签署《京津冀三地文化领域协同发展战略框架协议》，确定了三地文化领域协同发展的战略目标和发展方向，2015年11月19日，由三地文化主管部门领导、三地省级图书馆和部分市级图书馆馆长共同出席，在河北省图书馆签署《首都图书馆、天津图书馆、河北省图书馆合作协议》，成立了京津冀图书馆联盟，这是三地第一个真正意义上的整体区域性图书馆联盟，标志着三地公共图书馆服务合作的基础平台正式建立，也标志着三地公共图书馆服务合作进入实质性发展阶段。

2.2 三地基层图书馆共建共享深入开展

2015年4月，中国新闻文化促进会在廊坊市固安县设立固安幸福图书馆；2016年1月，北京市西城区第二图书馆在河北省廊坊市永清县韩村镇杨家营村设立阅读空间，阅读空间由西城区第二图书馆募集图书3500余册，充分利用图书馆资源优势，传递书香，携手共建，送文化进农村，让村民文化生活更加丰富；2016年9月，北京市房山区燕山图书馆在河北省保定市唐县罗庄乡岸上村图书室设立分馆，燕山图书馆送去5000册图书以及书架、电脑等设备，解决了当地村民看书难问题；2016年10月，北京市门头沟区图书馆与河北省张家口市涿鹿县图书馆馆际交流、合作，门头沟区图书馆向涿鹿县图书馆捐赠图书500册、台式电脑一台、期刊杂志100本；2016年11月，北京市通州区图书馆、天津市武清区图书馆、河北省廊坊市图书馆签订《图书馆交流战略合作意向书》，实现"通武廊"图书馆交流与协作。

从以上案例可以看出，京津冀三地基层图书馆合作服务势头良好，是率先落实京津冀协同发展文化惠民政策的具体体现，京津两地先进基层图书馆对河北贫困地区进行重点帮扶，即是京津冀图书馆联盟框架下的具体举措，也是这些基层图书馆自身发展的内在需求，三地对接不仅使京津两地的优质资源和服务覆盖到了更大范围和人群，提升了其服务效能，河北通过对口帮扶不仅解决了资源与投入短板，而且通过交流与服务合作开拓了自身视野，吸收了先进的服务理念，提升了其内在服务能力。

2.3 从图书馆延伸文化服务合作到整体合作逐步推进

自京津冀图书馆联盟成立以来，三地积极开展服务合作，先后在区域内举办"京都华彩——北京建都史主题展、北京城市生活展""朝阳·宝坻书法美术摄影艺术联展""杂技之光——河北吴桥杂技文化展览"等展览，开展数字资源服务合作、互派专家开展文化讲座、开展内部业务交流、京津两地先进基层图书馆向河北省对口基层馆捐赠文献等，这些服务合作是京津冀图书馆联盟文化资源共享的重要举措，在制度藩篱尚未完全打破，协作机制有待进一步完善的情况下，三地在合作方式上以展览、内部交流、文献捐赠等公共图书馆延伸文化服务为主要形式，合作内容上以地方特色文化资源为主，有力促进了三地基本公共文化服务标准化、均等化、一体化发展，未来，随着三地合作共享平台的进一步完善，京津冀三地读者将实现"一证通借通还实体文献"的目标，三地公共图书馆的资源和投入将得到统一合理配置，整体服务合作也将迈上一个新的台阶。

3 京津冀三地公共图书馆服务合作所面临的一些问题

3.1 缺乏普遍的区域文化认同对于三地图书馆基础文化服务的融合带来一定的制约

三地缺乏普遍的区域文化认同，对公共文化服务合作发展带来一定的影响，北京是我国的经济、文化和政治中心，文化资源充沛、产业丰富，文化发展方面在世界也处于领先地位。因为地位的特殊性，抱有作为首都的优越感；天津专注于"津门特色"的地域文化；而河北作为京畿之地，文化底蕴深厚，非物质文化遗产和物质文化遗产丰富，在长期的历史积淀中也形成了以"燕赵风骨"为代表的鲜明文化特色。近几十年来因为政策制定、行政划分、利益分配等方面的制约，三地竞争多于合作，割裂大于融合，没有真正统一观念，达到文化自觉和文化协同。这使三地图书馆合作服务缺乏具有战略高度的、有内涵的、能为广大社会公众所普遍认知的文化思想基础，对于三地图书馆服务合作的落实和发展带来一定的制约。

3.2 标准统一、开放共享的基层公共文化服务体系亟待建设

京津冀三地因为经济水平和社会发展上的不平衡，也造成了三地公共图书馆在服务标准、服务业态、体系建设和资源配置与流动上也存在着明显的差距，京津冀三地公共图书馆在基础投入和发展水平上存在着较大的差距，京津两地的主要人口生活在城市区域，公共文化服务覆盖的空间范围较小，保障力度大，基层公共图书馆的标准化服务体系建设进展较快。

在区域内服务融合上，以近年来发展迅猛的图书馆总分馆制为例，北京市将全市131个成员馆整合成一个整体，实现了联合编目、联合检索和馆际互借[1]；2015年，天津已实现了市属各区县自助图书馆的网络化布局，实现了图书的统一配送和通借通还，2016年，市财政拨款为下属各区县公共图书馆统一购置、升级自动化管理信息系统，完成了全市范围内标准统一、资源共享的总分馆体系建设，实现了全市20个区级图书馆与天津图书馆通借通还服务，真正实现了读者"一卡在手，全市通读"的愿望[2]；而河北省由于地域范围广、各地发展不均衡等原因，此项工作尚处于起步阶段。

3.3 基层公共图书馆，特别是河北广大贫困地区的基层公共图书馆的服务能力和合作服务内生动力不足

根据统计，2014年京津冀公共图书馆的分馆数量、总藏量、书刊文献、外借册次、财政拨款、各种设备购置费、总支出、新增藏量购置费、人均购书经费、购书专项经费等的总体情况，河北与北京、天津差距明显，基层县市级公共图书馆的情况也是如此[3]。据统计，河北省环京津的20个县（市）中，有7家图书馆未达到国家评估定级标准，达标率仅为65%。在未达标的图书馆中，多数由于馆舍面积不足或馆舍陈旧而无法正常开展业务工作[4]，同时在服务理念、人员素质、专业技能、新技术应用等方面也亟待提升。

---

1 邢军.公共图书馆服务体系建设之思考[J].图书馆学刊，2016（8）:18—21.
2 一卡在手全市通读天津图书馆市县通借通还[EB/OL].[2016-12-21]http://tj.people.com.cn/n2/2016/1221/c375366—29493768.html.
3 李菊花.京津冀协同发展背景下基层社区图书馆均衡化建设探讨[J].图书馆工作与研究，2012（12）:110
4 李慧，杨君.激活京津冀文化协同发展基因[N].光明日报，2015-9-17（014）.

4 三地公共图书馆服务合作发展思路

立足京津冀跨区域文化协同与发展，客观分析三地文化传统、现有基础和区位特点，按照"目标相同、措施一体、优势互补、互利共赢"的原则，进一步统筹三地文化资源、挖掘合作潜力、强化优势互补、打造区域特色、建立协同机制，促进京津冀三地文化改革与发展在统筹中协同，在协同中融合、在融合中发展，切实提升跨区域文化发展的辐射力、影响力、引导力，为京津冀协同发展大格局创造良好氛围和发展环境。

4.1 以增强区域文化认同为基础

区域文化认同是京津冀三地协同发展的基础，缺乏文化认同的发展是不可持续的。三地文承一脉，同宗同源，应认识到无论"北京文化""津门特色"还是"燕赵风骨"都是古老燕赵文化的演变和发展。三地公共图书馆服务合作应充分继承和发扬优秀传统文化，深入挖掘区域文化内涵，将地方特色放到整个区域文化发展演变的大背景中，提升区域成员的文化认同感。同时，也应清醒地认识到因三地经济社会发展不均衡所造成的文化割裂绝非一朝一夕即可消融，而会随着国家重大战略的推进和三地经济、社会的协同发展逐渐融合。在这一过程中，公共图书馆的服务合作无疑是区域文化认同的最好抓手和价值体现，同时区域文化认同的不断加深也将促进三地图书馆合作服务水平的提升。

4.2 以机制创新为牵引

京津冀文化协同发展战略的关键在于突破旧有机制障碍，实现三地资源优化配置、协同发展，应建立有效的合作协调机制。加快构建协调平台，努力实现京津冀公共文化服务制度与政策的对接。对各项建设工作要制定详细、可行的标准，加强对各类重大文化项目的统筹，探索整合基层公共文化服务资源的方式和途径，实现共建共享。

积极争取将京津冀文化协同发展有关的项目合理纳入预算范围，并积极向财政部门申请新增京津冀文化协同发展专项资金，确保各项工作有必要的经费支持。同时，加强三地财务部门的沟通联系，协调解决项目实施过程中三地财政政策对接问题。

参考借鉴在区域经济协同发展中成熟的"PPP"（public—private—partnership）模式，在政府全程参与的情况下，以项目建设方式，共同推进政府向社会力量购买公共文化服务工作，可以委托专业的第三方机构，根据三地的不同定位特点，提供有针对性的公共文化服务，由政府来评估服务效能。这种做法可有效地打破现有区域和财政体制等方面的限制，促进文化资源的有效流动和共享。

加强协作联动，打破地域限制，在实施政府向社会力量购买公共文化服务过程中，努力做到对京津冀三地符合条件的文化单位一视同仁。将京津冀三地优秀文化展览、文化培训等优质文化资源纳入政府购买文化服务目录，免费或低价送到相对贫困落后的地方，让群众在家门口享受到高水平的文化服务。

完善京津冀图书馆联盟机制，协同推进多元化发展。打造京津冀信息资源共建共享平台，积极开展联合参考咨询服务、馆际互借、文献传递等工作；打造具有高品质和广泛影响力的图书馆文化精品；促进京津冀三地人才合作，建设专业技术培训基地，实现三地优质培训资源共享；联合开展京津冀一体化发展研究，统筹、支持三地市区级图书馆开展对口合作服务、协同发展。

4.3 以提升基层公共图书馆的服务能力为保障

基层公共图书馆（一般指市级以下的各级公共图书馆）面向最广大的社会公众，深入基层乡村，服务覆盖面广，服务人数多。提升基层图书馆服务能力，特别是京津冀区域内欠发达地区基层图书馆服务能力是三地公共图书馆开展服务合作的重要保障。基层图书馆普遍面临场地不足、人员、经费紧张等困难，为克服这些困难，三地图书馆近年来开展了一系列实践探索，取得了很多成功经验。如：北京市朝阳区图书馆地处首都中心，场地有限，扩大馆舍面积有困难。该馆通过服务统计调研发现自己的服务对象主要是外来务工人员和流动人口，就将服务窗口直接开设到这些人员集中的社区和街道，同时发挥资金和技术优势，建成了北京市密度最大的 24 小时自助图书馆服务网络，化整为零，开展精准文化服务；天津市和平区图书馆人员紧张，该馆一方面积极争取财政支持利用劳务派遣人员开展服务，另一方面充分利用总分馆建设，依托天津市图书馆进行文献数据处理和通借通还服务，提升了自身的服务水平；河北省秦皇岛市青龙县图书馆地处国家级贫困县，为克服人员、经费困难，创新开设公益志愿服务岗，一半服务岗位由大学生志愿者担任。

通过以上案例可以看出，提升基层图书馆服务能力需要明确自身特色，发挥各自优势，找准服务重点，基层图书馆从业人员，特别是带头人更要与时俱进，转变理念，大力提升信息和技术素养，同时应把公共文化服务体系建设与扶贫开发相结合，充分发挥京津冀图书馆联盟的协调作用，加强基层图书馆的对口合作与共建，建设专业技术培训基地，实现三地培训计划相互开放和对接[1]，建立人才交流机制，促进创新服务理念、创新服务业态的传播和融合，提升基层公共图书馆的服务能力。基层文化服务体系建设应是京津冀图书馆联盟开展工作的重点方向。通过打造"15 分钟公共文化服务圈"，打通基层文化服务"最后一公里"，实现真正意义上的文化惠民。

4.4 以新技术应用为支撑

根据《第十四次国民阅读调查报告》显示，2016 年我国成年国民各媒介综合阅读率为 79.9%，其中数字化阅读方式（网络在线阅读、手机

---

1 孙婧，马晖. 优化完善我省公共文化服务体系着力点[N]. 河北日报，2017-3-1（07）.

阅读、电子阅读器阅读等）的接触率为 68.2%，较 2015 年上升了 4.2 个百分点。网络技术的飞速发展在改变传统阅读方式的同时，也为三地图书馆融合发展带来新的机遇。

三地在利用大数据、云计算等新技术进行区域教育协同发展方面取得的成果值得借鉴。如：北京市打造的"数字学校"云课堂，通过向天津和河北开放，使京津冀三地中小学生可以共享北京基础教育的优质数字资源[1]。

积极利用"互联网+"概念，充分将公共文化服务与互联网科技结合；注重品牌建设，在京津冀一体化基础上共同打造图书馆文化品牌。三地图书馆可依据大数据创新资源汇聚、供给和应用模式，打造形成覆盖三地、互联互通、聚合三地特色馆藏资源的云服务体系。

"十二五"期间，国家先后推出了"文化信息资源共享工程""数字图书馆推广工程""公共电子阅览室建设计划""珍贵古籍保护工程""广播电视村村通"等一批重点文化惠民工程，通过几年来的建设，遍及城乡，深入街道、社区的公共数字文化服务网络已初具规模，建成了一批标准统一、适宜传播、地方特色鲜明、免费共享的数字文化资源。三地基层公共图书馆应依托国家重点文化惠民工程已建成的服务标准和服务网络，将"天津方式"推广到区域协作当中，共享海量、丰富的数字资源，适应现代信息资源传播方式，大力开展新媒体服务，通过技术创新促进公共图书馆服务融合。

---

1 京津冀教育协同发展：如何让 1+1+1>3[N]. 人民日报，2017-02-23（017）.

京津冀协同发展背景下公共图书馆区域协作的实践

——以河北省张家口市图书馆开展区域馆际协作为例

党 宁*

摘要 区域一体化发展是应对资源环境压力加大、区域发展不平衡矛盾日益突出等挑战,加快转变经济发展方式、培育增长新动力和新的增长极、优化区域发展格局的现实需要,也是全域视野下探索改革路径、构建区域协调发展体制机制的需要。在京津冀协同发展战略实施背景下,公共图书馆区域协作应当为战略实施提供样板及智力支持。本文立足于京津冀协同发展背景,总结归纳公共图书馆加强馆际交流与协作的实践做法,对加强区域协作做了思考。

关键词 公共图书馆;协同发展;区域协作

区域协同发展是市场经济体制不断发展和完善的必然产物,受各种内外部因素的影响,区域协同发展是一个渐进的过程。宏观上,区域一体化大致可分为区域合作、区域协同发展以及区域一体化发展三个阶段。

京津冀协同发展战略作为重大国家战略,其终极目标就是打破行政

---

* 党宁,1970年生,河北省张家口市图书馆副研究馆员,研究方向为阅读推广、公共文化服务。

壁垒，协调区域发展，建设以首都为核心的国际大城市群，实现京津冀一体化，提升我国在世界区域发展中的竞争力。在京津冀协同发展战略实施的进程中，加快区域内公共图书馆的协作作为"文化协作和文化先行"的应有内容，应当为协同发展战略的实施提供样板及智力方面的支持。本文结合近年来河北省张家口市图书馆与京津两地公共图书馆开展馆际交流与协作的实践，进行归纳和总结，对于推动公共图书馆事业实现可持续发展做了思考。

1 京津冀协同发展战略的背景阐释

京津冀包括北京市、天津市以及河北省石家庄、保定、唐山、廊坊、沧州、秦皇岛、张家口、承德、邯郸、邢台、衡水等11个地级市，是中国的"首都圈"。京津冀是继长三角、珠三角之后我国第三个增长极——环渤海地区的核心区域，同时也是我国北方最大的经济核心区。相比长三角和珠三角，京津冀作为我国政治、文化与科技创新中心的地位毋庸置疑，同时，京津冀区域还与长三角和珠三角一起成为我国参与国际竞争的重要区域中心。

京津冀协同发展战略的实施推动经历了一个较长过程。2013年5月，习近平总书记在天津调研时提出，要谱写新时期社会主义现代化的京津"双城记"。2013年8月，习近平总书记在北戴河主持研究河北发展问题时，明确提出要推动京津冀协同发展。2014年2月26日，习近平总书记视察北京并发表重要讲话，强调京津冀协同发展是一个重大国家战略，并全面系统阐述了其重大意义、推进思路和重点任务，为京津冀一体化发展指明了前进的方向。2015年4月30日，中共中央政治局召开会议，审议通过《京津冀协同发展规划纲要》，这是一个京津冀协同发展的纲领性文件，标志着由中央顶层设计的京津冀一体化发展已经上升成为国家战略。2017年4月，中共中央、国务院决定设立河北雄安新区，涉及保定市下辖的雄县、容城、安新3县及周边部分区域，雄安新区的设立表明京津冀协同发展战略得到了快速推进。2022年，北京冬奥会的成功举办，更是标志着京津冀协同发展卓有成效。

2 河北省张家口市县区公共图书馆有关情况

张家口市位于河北省西北部，是河北省下辖地级市，也是冀西北地区的中心城市。历史上，张家口就是连接京津沟通晋蒙的交通枢纽，区域位置特殊而优越。

张家口市图书馆成立于1949年4月，前身是原察哈尔省立图书馆，最早可追溯至20世纪二三十年代建立的察哈尔民众教育馆，是国内建馆较早、馆藏资源价值较高的公共图书馆。

新中国成立后，张家口市图书馆作为全国为数不多的公共图书馆之一为地方建设做出了重要贡献。从20世纪50至70年代入藏馆藏文献和部分调拨馆外图书的单据表明，当时张家口市图书馆曾经从北京图书馆（今国家图书馆）接收过数量较多的调拨图书，包括古籍线装书和普通科技文献。同一时期，张家口市图书馆也曾向区县调拨过馆藏图书。自80年代至21世纪初，张家口市图书馆与其他同类型图书馆一样，在馆藏建设和服务方面做了扎实工作，除了传统的借阅服务外，还开展了缩微阅读、音像视听和盲文阅览等服务，并于2000年以后全面建设开通局域网，实现计算机管理，为文献资源传递和信息服务多元化提供便利。在这一时期，张家口市图书馆由于工作成绩卓著，先后荣获"全国文化工作先进集体""全省公共图书馆规范服务达标活动示范馆""河北省服务质量奖"以及市级"文明单位"等多个荣誉称号，成为省内公共图书馆的标杆。进入新世纪，张家口市各县区公共图书馆也得到发展，很多原本无馆的县区纷纷建馆。在服务手段上，各馆重视基础和品牌建设，积极推进互联互通，通过"一证通""一卡通"服务降低了门槛，加强了工作创新，通过密切与社会其他机构合作，形成了各馆的服务特色。

3 张家口市图书馆与京津各馆协作的实践

作为国内成立较早的公共图书馆，张家口市图书馆很早就与区域内各馆开展馆际协作，早在20世纪五六十年代，张家口市馆就与省内其他地市图书馆有馆际业务来往，主要就图书馆业务进行交流合作。1978年以后，张家口市馆又加强了与河北省图书馆和北京图书馆的业务合作，北京图书馆专家多次到张家口市馆手把手地指导本馆工作人员着手馆藏日文书的整理和编目工作。北图还将剔旧下来的藏书和阅览桌椅无偿赠送张家口市馆及部分县区图书馆。进入21世纪，馆际交流协作的密度和力度更是呈上升趋势，特别是由以往以图书馆业务方面的交流为主，转为开展社会公众阅读推广服务为主的交流，扩大了馆际交流协作的空间，实现了馆际协作的新跨越。

3.1 张家口市馆与京津各馆协作的起始

张家口市图书馆与京津各馆协作的起始最早可追溯到20世纪80年代与北京图书馆（今国家图书馆）签订的馆际资源共享协议。当时，作为国家馆的北京图书馆与很多地市馆签订了馆际互借协议，张家口市图书馆也是协议单位之一。这项共享服务的开展，对于读者急需而本地馆藏无法提供的资料采取馆际互借方式，通过代为查阅和外借藏书异地邮寄的方式，满足读者的需求。应当说，这是今天的京津冀一体化框架下最早的跨地域跨级别的馆际合作，为当时张家口本地读者查询北京图书馆有关资料提供了极大的便利。

随着计算机技术的发展和进步，张家口市馆与京津冀馆的联系进一步密切，20世纪90年代中期，河北省图书馆率先在省内建成并开通了省图书馆馆藏书目远程查阅系统，全省各地市馆的读者可以通过省馆设在各地市馆电话线拨号联网的终端,直接查阅到省图书馆的馆藏书目。尽管当时的通讯手段比起今天来说非常落后,但是作为一种异地查询的新方式,省内各公共图书馆首次通过远程通讯和网络的方式实现书目查询,具有里程碑式的意义。

进入 21 世纪,区域内图书馆联采联编方式的出现,为各馆根据所在地的产业优势和地域特点,通过业务平台实现联合编目、保证数据质量,在资源收集和服务方式等方面办出各馆特色提供了技术上的可能。这一时期,张家口市图书馆立足本地,在图书馆资源建设的协作体系中,寻找馆藏的自身定位,保持综合馆藏性质,适当采购"大部头"和稀少边缘图书,与高校馆和县区图书馆形成了以本地区发展为依据,以强化本馆积累和确立本馆藏书范围为根本的采购模式,在采购经费允许范围的之内,面向全国采购中文图书和期刊。同时,市图书馆还专门拿出部分资金采购图书,配送给在相关的单位、街道和学校设立的分馆,将面对部分读者的服务下移到分馆之中,以缓解市图书馆作为城市中心馆的压力,在全市区域内进行布网建点。

3.2 开展馆际交流协作推进京津冀文化交流

21 世纪初,张家口市图书馆在总分馆建设方面的工作目标和具体实践内容没有得到充分明确,但是作为市级公共馆,在馆藏资源建设、开展丰富多彩的读书活动、加强与社会联系协作方面做了很多有益的探索和尝试,开展了与国家和省图书馆的馆际互借,组织了老年书画研习活动和少儿读书活动,健全了各种馆内服务项目,得到读者的积极反响,走在了河北省各公共馆的前列。

但是,从服务内容和服务规模来看,当时的馆际协作依然处于基于本地发展的初级阶段,即使是当前在京津冀一体化发展框架下,张家口市图书馆仍然接受京津地区和省图书馆服务较多,服务京津和省馆不足,与京津和省内图书馆界互动还不够。这个问题也从一个层面反映出三地经济文化发展不均衡的现状。

2014年，京津冀协同发展和京津冀一体化概念的提出，为张家口市图书馆在内的公共图书馆与京津地区公共图书馆之间的交流提供了新的可能。从2014年至今，张家口市图书馆先后与首都图书馆、天津市图书馆开展了馆际业务交流，张家口市馆选派出业务骨干到首都图书馆和天津图书馆参观学习，取经求教，按照"对标定位"要求，各岗工作人员到京津图书馆对应的岗位学习他们的先进经验和做法，查找自身不足，既调动了业务人员的积极性，也让他们对自身差距和不足有了认识和整改方向。2017年，全国第六次公共图书馆评估的开展又一次为促进京津冀区域协作提供了机遇，此前，首都图书馆、北京市西城区图书馆、海淀区图书馆、石景山区图书馆以及天津市图书馆、天津市河西区图书馆先后与张家口市图书馆签署馆际合作协议，在馆藏建设和活动开展方面积极协同协作，以资源共享和开展读者活动作为馆际协作的新抓手，通过联动互动，实现了京津冀公共馆之间的协调联动。2017年，石景山区图书馆与张家口市图书馆签署馆际合作协议，还向张家口市经开区马路东社区捐赠了价值10万元的图书。张家口市图书馆将馆藏《察哈尔通志》《口北三厅志》影印本赠送石景山区图书馆，双方还互派代表前往对方馆参观学习，进一步增进了了解。2023年，张家口市图书馆与北京市顺义区图书馆建立馆际协作关系。2024年，张家口市图书馆又与北京市延庆区图书馆签署战略合作协议，通过在馆藏、特色、党建等方面开展全方位合作，密切京张两地的联系。

值得注意的是，在京津冀协同发展框架下，与以往以馆际互借为基础，以业务交流为纽带的图书馆区域合作相比，新的馆际合作不仅突破了原有的领域，实现了业务、管理和事业发展联学联研、共促共进，而且还实现了读书征文、公益讲座、专题展览等一系列读者活动的联动。以2018年开展的"书香京津冀诵读大赛"活动为例，张家口市图书馆与北京石景山区图书馆和天津市河西区图书馆共同参与举办的三地活动，共吸引读者参与达 10000 余人次。通过遴选，三馆各自派出优秀选手参加了在北京石景山的最终角逐，三地选手以最佳的状态共同完成既定工作目标，达到了馆际交流、学习、提高的目的。2018 年至今，张家口市图书馆继续加强与北京石景山区图书馆、顺义区图书馆和延庆区图书馆，天津市和平区图书馆、河西区图书馆的馆际合作，相继开展了"我是冬奥小使者英文大赛""情满永定河邮票藏书票书签设计大赛""京张共读一本书""少儿读者手绘作品联展""我的家乡美读者随手拍"等线下阅读推广活动，还开展了"庆祝冬奥会成功举办两周年——京津冀读者共诵一首诗"等线上展示活动，不仅丰富了内容和载体，更密切了京津冀各公共图书馆的联系，提升了读者服务效果，发挥出公共图书馆在京津冀协同发展中的积极作用。

4 构建区域内公共图书馆协作的有关思考

从另外一个角度看，京津冀协同发展对于促进京津冀区域内公共图书馆协作体系的构建具有促进作用，在京津冀协同发展战略的大框架下，区域内的图书馆的服务广度与深度会得到相应延伸，以往区域内各图书馆之间"老死不相往来"的状况会得到彻底改变。作为国家重大发展战略，馆际协作比以往任何时候都会得到各馆的重视，从而体现出顶层设计的重要性。

当然，区域协同发展大框架下，馆际协作还存在一些值得注意的问题。

4.1 完善相关制度是区域协作的保障

近年来，馆际协作的实践表明，完善的制度是区域协作成功的基础。在区域内，各图书馆基于不同的利益关系形成契约关系，但在人、财、物方面仍受各自主管部门的管辖。因此，在法治社会和协同发展的背景下，各协作体之间必须通过制定完善的制度来规范协作全过程。这些制度应包括统一的文献著录标准、联合采购和统一编目制度、技术保障和服务标准以及馆际交流活动的实施细则。通过对这些制度的全面贯彻落实，协作各馆能够集中资源，打好规范化基础，从而实现区域协作的常态化。

4.2 强化以地方文献藏书建设为载体的馆际交流

在信息时代，反映特定地区历史、文化和社会生活的地方文献已成为公共图书馆特色化馆藏建设的重要核心。这些文献，尤其是那些在其他地区收藏意义不大的本地独有资料，更成为图书馆收藏的重点。然而，随着区域化馆际协作的加深，如何界定"地方"与"地域"的关系，以及如何在体现地方文献价值的同时，参考区域内其他图书馆的收藏，成为新的挑战。解决好这一问题，不仅能够扩大区域内藏书建设的视野，还能实现馆际资源的互通有无，从而促进更广泛的资源共享和学术交流。

4.3 科技发展是助推区域协作的重要动力

京津冀协同发展作为我国经济社会发展的国家战略，科技力量在其中扮演着不可替代的角色。特别是在图书馆领域，科技的应用不仅提升了服务效率，也促进了区域间的资源共享。例如，馆际联合采购通过标准化流程，实现了资源的最优配置。此外，计算机和网络技术的广泛应用为图书馆协作提供了新平台，如数字化资源的共享，极大地拓宽了馆际协作的空间。未来，随着科技的不断进步，京津冀馆际协作有望实现更高效、更广泛的资源共享，为区域协同发展提供坚实的技术支持。

5 结语

北京、天津、河北三地公共图书馆之间的合作旨在积极探索图书馆发展新路径，推动区域文化协同发展。这一协作不仅为区域内图书馆界注入新活力，也为读者带来全新体验和获得感。虽然目前这一协作尚处于起步后的加速阶段，但随着外部条件的成熟和图书馆内在需求的持续增长，京津冀公共图书馆的馆际协作会迈向新的高度，为京津冀的协同发展开辟广阔空间。

参考文献

[1] 张延群，许立勇，王瑞雪.京津冀一体化中的文化协同发展——与长三角、珠三角城市群的比较[J].河北工业大学学报（社会科学版），2015.7（3）.

[2] 武静平.张家口市图书馆六十年[J].线装书局，2009.3.

[3] 蔡奇.推动京津冀协同发展[N].人民日报，2017.11.20（6版）.

[4] 朱宝琦.京津冀跨系统区域图书馆资源共享体系的构建[J].当代图书馆，2018（3）:71—74.

[5] 余兵，张沫.京津冀协同发展背景下三地公共图书馆服务合作研究[J].图书馆工作与研究，2018（3）:27—31.

浅谈京津冀协同发展背景下公共图书馆地方文献资源建设与利用

呼 欣　宋兆凯[*]

摘要　京津冀协同发展背景下,公共图书馆要充分整合挖掘京津冀三地文献资源,完善和创新对地方文献的研究利用,建设地方文献共建共享数据库,让公共图书馆的馆藏文献资源得以充分共享和利用,为京津冀地区地方经济发展、文化繁荣、社会和谐提供强大的精神动力、智力支持和信息支撑。

关键词　京津冀协同发展;公共图书馆;地方文献;建设与利用

京津冀地区最早为幽燕、燕赵,历元明清三朝八百余年本为一家,京津冀地缘相接、人缘相亲,地域一体、文化一脉,历史渊源深厚、交往半径相宜。在 2014 年 2 月 26 日京津冀协同发展工作座谈会上,习近平总书记的讲话首次将京津冀协同发展上升到国家战略层面。党的十九大以后,京津冀地区的经济社会融合更趋紧密。在此背景下,作为具有

---

[*] 呼欣,1979 年生,河北省沧州市图书馆工会主席、副研究馆员,研究方向为图书馆服务体系、阅读推广;宋兆凯,1966 年生,河北省沧州市图书馆党支部书记、馆长、研究馆员,研究方向为图书馆建设管理、文献利用、阅读推广。

保存人类文化遗产、开展社会教育、传递科学情报、开发智力资源功能的公共图书馆，如何充分整合挖掘京津冀三地文献资源，完善和创新对地方文献的研究利用，建设地方文献共建共享数据库，让公共图书馆的馆藏文献资源得以充分共享和利用，为京津冀地区地方经济发展、文化繁荣、社会和谐提供强大的精神动力、智力支持和信息支撑，具有十分重大的社会意义。

1 地方文献的概念及对京津冀三地区域经济和社会发展的作用

1.1 地方文献的概念

地方文献是我国文化宝库中非常重要的历史遗产，与社会政治、经济、文化、军事和社会生活等密切相关，是不同于其他文献的一种特色文献，是某一地域内自然现象、社会现象和人们征服改造大自然活动的较为真实的记录，是一个地方社会经济与文化的积淀。其内容为一个行政区范围内、政府、部门、单位、社会团体及个人著述、编写、编辑、整理、印刷出版或印制成册的，反映本地区政治、经济、军事、历史、地理、文化教育、人物、风土民情等方面内容的图书、画册、图片、报刊、统计资料、水文资料、气候灾异资料、音像制品、光盘、数字多媒体产品等，包括正式与非正式出版物、地方史志、学校科研单位与大中型企事业单位的学报、年报、文集、资料汇编、手册、目录索引、族谱、个人著作、作品手稿、书画作品和其他可留存图书馆供参阅的文献资料。

地方文献地域性特征鲜明，反映的是客观存在的现象，其所记录的内容都是对当地事物的客观报道与记录，而不是人类对事物的共同"认识"。

1.2 地方文献对京津冀三地区域经济和社会发展的作用

地方文献所反映的是一个地方政治、经济、军事、文化及社会生活发生发展过程，是第一手的参考资料，其独特的价值是其他文献所无法替代的，因而其作用也是巨大的。其对京津冀三地区域经济和社会发展的作用主要表现在保存记忆一个地方社会发展的足迹，弘扬传承历史文化和文明，为地方政治文明、经济发展、文化繁荣、社会和谐进步提供决策咨询、信息支撑和精神动力等方面。

1.2.1 保存记忆历史

搜集整理保存前人及当代地方史料，为子孙后代传承历史文化和文明，推动经济发展和社会和谐进步，是每个人应尽的义务和责任。历史是一个不断发展的过程，地方文献是历史的真实记录。只有完整系统地搜集保存地方文献，才能更好地了解过去，把握现在，规划未来。因此，地方文献的存史功能是其他文献所无法替代的。

1.2.2 提供决策咨询和信息支撑

地方文献真实、丰富、详尽地记录了一个地方历史发展过程和当代政治经济、文化及社会生活等诸方面活动的情况，是一个庞大的信息库，是一个地方政府和人民发展经济、繁荣文化、建设和谐社会极为重要的、必不可少的参考资料和决策依据。

1.2.3 输入精神动力

地方文献较为详尽地记录了一时一地的政治、经济、军事、科技、文化等发展情况和社会生活中的风土人情、大自然风光、灿烂地域文化，文人墨客、历史名人和革命先烈的感人事迹和著述，是一个地方进行爱国主义、历史唯物主义教育、革命传统教育，乡土教育最丰富、最真实、最直接的教材，对弘扬地方优秀文化，增强人们热爱家乡、建设家乡的自豪感和自信心，激发人们树立以科学发展与和谐创新为核心的时代精神，投身于家乡改革创新、科学发展的伟大实践中，具有重要意义。可以讲，地方文献是热爱家乡、建设美好家园的一种强大的精神动力。

2 京津冀协同发展背景下沧州市图书馆地方文献资源建设现状

沧州，地处京畿，历史悠久，汉代始建渤海郡，文化资源极为丰富，地方史料更具极大价值，也是京津冀协同发展中的重要区域之一。京津冀协同发展这一重大战略，为沧州对接京津、服务京津中加快发展提供了难得机遇。沧州市图书馆地方文献资源建设起步于1998年，经过多年的积累和科学的整理，已初步形成文献类型丰富、载体多样、系统完整的沧州地方文献专藏体系，馆藏地方文献与专题文献近10万册，为高校课题研究、地方作家著述、家谱续修以及研究生毕业论文撰写提供了强有力的文献保障。沧州市图书馆多年来非常重视地方文献资源建设，征集文献时注重多复本留存，将复本用于与各地图书馆及其他地方文献收藏单位交流。2011年，沧州市图书馆开始与区县（市）图书馆、地方高校图书馆以地方文献征集为基础，搭建以市馆为中心的地方文献交流平台，根据多年交流情况统计，馆际年交流文献平均达2000册左右。近年来，沧州市图书馆又开展了跨区域地方文献交流工作，与河北省图书馆、陕西省安康市图书馆、山西省阳泉市图书馆、杭州城市研究中心等单位进行文献交流，2022年7月为新疆轮台县"城市书屋"建立提供了1000余册地方文献。2023年7月21日，沧州市图书馆面向京津冀各级各类图书馆，提交了京津冀协同发展工作函及文献征集交流协议书，启动了地方文献跨区域交流工作。此后陆续与北京大兴、房山、通州，天津宝坻、静海、滨海新区，河北保定、承德、衡水、廊坊的公共图书馆签订协议并交流文献。

3 京津冀协同发展背景下地方文献建设与利用的具体工作思路

3.1 宣传地方文献资源建设工作

广泛充分地宣传京津冀协同发展及地方文献资源建设的重要性及意义，统一思想，提高认识，争取政府从资金上、征集工作上给予大力支持；争取各部门、单位、团体、个人积极响应，营造地方文献工作全民动员、全民建设、全民利用的浓厚氛围。

3.2 公共图书馆地方文献建设

在公共图书馆地方文献收藏中心建设京津冀地方文献专库（架）；配备专业知识丰富，工作协调能力强，对地方文献工作有兴趣的工作人员；配齐专门的通讯、摄影、摄像、录音、记录和交通工具，并做到"三心、四专"，即图书馆领导和具体工作人员要有执着的事业心、强烈的责任心、百倍的自信心，在具体工作中要保证做到专人配备、专门管理、专款拨付、专权授予。

3.3 地方文献征集方法

紧抓京津冀协同发展的机遇，积极争取政府支持，争取出台地方文献征集的专门法规性文件；定期召开地方文献征集、整理与利用协调会，提要求、定任务、限期完成。

统一认识，加强协作。在京津冀三地文旅部门牵头成立图书馆联盟的基础上，吸收当地政协文史资料办、党史办、地方志办公室、社科联、文联、电视台、报社、情报所、地名办、科研所、图书馆、博物馆、档案馆、各类学术团体，统计、水利、水文、地质、气象、交通、宗教旅游、文物保护、经贸等部门有关人员参加。定期召开会议协调京津冀地方文献共建共享工作，使各成员单位和个人减少各自为政，加强地方文献交流与信息沟通，开展联合编目、系统化整理等，使图书馆地方文献收藏中心能及时掌握各类地方文献出版编印的信息，最大限度地征集入藏，并实现共建共享。

充分发挥各地图书馆学会的作用，广泛地达成共识，联合各级公共图书馆、学校图书馆、科研院所图书馆、大中型企事业单位图书资料室，建成紧密的地方文献搜集工作网络，互通有无，交流文献，定期征集，共享资源。

与新闻出版管理部门及出版社加强联系，取得支持，确保其审批出版的地方文献出版物及内部资料性地方文献完整齐全及时入馆。

围绕京津冀区域共同的文化主题，举办地方文献征集成果展览，地方名人书画创作展，地方非物质文化遗产展，地方风情风貌、建设成果、历史文物遗产展，城市新貌摄影展，个人著作及手稿展，专题图片资料展，遗迹资料展，拍摄专题片，举办各种相关比赛及纪念历史事件和历史人物活动等，或合作举办或邀请参展。通过举办各类丰富多彩的活动，收藏征集地方文献，丰富馆藏。

分专题及专人到社会上有针对性地搜集入藏地方文献。

及时全面地整合下载互联网及地方网站上的地方文献资料，有重点地裁剪、刻录整合地方电视台报道、报刊登载的地方史料。

派专人到书店、书摊、文物古玩与收藏品市场、文物商店、废品收购站去"淘宝"，增加地方文献的馆藏数量。

召开各类座谈会，组织书评和专题学术研讨会，搜集讲话、发言稿件编印成集，入馆收藏。

就某一专题走向社会，包括田野村庄，挖掘史料、探访知情人，通过记录、录音、照相、摄像来记录历史，纳入地方文献序列妥善保存并充分利用。

深入挖掘民间非物质文化遗产。通过上门求访、寻访石刻（以拓片保存）、乡村采风的方式，用录音、拍照、录像等形式记忆文化风俗，祭祀、婚丧习俗和民间技艺，如武术、魔术、杂技、大运河船工号子等，形成珍贵的地方文献资源，精心收藏。

挖掘馆内图书报刊资料中的地方史料，以人物、事件、风情、自然、遗迹、工业文明遗存等为线索进行摘录、复印并加工整理，分类入藏。

全面地搜集家谱、族谱等，并设专架入藏。

定期在新闻媒体发布征集各类地方文献的消息，号召社会各界及广大读者积极参与向图书馆捐赠地方文献活动，对于入藏的地方文献，图书馆应向捐赠人颁发入藏证书，并在电视、报纸、电台、互联网等媒体上大张旗鼓地宣传，提高图书馆的知名度、影响力，以吸引更多的人参与捐赠和对文献进行利用。

积极整理地方文献，确立有价值的主题进行二次文献开发，便于读者利用。通过全社会的广泛利用，以用代征，以用促征。

3.4 地方文献的有效利用

充分认识"藏为用"的原则，在认真、细致、耐心地搜集入藏地方文献的同时，积极开动脑筋，解放思想、创新思维，充分有效地利用好地方文献，使地方文献的价值和作用得以充分体现。

图书馆在编印馆藏地方文献提要目录的同时，与社会各有关部门和单位加强合作，编印本地区各有关部门、单位团体及个人收藏的地方文献联合目录，实现全社会范围的资源共享及有效利用。真正做到"我不一定拥有，但我知道哪里有"。

加强京津冀各级图书馆间地方文献跨区域交流与合作，京津冀图书馆联盟大力开展地方文献跨区域交流工作。

开发地方文献书目及全文数据库，建设地方文献网站，实现京津冀区域地方文献的共享与利用。

通过报纸、电视、互联网、地方文献网站、图书馆网站、图书馆展牌、广告、等媒介大力宣传地方文献的重要性及馆藏地方文献主要内容或提要目录，宣传利用地方文献成效显著的事件和人物，达到人人皆知我有"宝藏"的效果，吸引更多的人享受图书馆的地方文献服务。

免费使用和查询地方文献，减少查询环节、降低使用门槛，使人人都能毫无顾虑地走进图书馆"享用"地方文献。

积极开展专题研究服务，为京津冀区域的党政机关、事业单位及大中型企业开展地方文献课题服务，当好参谋，为当地经济文化和社会建设服务。

依托馆藏地方文献确立专题和课题开发二次文献及文化产品、旅游产品（如特色工艺品，精美礼品书，书笺、贺卡等文化纪念品）、宣传家乡，提高知名度，协助政府企业招商引资，发展当地的经济，繁荣当地文化，促进和谐社会建设。

参考文献

[1] 中共中央文献研究室编.毛泽东选集（第二卷），人民出版社，1993.360

[2] 孙利民.地方文献工作浅谈，图书馆建设，2007.5

[3] 李家清.地方文献共享体系研究，湖南图书馆，2006.6

京津冀公共图书馆事业协同发展典型案例

图书馆，让儿童阅见奥运

左 娜[*]

首都图书馆作为北京市属大型公共图书馆，是北京市重要的知识信息枢纽和精神文明建设基地。一直以来注重少年儿童在图书馆中的成长，积极探索少儿阅读活动组织开展的新模式，通过开展公益性读书活动来激发中小学生的阅读兴趣，培养少年儿童良好的阅读习惯。长期开展适合中小学生生理心理特点，满足少年需求，符合社会需要，寓教于乐、形式多样的公益性读书活动，发挥图书馆社会教育职能。有计划、有步骤、有总结地开展工作，结合"双减"背景整合场馆的资源，利用资源优势，结合学校与学生的需求，联动社会资源，开展"认知图书馆""书海寻宝"等特色课程及文学、历史、自然、科普、非遗、冬奥、美育等拓展课程，得到了师生的一致好评。活跃全民读书的社会氛围，搭建学生活动平台，努力营造和谐的育人环境，促进青少年学生的健康成长。在社会教育中发挥着重要作用，成为未成年人不可或缺的校外教育基地。

为传播奥林匹克文化、弘扬奥林匹克精神，激发少年儿童对冬奥会的期盼，更加鲜明地在广大少年儿童中进一步宣传奥运知识，普及奥运礼仪、弘扬奥运精神，在北京冬奥组委新闻宣传部指导下，京津冀图书馆联盟及三地图书馆联合在少年儿童中开展"阅读冬奥 共迎未来——京

---

[*] 左娜，1983年生，首都图书馆馆员，研究方向为少儿阅读活动。

津冀少年儿童冬奥知识竞赛活动"。自 2021 年 9 月 20 日到 2022 年 3 月 13 日，3 场竞答活动接力进行。共有 7 万余名小读者在线答题，竞答累计 3 场活动的总成绩为最终成绩，根据参赛选手的最终成绩评选出"冬奥之星"及参与奖。此活动展示了京津冀少年儿童心向奥运、参与奥运的积极向上的精神风貌。为扎实地在青少年中传播冬奥文化，首都图书馆作为保存北京记忆的公共文化服务机构，积极发挥自身品牌与资源优势，与北京市冬奥组委共建"北京市青少年冬奥教育基地"，围绕冬奥主题加强资源供给、搭建活动平台"阅读冬奥 共迎未来——京津冀少年儿童冬奥知识竞赛活动"作为重点活动之一，与其他系列活动联动开展，共同助力京津冀文化协同发展。

1 基本情况

第 24 届冬季奥林匹克运动会、第 13 届冬季残疾人奥林匹克运动会于 2022 年 2 月至 3 月在中国北京和张家口举行。首都图书馆作为北京市中心图书馆，于 2021 年 4 月 21 日被北京 2022 年冬奥组委新闻宣传处定为"北京市青少年冬奥教育基地"。为更好开展奥林匹克教育，激发少年儿童对冬奥会的期盼，首都图书馆围绕"奥运"这一主题，组织少年儿童开展系列活动，扎实传播奥运文化、弘扬奥林匹克精神，开辟"线上+线下"奥运主题资源专栏和服务，向小读者普及奥运历史知识和冬奥项目，搭建传播与交流的平台，向全国乃至世界展示中外少年儿童心向奥运、参与奥运的积极向上的精神风貌。

2 活动内容

2.1 整合文献资源，开设奥运主题图书专区
2022 北京冬奥组委向首都图书馆捐赠《走进北京冬奥会》《奥林匹

克价值观教育》和《残奥价值观教育》等多种图书，共计 3000 余册，包括首次引入国际奥委会和国际残奥委会的通用教育教材。首都图书馆在少儿服务区域开设"北京 2022 年冬奥会和冬残奥会教育图书推荐"专区，向小读者开展奥林匹克教育，广泛传播奥林匹克精神，带动更多少年儿童关心、热爱、参与包含冰雪运动在内的体育运动，为推动奥林匹克运动发展与举办一届精彩、非凡、卓越的奥运盛会做出更新、更大的贡献。

2.2 创建"奥林匹克教育数字孪生馆"，让少年儿童体验沉浸式观展

首都图书馆创建的"奥林匹克教育数字孪生馆"于 2022 年 1 月 31 日上线。展馆设置了"冬奥之约 中国之诺""双奥之城 北京你好""奥运足迹 点燃梦想""科技助力 共迎未来"等展区，还通过热点延展操作、智慧阅读、AR 互动等，给读者带来前沿的智能体验。3D 模型、立体场景等技术为少年儿童打造全新的身临其境的"云"空间。小读者在数字孪生馆内可以观看历届夏季和冬季奥运会的海报、火炬、吉祥物，以及赛期精彩瞬间，融知识性、趣味性、互动性、科技性于一体。通过 AR 打卡互动体验小程序，开展与场馆、吉祥物、奥运火炬互动合影，共读奥运图书以及奥运知识竞答等形式丰富的在线互动活动。

3 让儿童在图书馆阅见奥运

3.1 说魅力冬奥

为在广大少年儿童中进一步宣传奥运知识、普及奥运礼仪、弘扬奥运精神，2021 年 10 月，首都图书馆在北京冬奥组委新闻宣传部指导下，开展"魅力冬奥"冬奥知识讲解员活动。小讲解员们通过认真学习，深入了解北京 2022 年冬奥会和冬残奥会筹办工作进展、我国冰雪运动传统、现代冰雪运动在中国的发展及冰雪运动项目设置等丰富多彩的内容。活

动吸引了北京市海淀外国语实验学校、北京第一师范学校附属小学、西城区实验小学等十余所学校近千人积极参与，经过层层选拔，最终50位小讲解员脱颖而出。结合自己的所见所闻所想，小讲解员们用自己独特的风格讲解了历届冬奥会的时间轴、冬奥英雄、奥林匹克会旗、吉祥物、可持续发展等内容，部分学生还用流利的英、法、德、日、西等外语讲述冬奥故事。

2021年11月至2022年3月期间，"魅力冬奥"讲解员通过网络直播及录像的方式，向更多同学和朋友们普及奥林匹克知识，展现奥林匹克魅力。

3.2 讲冬奥课堂

随着北京2022年冬奥会的举办，越来越多的孩子开始了解冬奥知识、走近冰雪运动，在运动中感受快乐，也在运动中学习团结协作、顽强拼搏的体育精神。首都图书馆与首都体育学院联合开办的"冬奥大课堂"，于2021年邀请到多位体育冠军为孩子们带来高品质冬奥主题讲座。

首都体育学院副院长、女子国际象棋世界冠军谢军与孩子们一起分享了《冬奥奇缘：遇见冰雪赛场和中国榜样》一书。这本书是专门为青少年编写的冬奥运动知识读物。中国女子越野滑雪运动员满丹丹、中国短道速滑运动员隋宝库等也走进课堂，和孩子们一起分享冰雪运动的乐趣。

3.3 写主题作品

同一个世界、同一个梦想。在首都图书馆和国际儿童读物联盟的共同倡议下，"我的冬奥梦"青少年写绘互创互动活动成功开展。活动不仅有北京、河北、天津的学生参加，还吸引国内其他省市和国外的学生参与。首都图书馆与新西伯利亚国立技术大学孔子学院、新西伯利亚州"高尔基"儿童图书馆分别发动本国青少年围绕"冬奥"主题创作故事文本，再互换创作绘画，最终产生了 181 组创作成果，联合表达中外少年儿童对冬奥会发自内心的热情。

3.4 绘冬奥礼物

2021 年 11 月，在北京冬奥组委新闻宣传部指导下，首都图书馆面向北京小读者征集优秀绘画作品近 2000 幅，其中经过北京冬奥组委专家评审后，486 幅优秀绘画作品入选为赠送给各国（地区）奥委会和残奥委会代表团成员们的新春礼物。这些充满童真的画作礼物成为 2022 年冬奥运动员们在北京收获的温暖回忆。

每个入驻冬奥村的运动员，都收到了来自冬奥大礼包里神秘的卷轴——一幅中国小朋友画的画。孩子们用手中的画笔，描绘憨态可掬的冰墩墩和雪容融、运动员矫健的运动身姿、经典的五环、飞舞的"冬"字等等，饱含着中国青少年对运动理念与体育精神的理解与传承；巍峨的长城、灵动的"冰丝带"、铿锵勇猛的舞狮舞龙，在向世界友人展示中国文化魅力的同时，也传达着中国青少年对自远方来的朋友们的真挚祝福，凝聚着对冬奥盛会的美好祝愿；轮椅上的冰壶、重彩的勇敢拼搏字样，展示残奥"我能"理念，表达对残障人士的尊重以及对残奥运动员乐观拼搏精神的赞颂。

一幅幅画作连接着背后一句句暖心的祝福，传递真挚的友谊和对奥运的热爱，呼唤出"和平、友谊、团结"的理念。一片冰心，化为暖心礼物，让来自世界各地的运动员、教练员在这份"来自北京冬奥的浪漫"中，共同绘制"一起向未来"的冬奥画卷。

3.5 答知识竞赛

结合冬季奥运会、双奥之城等主题，2021 年 9 月 1 日始，京津冀三地图书馆联动开展"阅读冬奥 共迎未来——京津冀百万少年儿童冬奥知识竞赛活动"。通过号召参与竞答形成学习冬奥知识、普及冬奥运动、弘扬奥运精神的热潮。

3.6 藏冬奥书票

为迎接冬奥在中国北京举办，2021年，首都图书馆在北京市中小学生中开展"筑梦冰雪 童绘冬奥——北京市中小学生'我的藏书票'"设计比赛。孩子们通过创作一枚枚精巧别致藏书票传递对冬奥会和冬残奥会的祝福与期盼。60幅获奖藏书票设计作品在首都图书馆展出，受到读者们喜爱。

3.7 享书影共读

读书和运动，都是孩子们生活中不可或缺的部分。悦见世界，也悦见自己。奥林匹克格言：更快、更高、更强——更团结。"更团结"不仅诠释了个人的竞技精神，更展现了一个团队乃至全人类的协作理念，是奥运精神的一次自我超越和升华。书籍犹如纽带，各国优秀的儿童图书，不但能让孩子们收获知识、了解世界，还能够让孩子们产生思考，收获心灵的成长。如何引发孩子们的阅读兴趣，并从图书中汲取养分、成为真正的爱书人，是阅读教育的重点内容。部分经典儿童著作，也被多位国际知名导演改编成电影、动画片，走进了更多的家庭。将世界经典儿童图书与其电影作品结合，以创新的立体式阅读拓展了平面阅读的简单模式，有效启发小读者们获取多方面的知识与能力，调动孩子们阅读的积极性，为他们打开了一扇阅读的兴趣之门，让他们在轻松愉悦的阅读和观影氛围中有所收获。

4 活动宣传

首都图书馆举办"图书馆，让儿童阅见奥运"系列冬奥主题活动，先后在图书馆网站、公众号、纸媒、新媒体进行广泛传播。通过活动宣传图书馆，传递阅读理念，引导少年儿童走进图书馆、学会利用图书馆，提升少年儿童信息素养。

5 活动成效

其一，吸引众多少年儿童走进图书馆，阅读"奥运"主题图书、检索相关数字资源、积极参与图书馆实践活动。

其二，通过开展奥运系列活动，与少年儿童共同学习奥林匹克知识，感受奥林匹克精神和文化，体验冰雪运动的乐趣，共享奥运的精神财富。

其三，充分利用图书馆为少年儿童搭建的平台，与本市、京津冀地区、国内甚至国际少年儿童交流合作，共同完成有创意的作品，作为文化小使者向世界传播中国文化、冰雪文化、奥运文化。

其四，荣获2022年度"首都未成年人思想道德建设创新案例"提名奖。

其五，系列奥运主题活动得到社会各界的认可，获得北京2022年冬奥组委新闻宣传处的《感谢信》："贵单位以高度的责任和使命感，开展了形式丰富的奥林匹克教育活动，积极推广奥林匹克和残奥教育材料，为传播奥林匹克精神、实现带动3亿人参与冰雪运动的宏伟目标做出了积极贡献。"

区域协同发展 文化遍地开花

于燕君 张 楠 邹希宽 闫 菲 韩 芳[*]

2024 年是京津冀协同发展十周年。十年来，西城区图书馆以《京津冀协同发展规划纲要》为引领，深入调研，在京津冀协同发展促进公共文化服务资源共建共享等方面努力实践，取得了一定成果。

1 活动背景

1.1 政策支持

2014 年 2 月 25 日至 2 月 26 日，习近平总书记到北京市考察调研，并于 26 日在北京主持召开座谈会，全面深刻阐述京津冀协同发展战略的重大意义、推进思路和重点任务，强调实现京津冀协同发展，是一个重大国家战略。2015 年 4 月 30 日，中共中央政治局审议通过的《京津冀协同发展规划纲要》指出，推动京津冀协同发展是一个重大国家战略。随

---

[*] 于燕君，1966 年生，北京市西城区图书馆副馆长、副研究馆员，研究方向为阅读推广、图书馆建设；张楠，1977 年生，北京市西城区图书馆副馆长、副研究馆员，研究方向为图书馆总分馆制体系建设、京津冀部分区域图书馆协同发展、图书馆数字化、智慧化建设；邹希宽，1982 年生，北京市西城区图书馆馆员，研究方向为图书馆总分馆制体系建设、阅读推广、图书馆数字资源建设及推广；闫菲，1981 年生，北京市西城区图书馆馆员，研究方向为图书馆全民阅读推广、特色活动开展；韩芳，1972 年生，北京市西城区图书馆副研究馆员，研究方向为阅读推广、地方文献建设、课题咨询。

着京津冀协同发展战略的提出和推进，文化协同发展亦成为三地协同发展的重要主题和趋势。

1.2 文化融合

京津冀协同发展战略的实施为文化领域的协同创新打下了坚实的基础。京津冀三地地缘相接、人缘相亲、地域一体、文化一脉，历史渊源深厚，是中国古代传统城市营建文化最典型代表和最完整见证。如今，在京津冀协同发展的全面推进下，三地的文化互动、文化交流、文化融合成为推进全民阅读、弘扬中华民族优秀传统文化的必要及重要举措。

1.3 责任担当

北京市西城区图书馆作为地处首都核心功能区的重要文化阵地，理应发挥全国文化中心引领、示范作用，积极推进京津冀地区文化资源共享和文化领域活动的合作，促进三地图书馆事业高质量发展。为此，北京市西城区图书馆联合河北省唐山市图书馆、天津市河东区图书馆等京津冀图书馆在跨区域文化协同发展中进行了有益的尝试和创新。

2 活动内容

2.1 "初心如磐 砥砺未来"庆祝建党100周年"诗书画印"京津冀巡展

活动以"初心如磐 砥砺未来"为主题，寄托了对中国共产党的美好祝愿，也为后来者树立了前行的信念和方向。活动共征集三地作品150余幅，精选出72幅，分诗、书、画、印4个展区进行展示。"诗"区展示了诗人们以中国共产党为主题的优美诗篇；"书"区展示了与中国共产党有关的书法作品；"画"区展示了展现中国共产党百年奋斗历程的优秀画作；"印"区展示了与建党100周年主题有关的印章作品。活动通过展览和文化交流，展示了中国共产党在百年来的中国革命、建设和改革进程中的重要地位、光辉历程和不朽功勋。

2.1.1 活动起因

随着京津冀协同发展战略的深入实施，三地文化融合的不断推进，以及文旅部关于公共图书馆评估定级的工作要求，图书馆界的协同发展与协作协调已势在必行。北京市西城区图书馆领导班子通过调研，确定与河北省唐山市图书馆、天津市河东区图书馆开展长期合作，并计划在适当时机拓展合作伙伴范围。

2.1.2 实施过程

2020年10月，北京市西城区图书馆领导与河北省唐山市图书馆、天津市河东区图书馆馆长通过电话商讨达成合作意向，2021年以庆祝建党100周年为契机开展合作，合作内容初步定为在三地展开作品征集，遴选出优秀作品进行巡展。

2021年上半年，三馆分别在当地开展以"初心如磐 砥砺未来"庆祝建党100周年为主题的诗书画印作品征集。1月至3月，西城区图书馆在辖区15个街道征集作品75幅，河东区图书馆在辖区13个街道征集作品50幅，唐山市图书馆征集作品32幅，而后汇聚北京。西城区图书馆聘请中国美术家协会、书法绘画专业老师王学礼、杨新立等专家进行评选，最终72幅作品入选。

"初心如磐 砥砺未来"庆祝建党100周年"诗书画印"京津冀巡展（北京站）于2021年4月21日至5月25日，在北京市德胜门城楼古代钱币展览馆举办，参观人数3000人；天津站于5月25日至6月25日，在河东区图书馆展出，观展人数2000人；河北站于6月29日至7月25日，在唐山市冀东新闻中心展出，观展人数6000人。

2.2 "遇见藏书票"京津冀图书馆青少年阅读推广活动及藏书票专题巡展

2024年，由北京市西城区图书馆与西城区青少年儿童图书馆、天津市河东区图书馆、河北省唐山市图书馆联合举办的"遇见藏书票"京津冀图书馆青少年阅读推广活动及藏书票专题巡展，同样是以展览为引线，通过展出一幅幅精美的藏书票作品，向京津冀三地的读者展示当代少年儿童的精神风貌。

2.2.1 活动起因

随着京津冀三家图书馆协同发展的推进，2023年西城区青少年儿童图书馆带着藏书票项目加入了三地协同发展的行列。藏书票被誉为"版画珍珠""纸上宝石"，是贴在书的首页或扉页上，带有藏书者姓名的小版画，既是书籍持有者的标志，也是书籍的美化装饰，在提升书籍的收藏价值的同时又承载着丰富的文化内涵和历史信息。考虑到各馆都有少儿部，且藏书票制作在广大青少年儿童中能够广泛开展，更具推广性，2023年，北京市西城区图书馆与西城区青少年儿童图书馆、天津市河东区图书馆、河北省唐山市图书馆共同商榷以藏书票为媒介开展"遇见藏书票"京津冀图书馆青少年阅读推广活动藏书票专题巡展。

2.2.2 实施过程

2023年活动前期，三地图书馆对活动主题、意义、方式等问题进行深入探讨，策划巡展的步骤和流程。活动方案确定后，各馆随即面向辖区广泛征集作品，特邀相关领域专家、学者开展同频讲座，并进行广泛宣传。

活动期间，三地围绕"藏书票"这一主题开展了多场丰富多彩的专题活动。西城区图书馆与西城区青少年儿童图书馆于4月20日聘请藏书票专家孟霄然开展"遇见藏书票"讲座；4月25日，河东区图书馆聘请藏书票专家王云云开展"遇见藏书票——藏书票的基本知识"讲座；4月29日，唐山市图书馆聘请专家胡玉环开展"遇见藏书票"专题讲座。除了开展讲座活动外，西城区图书馆与西城区青少年儿童图书馆于4月至8月开展了"行走水韵林海 赓续运河文脉"西城区中小学生藏书票设计比赛；4月11日，河东区图书馆开展了"刀耕墨染 救亡图存"版画展览研学交流；8月12日、25日，唐山市图书馆开展了"惜书如金·刻印留迹"藏书票现场制作培训。

活动收到西城区图书馆作品62幅、河东区图书馆作品39幅、唐山市图书馆作品22幅。专家组对参展作品从意识形态、构思创意、艺术功底等方面进行认真细致的筛选，评选出优秀藏书票89幅，进行排版、装裱和数字化加工。三地图书馆领导和工作人员多次走访展览现场，对环境、布局设计、启动仪式、文化成果展示等多方面问题进行深入沟通交流，最终呈现出良好展览效果。

2024年"遇见藏书票"京津冀图书馆青少年阅读推广活动藏书票专题巡展：北京站于3月31日至4月25日，在北京大观园实地展出，并提供线上展，线上线下观展人数达6000人次；河北站于4月28日至5月31日在唐山市图书馆展出，线上线下观展人数达5000人次；天津站于5月26日在棉3创意街区启动，并于5月26日至6月25日，在河东区图书馆嘉华中心馆区展出，线上线下观展人数达5500人次。

2.3 主要成效

由三地四馆联合开展的"初心如磐 砥砺未来"庆祝建党100周年"诗书画印"京津冀三地巡展以及"遇见藏书票"京津冀图书馆青少年阅读推广活动藏书票专题巡展，得到了京津冀地区百姓的广泛关注，产生了较大的社会影响。

2.3.1 弘扬传统文化，增强文化自信

诗书画印是中国传统文化传承的重要载体，藏书票也承载着丰富的文化内涵。相关作品的征集和展示，让读者近距离接触和了解这些文化传播方式，激发他们对传统文化的兴趣和热爱，助力推动中华传统文化的传承和弘扬，增强文化自信。

2.3.2 整合文化资源，促进协同发展

三地图书馆共同协作，挖掘、拓展、共享多方资源，重视与政府、企事业单位、新闻媒体、学校、街道社区、博物馆、景区和社会力量的联动合作，实现各地文化资源的有效搭配，优势互补，实现共赢和共同发展，使图书馆服务更具活力和动力，推动图书馆高质量发展。

2.3.3 引起广泛关注，扩大社会影响

巡展活动得到了当地政府、媒体的关注，吸引了大量市民和游客到场参观，提升了大众对京津冀三地文化的认识、理解和接受度。两次三地巡展均得到超万人观展，前后共计 20 余家媒体对活动进行了多次宣传报道。

3 创新做法

随着图书馆的发展朝着互动化、多元化、社会化的方向迈进，档案、历史、文化等众多方面的资源成为图书馆发展的重要补充，为京津冀三地图书馆协作发展和提质创新提供了机遇。

其一，巡展活动采取了线上线下联动的举办模式，采用新媒体推广、3D 展示、直播等形式，使读者通过扫描二维码即可在线收看活动全程视频，形式新颖，收效显著。

其二，三地图书馆将巡展内容和参展作品等成果集结成画册，并设计制作书签等文创产品。这些产品成为大众喜爱并竞相收藏的藏品，拓展了活动的覆盖范围，推动了活动的持续发展。

其三，活动进行了文旅融合的有益尝试。北京站的两次巡展活动及启动仪式，分别与西城区代表性的博物馆——德胜门城楼，及特色文化公园——北京大观园合作，展示了区域旅游文化特色；"藏书票"天津站的启动仪式在棉 3 创意文化街区举办，该街区主会场带有浓厚的艺术感和文化氛围，吸引众多游客驻足观看；"诗书画印"唐山站的启动仪式在冀东新闻中心城市书房举办，更好贴合城市文化主题，达到了推动全民阅读的目的。这种将图书文化和独具特色的旅游景点相结合的活动形式，推动了当地文旅融合发展，取得了良好的社会效益。

其四，京津冀巡展活动时间长、覆盖面广，成效显著。活动通过让读者近距离品味文化、展示文化、感受文化的方式，为他们提供沉浸式、多样化的文化体验，丰富了三地阅读推广活动形式。

4 经验启示

2021年，三地图书馆联合开展了"初心如磐 砥砺未来"庆祝建党100周年"诗书画印"京津冀巡展，得到社会各界的一致好评。在经验积累的基础上，三地图书馆于2023年至2024年举办了"遇见藏书票"京津冀图书馆青少年阅读推广及藏书票专题巡展。以上京津冀三地图书馆区域协作展览活动，推动了三地图书馆文化协同发展走向深入，也为多区域文化发展提供了新的思路和方向。它开创了新时代京津冀三地图书馆文化协作新局面，对京津冀三地图书馆事业，乃至全国图书馆区域协同发展具有积极的推动作用和广泛的示范效应。它在助力中华民族优秀传统文化的弘扬和传承的同时，为新时代推进全民阅读和中国文化走向世界贡献了力量。

其一，立足和深挖具有本地特色、适合让大众参与且能够展示交流的资源，才能对其进行有效的开发利用，并用于协同发展。

其二，创新交流平台，拓宽服务领域。图书馆地域协作发展要坚持创新，积极探索和尝试新载体。巡展活动除了运用传统的文化展览和宣传方式，还创新引入了新媒体等高科技手段，使文化传承走向更广阔的未来。

其三，应加强馆际合作和跨界合作的力度，借助彼此的资源和信息优势，构建联合服务网络，共同提升服务体验效果。巡展活动成功吸纳西城区青少年儿童图书馆加入京津冀文化协同发展行列，也为图书馆业务发展带来了新的思路和契机，为图书馆拓展服务领域和服务对象范围提供了更广阔的空间。

在活动开展中，三地图书馆因地制宜，展示了各自的特色服务内容，促进了当地文化传承发展和文旅融合，提高了人们对文化多样性的关注度和认知度，共同发掘了各自城市的独特魅力和文化价值，为京津冀文化协同发展做出了有益的探索。今后，合作将不断吸纳更多图书馆、博物馆、公园等公共文化机构，让公共文化服务在京津冀这片沃土上遍地开花。

书香京津冀 一起向未来

北京市石景山区图书馆

北京市石景山区图书馆馆舍设置为一馆两址，分为总馆和少儿馆。总建筑面积 1.23 万平方米，连续多年被文化部评为国家一级图书馆，先后荣获"全国文化系统先进集体""全国文旅系统先进单位""全国文明单位""全民阅读示范基地"等多项荣誉称号，连续两年获得"全民阅读优秀组织"和"全民阅读先进单位"荣誉，连续 8 年获得"全国十佳绘本馆""全国最美绘本""年度影响力绘本馆"等称号。

为了贯彻习近平总书记关于京津冀协同发展战略部署，加强与京津冀地区图书馆交流合作，推动各地图书、文旅资源交流，共同助力文旅融合发展，近年来，石景山区图书馆联合京津冀地区图书馆，相继开展诵读大赛、冬奥藏书票、明信片、书签文创产品设计大赛及展示等多次京津冀乃至京津冀蒙地区的大型阅读文化品牌活动，影响甚广。其中围绕家风文化建设、书香阅读系列的"家书情长 添彩冬奥"京津冀三地少儿原创书信绘画诵读作品大赛已经连续举办三届，"讲中国故事，我是文化小使者"英文诵读比赛已经成功举办四届。京津冀公共图书馆的联动性活动，从第一次的三地三馆参与，到如今已发展成为覆盖河北省张家口市、秦皇岛市、廊坊市、沧州市、唐山市、天津市河西区、河北区、和平区、南开区、西青区，以及内蒙古赤峰市宁城县、莫旗等京津冀蒙十余个地（市）的文化交流联盟。

1 做法与成效

1.1 阅读活动丰富多彩

1.1.1 携手京津冀 助力冬奥会

诵读大赛，放飞梦想。2018年"4·23"世界读书日前夕，北京市石景山区图书馆携手天津市河西区图书馆和河北省张家口市图书馆，共同举办"改革成就未来 诵读放飞梦想"书香京津冀诵读大赛活动。三地400余名选手以诵读的形式歌颂改革开放，畅想北京冬奥。该项活动为石景山区图书馆携手京津冀图书馆共同推广全民阅读工作创造了良好的开端。

家书情长，添彩冬奥。自2020年到2022年，石景山区图书馆牵头，分别以"家书情长 添彩冬奥""家书情长 童心向党"为主题，连续成功举办三届京津冀主题原创作品征集及诵读活动。主办及参与地区从第一届的北京市石景山区图书馆、延庆区图书馆，天津市南开区图书馆，河北省张家口市图书馆、廊坊市图书馆，逐渐扩大范围，增加北京市海淀区图书馆、门头沟区图书馆，天津市河北区图书馆，河北省沧州市图书馆，内蒙古兴和县图书馆、赤峰市宁城县图书馆。活动内容囊括京津冀蒙四地少儿书信、绘画、诵读原创作品征集、展览展示及诵读大赛等，受到各地少年儿童的热烈响应和积极参与，三年里共收到作品5000余篇。孩子们在活动中一展风采，用书信、绘画、诵读的方式为冬奥会加油助力。2018年，石景山区图书馆冬奥主题图书馆在冬奥组委所在地的首钢园区内正式开馆。2021年，石景山区图书馆发起京张冬奥文旅走廊沿线图书馆为冬奥主题图书馆捐赠地方特色图书活动，京津冀蒙四地图书馆为冬奥主题图书馆捐赠了各地的特色书籍，并收集到2000余份四地青少年儿童书信、绘画、视频类作品，主办方将其编辑成图册，制作成一本专题汇编作品集，并委托冬奥组委送给冬奥冠军谷爱凌。

1.1.2 用世界语言 讲中国故事

2019 年首届京津冀"讲中国故事，展冬奥风采——我是文化小使者"英文展示大赛活动在京津冀三地图书馆（北京市石景山区、天津市南开区和河北省唐山市）同时启动。从筹备到预选赛再到决赛历时 1 个多月，共吸引了 3000 多名中小学生参与其中。央级媒体平台、视频类门户平台、直播类门户平台等 19 个平台纷纷对北京分赛区决赛进行了直播，宣传范围覆盖全国多个城市地区，线上观看人数累计达到 142 万人次，收到了 11 万余次的点赞。到 2022 年底，此项赛事已连续举办 4 届，随着此项活动影响力的扩大，已发展成为京津冀蒙"四地七馆"联动。先后有北京市门头沟区图书馆，天津市南开区图书馆、河北区图书馆，河北省唐山市图书馆、张家口市图书馆，内蒙古赤峰市宁城县图书馆参与活动。赛事得到参赛地区学校、家长和学生的积极响应，共计万余名中小学生参与其中，展演直播视频点击量达 200 万多次。各地少年儿童用诚挚、精彩的表演，展现着华夏少年风貌，用自己的眼睛发现家乡之美，用国际声音讲好中国故事，以实际行动践行着社会主义核心价值观。此项活动的开展，对未成年人的思想道德建设给予正确引导，坚定他们的新时代文化自信，逐步成为京津冀公共文化服务示范走廊发展联盟的亮点品牌活动。通过活动，所有参赛者及家庭对于 2022 年冬奥会、中国传统文化、京津冀三地的风土人情等内容有了更加深入的认识和感受。活动向大众有效地普及奥运文化和竞技知识，带动更多人积极参与到冰雪运动中来。

后冬奥时代的开启给各级公共文化设施提供了更为广阔的发展平台。作为公共文化服务阵地之一，石景山区图书馆围绕"四个中心"战略定位，深化全民阅读活动，充分发挥图书馆各项资源优势，为青少年搭建交流展示的平台，引导青少年讲好中国故事，传承中华优秀传统文化，增强爱国主义精神，推动文化自信自强，为中华民族伟大复兴提供强大支撑与文化滋养。2023 年，四地再次联手开展主题为京津冀蒙"讲中国故事，展华夏风采——我是文化小使者"英文展示大赛。四省八馆参赛的小选手们经过激烈角逐，共有 212 名小选手进入决赛并最终获得一二三等奖。参与比赛的小选手们用诚挚精彩的表演，展现着华夏少年风貌，以实际行动践行社会主义核心价值观，用国际语言展现新时代的文化自信自强。

2024 年将继续开展第六届"讲中国故事 展华夏风采——我是文化小使者"京津冀蒙英文诵读比赛，拟设置北京、天津、河北、内蒙古共四大赛区，主办单位为北京市石景山区文化和旅游局、北京市门头沟区公共文化中心、天津市河北区文化和旅游局、天津市南开区文化和旅游局、河北省张家口市文化广电和旅游局、河北省唐山市文化广电和旅游局、内蒙古自治区赤峰市宁城县文化旅游体育局以及莫旗文旅局，承办单位为各地图书馆。活动旨在鼓励小学生深入了解和传承家乡的文化，用英文向世界介绍家乡故事。

1.1.3 文旅融合 创作展示

2019 年，北京市石景山区联合天津市河西区、西青区图书馆，河北省廊坊市图书馆、张家口市图书馆，共同开展主题为"我与祖国共成长，七十华诞迎冬奥"京津冀青少年冬奥藏书票、明信片、书签文创产品设计大赛及展示活动。大赛由北京市石景山区文化和旅游局、延庆区文化和旅游局，天津市河西区文化局、西青区文化局，河北省张家口市文化广电和旅游局、廊坊市文化广电和旅游局主办，北京市石景山区图书馆、延庆区图书馆，天津市河西区图书馆、西青区图书馆，河北省张家口市图书馆、廊坊市图书馆共同承办。大赛共收集三地青少年儿童冬奥主题藏书票、明信片和书签上千幅，体现了各地青少年对祖国的热爱与对冬奥会的祝福之情。活动结束后，石景山区图书馆将各地获奖选手的作品进行整理，把学生创作设计过程通过藏书票、书签、个性化明信片上的二维码向读者展示，正式发布本次活动的文创作品——有声明信片。获奖作品通过易拉宝在各中小学进行了线下展示，并邀请三地六馆的负责人汇聚石景山区图书馆，举办优秀作品的颁奖仪式和总结交流会。

1.1.4 原创设计 赞美家乡

2024年"我和我的家乡"原创作品征集活动在京津冀蒙四地图书馆展开。参赛选手通过原创书法、绘画、诗歌、书评、摄影等作品形式，展现自己家乡的美景、发展变迁以及人民的精神文化风貌。这既是一场艺术的交流盛会，又是一次心灵与家乡的深度对话，各地参与者们在创作中感受家乡的独特魅力，在欣赏中传递对家乡的深情眷恋与热爱。

1.1.5 全民阅读 传统文化

为进一步弘扬优秀传统文化，发挥图书馆的社会教育职能和文化宣传阵地作用，在2017年"全民读书月"期间，石景山区图书馆举办京津冀非遗文化展演活动。活动上，张家口市图书馆馆长向石景山区图书馆赠书（作为冬奥图书分馆藏书）；邀请《围炉艺话》创办人宋瑞主持访谈环节；北京体育大学民族民间体育教研室主任吕韶钧、原张家口文广新局局长陈希英、天津市社科院研究所非遗专家张春生共同就京津冀非遗文化各自的特色、非遗文化融合、非遗文化的数字化发展、京津冀非遗的展望与发展等多个议题进行座谈；在之后的展演环节中，湿经山的传说——声音故事沙画表演、石景山区小学生藏书票剪纸制作表演以及石景山区非遗项目斫琴技艺传承人现场弹奏表演等展现了不同非遗项目的魅力。仪式后，石景山区图书馆邀请京、津、冀三地非遗传承人走进水泥厂小学、八宝山街道、驻区部队，开展了为期3天的非遗传承项目展示展演、作品制作及工艺传授活动。

2019年端午节前夕，石景山区图书馆深入挖掘整合京津冀三地特色非遗文化资源优势，开展以"和满京城 奋进九州"为主题的端午节非遗系列活动，包括"端午时节话非遗"主题讲座、端午节主题京津冀非遗市集和非遗主题作品展览等，让广大读者与非遗传承人和非遗作品近距离接触。读者可以现场体验蔚县剪纸、杨柳青年画、手工布艺、泥人面塑等特色项目，还能参加纸黏土粽子DIY。无论是逛市集、听讲座，还是做手工、看展览，大家都能在活动中找到自己的"心头好"。

1.1.6 抗击疫情 共同行动

疫情期间，石景山区图书馆面向区内小学生开展"共同抗击疫情"主题征文活动，组织大家以书信的形式向身边的抗疫工作人员、支援武汉的医疗工作者、武汉市的小学生送去祝福。累计收到石景山区182名同学的各种作品。其中优秀的书信作品汇同天津、河北地区少年儿童的书信，由天津市南开区少年儿童图书馆邮寄给武汉市少年儿图书馆，表达了对武汉市少年儿童抗击疫情的关心和支持。

1.2 业务交流 深化合作

1.2.1 党建统领 推动交流

北京市石景山区图书馆与河北省张家口市图书馆签署了馆际合作协议、党建联学联研共建协议，对两地图书馆加强党建统领、深化馆际交流、助力冬奥达成了共识。同年，石景山区图书馆携手北京人天集团、天津小琅环邮票艺术研究院向张家口市无偿捐赠价值10万元冬奥主题图书，并围绕"文化助力冬奥"主题开展座谈，对双方图书馆在业务、党建等方面的合作进行了深入探讨与展望，为京津冀图书馆全民阅读发展奠定了基础。

1.2.2 学术研讨 论坛交流

石景山区图书馆与天津市中新友好图书馆、河北省秦皇岛市图书馆实现横向联动、馆际共建，共同举办了2021年京津冀公共图书馆高质量智慧化发展研讨会；2022年，三馆又联合河北省邢台图书馆举办"喜迎二十大，与经典同行"活动；与河北省沧州市图书馆签署《京津冀地方文献征集交流协议书》，加强地方文献跨区域交流与合作。2022年至2024年，石景山区图书馆与同市东城区图书馆、西城区图书馆以及海淀区图书馆联合，连续三届承办由中国图书馆学会阅读推广委员会主办的角楼论坛，组织京津冀三地图书馆人就讨论主题开展研讨、参观等活动，推动全民阅读发展。三届的论坛主题分别为"京津冀馆长谈基层公共图书馆的建设与发展""以公共图书馆和博物馆的双向互动推动全民阅读""图书馆馆长谈全民阅读服务体系建设"。

2 实践经验

2.1 跨域合作联动蓬勃开展

2018年以来，石景山区图书馆联动三地公共图书馆组织开展诵读大赛、文创产品设计大赛以及非遗文化传播等多次京津冀乃至京津冀蒙地区的大型文化品牌活动，活动得到了各地文旅局的大力支持与各兄弟图书馆的积极响应。借势冬奥，在疫情防控常态化下线上线下联动举办活动，得到万余名中小学生直接报名参与，观众数量累计超200万人次。跨多地域的文化合作拉近了彼此之间的距离，为文旅融合的多方面交流提供了更为广阔的空间。

2.2 打造多方协同的合作模式

2015年，京津冀图书馆联盟成立，推动三地公共图书密切合作，实现三地资源的共享。近年来，石景山区图书馆在此基础上，将京津冀协同发展与友好区建设、对口扶贫工作相结合，联动石景山区市内友好区——门头沟区、京津友好区——天津市河北区，文化支援帮扶对口地区——内蒙古莫旗、宁城等地区通过活动同办、资源共享、学术交流、文化帮扶等方式，实现了资源的优化配置和服务的无缝对接。这种多方协同的合作模式，不仅提高了图书馆的服务水平，丰富了各地区读者的文化需求，同时也促进了区域公共文化服务的均衡发展。

2.3 学科服务得到不断提升

近年来，京津冀地区图书馆通过参观、交流，在学科服务方面进行积极探索，不断完善各地区公共图书馆服务体系、提升馆员业务技能、提高图书馆综合服务效能，实现了优势互补、互利共赢和协同发展，为区域公共文化服务注入了新的活力，为区域公共文化服务的发展提供了理论支持与实践指导。

3 下一步举措

3.1 深化协同合作，文旅融合推动新型空间建设

未来，京津冀蒙四地图书馆将继续深化协同合作，推动图书馆事业的共同发展。一方面，借助各地文化和旅游融合发展契机，以公共图书馆为阵地，做好与培训机构、书店等社会文化机构的联动，合理化推动各地区新型公共文化空间建设，在各地景区、商圈、商务楼宇等人员密集地区开展阅读推广活动，打通全民阅读"最后一公里"。另一方面，要推动更多市县级图书馆加入合作联动，加强信息共享和资源整合，实现区域图书馆事业的共同发展。

3.2 丰富阅读活动，多渠道拓展京津冀联盟推介平台

一方面，继续拓展阅读活动的广度和深度，丰富阅读活动的形式和内容，特别是要针对各类人群，举办更多具有创新性和吸引力的阅读推广活动，激发群众的阅读兴趣与热情。另一方面，高标准引进资源，通过政府购买、政企合作等方式，吸引众多优质、特色的文化机构加入图书馆阅读推广行列中，招募文化志愿者，开展多地图书交流、阅读分享等活动。通过大众点评、抖音、小红书等公共媒体，进行特色阅读空间、优秀图书及精美文创推荐等多种形式的宣传推广，推动全民阅读走向深入。

3.3 加强学术研究

进一步加强学术研究，提升专业水平。一方面，要加大对图书馆学、情报学等核心领域的研究力度，产出更多高质量的科研成果；另一方面，

要加强各地图书馆的学术交流与合作，借鉴先进经验，推动区域图书馆事业的创新发展。

3.4 推动智慧化转型

随着科技的不断发展，各地图书馆都在积极推动智慧化转型，通过整合数字资源、加强数字化产品和服务开发等措施，提升图书馆的服务水平和智能化程度。要加强与科技企业的合作与交流，共同探索图书馆智慧化转型的新路径，通过大数据平台建设做好用户画像、需求分析及服务推送，促进公共文化服务供给与需求精准对接，提高服务效能和服务品质。

以上案例以北京市石景山区图书馆近年来开展的京津冀蒙联动工作为例，对公共图书馆联合发展、推动全民阅读建设进行了总结，对下一步多地图书馆乃至更多公共文化服务空间，在文旅融合工作中发挥积极作用的方式方法进行了探讨。下一步，石景山区图书馆将继续深入贯彻落实党的二十大精神，在新征程上以示范区创新发展为抓手，注重文化和旅游高质量融合发展，持续推动书香北京建设，强化总分馆制体系建设，巩固和提升京津冀协作成果，助力提升区域公共文化服务水平，不断满足人民群众对美好生活的新期待。

十年砥砺前行，谱写文化新篇章

魏红帅 *

随着国家对于区域协同发展战略的深入推进，京津冀地区作为我国北方经济的重要增长极，其协同发展受到了广泛关注。特别是在2015年，国家出台了《京津冀协同发展规划纲要》，明确提出了京津冀协同发展的国家战略，旨在打造以首都为核心的世界级城市群，推动区域均衡发展。在此背景下，文化协同发展作为京津冀协同发展的重要组成部分，被赋予了极高的战略地位。

北京市通州区图书馆积极响应国家战略，与天津市武清区图书馆、河北省廊坊市图书馆等京津冀地区图书馆紧密合作，依托各自的资源优势，共同推动京津冀地区文化的协同发展。在过去的十年中，特别是在2016年之后，通武廊合作联盟成立，成员馆以资源共享、活动联办、服务联通为核心，不断深化合作，努力为京津冀地区的文化繁荣做出更大贡献。

1 探索模式，通武廊合作联盟的发展与实践

2016年，北京市通州区图书馆携手天津市武清区图书馆、河北省廊

---

* 魏红帅，1974年生，北京市通州区图书馆书记、副馆长（代馆长）、副研究馆员，研究方向为图书馆管理与服务创新、信息资源建设、数字图书馆、读者服务与阅读推广。

坊市图书馆，在京津冀协同发展框架下，成立了通武廊合作联盟。该联盟以推广全民阅读、实现运河文献资源和地方文献资源共建共享为目标，开通了馆际文献传递，并开展了参观学习、业务培训、合作交流等一系列活动。三馆于 2016 年 11 月通图百年庆典仪式上隆重签约。随后，三地互相参观交流不断，北京市通州区图书馆曾邀请两馆参与其主办的馆员业务培训和文化部第六次图书馆评估定级培训。

1.1 资源共建共享

资源共享是京津冀图书馆协同发展的基石。通过建立统一的文献信息平台，实现图书馆之间的书目数据互联互通。通武廊合作联盟是资源共享模式的典范，三地图书馆实现了运河文献资源和地方文献资源的共建共享，共同制定了《通武廊三地图书馆运河文献资源和地方文献资源的共建共享和联合检索实施方案》，建立了联合目录和联合检索系统，整合了三地图书馆的藏书资源，构建了统一的检索平台，使读者能够更方便地查询到三地的文献资源，极大地丰富了读者的阅读选择。

1.2 读者活动联办

通武廊合作联盟成立以来，三地图书馆联合举办了多场文化活动。包括大运河图片资料联展、通武廊公共图书馆学习宣传贯彻落实十九大精神共读书目等活动。这些活动不仅丰富了读者的文化生活，也增进了三地之间的文化交流与合作。通州区图书馆组织与参与的具体活动有：

2018 年，组织开展京津冀协同发展品鉴通武廊文化知识竞赛，参与人数 144 人。

2019 年，组织开展通武廊之魅力运河知识竞赛，参与人数 163 人。

2019 年 9 月 3 日，通州区慈善协会携手京津冀三方慈善人士及画家在区图书馆举办慈善画展启动仪式。

2021 年，组织开展通武廊"百年再出发 科技筑未来"中秋科普知识有奖竞答,参与人数144人。

2022年,通州区图书馆共组织开展5场线上联动京津冀的全民阅读活动,直接参与读者1000余人。活动包括:

2022年3月18日起,开展书香通武廊,共读一本书——《这就是二十四节气》线上阅读活动。

2022年4·23期间,开展"诵读文化经典、传承中华文明"通武廊全民读书月有奖知识竞答活动。

2022年6月3日至6月19日,开展诗情"粽"意 共话端午——京津冀端午节线上朗读大赛。

2022年8月3日至8月23日,开展"忆峥嵘岁月 诵红色经典"京津冀线上朗读大赛。

2022年10月2日至10月23日,开展"献礼二十大 青春颂华章"——京津冀红色经典线上朗读活动。

2023年,一是北京市通州区图书馆与河北省沧州市图书馆签订《京津冀地方文献征集交流协议书》,本年度共交流图书34种、54件册。二是承办"运"遇书香——大运河沿线公共图书馆地方文献联展(通州场),并牵头联合天津市武清区图书馆,河北省廊坊市图书馆、衡水市图书馆、沧州市图书馆,浙江省宁波市图书馆、湖州市图书馆,通过线上线下展览方式,提升运河特藏文献利用率,讲好运河故事,向读者展现运河风采,吸引参与者2200余人次。三是开展8场线上联动京津冀的全民阅读活动,直接参与读者3000余人。活动包括:

2023年"4·23"世界读书日期间,开展"书香致远 韶光共读"——"4·23"世界读书日京津冀线上朗读大赛、"诵读文化经典、传承中华文明"通武廊全民读书月线上有奖知识竞答。

2023年6月3日,三地联动在天津市武清区图书馆开展"潞河讲堂"公益讲座第240讲暨"话说运河"系列讲座第2讲。

2023年6月8日至6月18日,开展"通武廊之魅力运河"线上知识竞赛答题活动。

2023年6月21日，开展通武廊三地图书馆专场宣讲报告会暨庆"七一"主题党课活动。

2023年6月22日至6月30日端午节期间，开展"仲夏良辰逢端午 悦读经典祈安康"——京津冀端午节诗词线上朗读大赛。

2023年8月1日至8月22日建军节期间，开展庆祝建军96周年京津冀线上朗读活动。

2023年9月29日至10月20日，开展"良辰美景寄九州 书香雅韵伴中秋"——中秋节京津冀线上朗读大赛。

2023年12月26日至2024年1月20日，开展"新岁致远·诗意迎春"——元旦京津冀诗词线上朗读大赛。

2024年，一是4月18日举办2024年"再发现图书馆 共建书香通武廊"世界读书日系列活动启动仪式。此次活动不仅是为推进全民阅读，更是为庆祝京津冀协同发展十周年所进行的生动实践，共享通武廊三地文化交流与合作成果。二是5月28日至6月1日，通州区图书馆与首都图书馆、北京城市图书馆联合开展"林深年少·阅四季"暨"六一"国际儿童节少儿阅读活动，其间组织的"运河有戏之书中有戏——课本中的国学经典唱诵"表演，为京津冀三地的小读者们带来精彩的古韵文化体验。三是5月30日起，开展图书馆专兼职管理员培训，邀请天津市武清区图书馆、河北省廊坊市图书馆的文化工作者通过线上直播参加培训。三地图书馆工作人员通过学习公共数字资源和智慧图书馆建设、数字化条件下的数智赋能全民阅读、基层图书馆的信息咨询和服务查询等课程内容，提升了专业知识和服务水平。四是三地图书馆携手组建了党建联盟，开展党员学经典系列活动。这一举措为三地图书馆的党建工作注入了新的活力，也为进一步推动三地图书馆的协同发展奠定了坚实的思想基础。

1.3 服务联通拓展

服务拓展是京津冀图书馆协同发展的重要方向。为了实现服务的互联互通，北京市通州区图书馆将联盟服务拓展到了河北省香河县和阜平市。北京市通州区图书馆与当地图书馆建立了合作关系，共同开展读者服务、资源共享等，推动了京津冀地区公共服务的均衡发展。

2 总结经验，通武廊合作联盟的成果与理念

地缘相接、人缘相亲，地域一体、文化一脉，通武廊合作联盟的建立是京津冀区域协同发展的内在要求。聚焦"一张图"、展开"一盘棋"，实现共振、寻求共赢，从地相接到人相亲，通武廊合作联盟协同发展体系已基本形成，为三地读者提供了更方便的阅读环境。

2.1 成果与荣誉
2.1.1 全民阅读推广成效显著

通过通武廊合作联盟的共同努力，全民阅读在京津冀地区得到了广泛推广。联盟组织的知识竞赛等阅读活动吸引了大量读者的参与，激发了市民的阅读兴趣，提升了市民的文化素养。

2.1.2 资源共享成果丰硕

三地图书馆通过资源共享，丰富了各自的馆藏资源，提高了文献的利用率。同时，北京市通州区图书馆也与河北省沧州市图书馆等京津冀地区图书馆建立了资源共享关系，进一步扩大了资源共享的范围和覆盖面。

2.1.3 文化交流与合作日益密切

通武廊合作联盟的建立，促进了三地之间的文化交流与合作。联盟不仅共同举办了多场文化活动，还开展了业务培训、参观学习等交流合作，增进了三地图书馆之间的友谊与互信。

2.2 经验与理念

2.2.1 坚持协同发展理念

北京市通州区图书馆始终坚持协同发展理念，与天津市武清区图书馆、河北省廊坊市图书馆等京津冀地区图书馆紧密合作，共同推动京津冀地区文化协同发展。

2.2.2 注重资源共享与整合

联盟注重资源共享与整合，通过建立联合目录、开通馆际文献传递等方式，实现了三地图书馆资源的有效整合与共享，提高了资源的利用率和服务水平。

2.2.3 创新活动形式与内容

为了吸引更多读者的参与，联盟不断创新活动形式与内容，例如结合大运河文化推出了大运河图片资料联展等活动，让读者在欣赏美景的同时了解大运河的历史文化。

2.2.4 拓展服务范围与对象

联盟积极拓展服务范围与对象，将服务延伸到河北省香河县和阜平市等地区，为更多读者提供优质服务。同时，联盟也关注弱势群体，为他们提供便捷的服务和恰当的支持。

3 深化合作，通武廊合作联盟的创新与展望

本案例在京津冀协同发展的大背景下，创新性地提出了"通武廊合作联盟"的模式，通过资源共享、活动联办、服务联通等方式，实现了三地图书馆的深度合作与协同发展。在具体实施过程中，注重创新活动形式与内容，如结合大运河文化推出特色展览，不仅丰富了读者的文化生活，也有效地传播了地区特色文化。此外，创新地拓展了服务范围与对象，将优质服务延伸到更广泛的地区和人群，充分体现了图书馆服务的普及性和包容性。

3.1 完善资源共享机制

本案例推动了三地图书馆之间的数字化资源共享，通过建立更加完善的数字化平台，实现电子书籍、期刊、论文等资源的实时共享。此外，联盟还探索了建立联合分享机制，共同分享专业数据库资源，以降低单个图书馆的运营成本。

3.2 创新活动形式与内容

在本案例三地合作中，联盟非常注重活动的创新性和互动性，推出更多结合新技术，如虚拟现实（VR）、增强现实（AR）等的文化活动，让读者能够身临其境地体验文化的魅力。同时，联盟也举办京津冀地区文化论坛，邀请文化学者、历史学家等共同探讨地区文化的传承与发展。

3.3 拓展服务范围与对象

除了继续服务好现有的读者群体外，联盟还特别关注青少年和老年人群体的阅读需求，开展"阅读进校园"和"阅读进社区"等活动，将优质的阅读资源和服务直接送到群众身边。同时，联盟各成员馆也积极与当地的学校、社区等建立合作关系，共同推动全民阅读的深入开展。

3.4 加强人才培养与交流

人才是推动图书馆事业发展的关键。联盟也在开展读者服务的同时不断加强与京津冀地区各图书馆之间的人才交流与合作，定期组织业务培训、经验分享等活动，提升图书馆员的业务水平和创新能力。

4 共筑未来，通武廊合作联盟的机遇与挑战

通武廊合作联盟作为京津冀协同发展战略在文化领域的具体实践，具有重要的示范作用。首先，它展示了跨地区、跨文化的公共文化服务

机构，如何通过深度合作与资源共享，共同推动区域文化的繁荣发展，这为其他地区提供了可借鉴的合作模式与经验。其次，联盟通过创新活动形式与内容，成功吸引了大量读者的参与和关注，提升了图书馆的社会影响力，这为其他文化机构合作进行活动策划与执行提供了有益参考。最后，三地图书馆联盟成功实施也证明了坚持协同发展理念、注重资源共享与整合、拓展服务范围与对象等做法的有效性，为其他行业或地区的协同发展提供了宝贵经验。

通武廊合作联盟十年来取得的成果，不仅为三地图书馆事业发展树立了新的标杆，也为推动京津冀协同发展提供了宝贵的经验。展望未来，随着京津冀协同发展战略的不断深化，公共图书馆将在推动区域文化繁荣、促进社会和谐进步中发挥更加重要的作用。北京市通州区图书馆将继续携手天津市武清区图书馆、河北省廊坊市图书馆等京津冀地区的合作伙伴，共同深化文化交流与合作，构建更加紧密、高效的京津冀地区图书馆合作网络，为推动区域文化的繁荣发展贡献更大的力量。

京津冀公共图书馆区域合作联盟案例分享

北京市平谷区图书馆

为促进京津冀三地信息资源的利用与整合，实现文化资源共享，在遵循"资源共享、优势互补、服务大众、共谋发展"的原则下，形成京津冀文献信息资源共享服务体系，更便捷地开展公共图书馆文献信息服务工作，北京市平谷区图书馆发起，联合天津市蓟州图书馆、河北省三河市图书馆、承德市兴隆县图书馆，共同组建京津冀公共图书馆区域合作联盟，签订《京津冀公共图书馆区域合作联盟协议书》，并通过《京津冀公共图书馆区域合作联盟章程》。该联盟以组织开展以文献信息资源联合建设、联合开发、联合服务、资源共享为主要内容，最大程度整合公共图书馆文献信息资源，向各地人民提供平等、免费、无区别服务，是全面提升公共图书馆服务能力、服务层次、服务水平的公共图书馆区域服务共同体。

联盟成立后，京津冀三地数字资源共建共享、技术服务、培训、阅读推广及讲座、展览服务等方面工作稳步开展，联盟成员馆技术力量不断加强，人才队伍建设与服务水平不断提升。联盟已成为进一步完善各成员馆服务体系基本架构，推动各馆事业规范、有序、向前发展的有力抓手。

1 制定京津冀公共图书馆区域合作联盟工作规划

1.1 发挥联盟成员单位资源优势，推进文献信息资源共知、共建和共享

以纸本文献为主，建设成员馆馆藏联合目录或专题性联合目录；以数字文献为主，整合成员馆各类数字资源；以成员馆自建特色资源或网络资源为主，整合如专题性数字资源、地方文献资源、机构知识库等。通过文献传递、馆际互借等途径实现文献资源的联盟共享。突出本联盟基本特色，充分体现各成员馆个性，围绕数字资源、网络合作、资源库共建等方面共同发展，以此带动联盟各类资源全面建设。

1.2 推动信息服务合作和共享，提升成员馆服务水平和能力

合作开展信息资源使用评估，开展相关数据分析挖掘，提升读者服务的水平。依托成员馆人力资源，开展联合参考咨询服务。加强分工合作，共谋发展。开展信息素质教育培训的交流与合作，联合开发相关课题，共享相关培训资源。依托现有馆际互借与文献传递服务网络，尝试构建嵌入式馆际文献传递子系统。

1.3 构建联盟技术服务合作支撑体系

以联盟网站建设为起点，逐步建成联盟技术支持平台，构建基于网络环境下的联盟业务运行机制。建立版权允许的资源获取工作流程，与各馆统一认证系统实现对接，逐步分层次实现联盟成员馆资源的一站式检索、在线浏览、文献传递等功能。加强联盟成员馆信息技术部门的工作交流合作，联合开发应用程序，协同解决技术难题和新技术的引进与应用问题，实现技术资源共享。

1.4 促进成员馆馆员培训和职业发展

逐步形成联盟馆员培训模式和培训课程体系。开展系统的分主题、分地区、分类型、多途径的经常性馆员培训。依托联盟网站开发培训平台，发布培训课程，发布培训课件，实现培训资源共建、共知、共享。建立培训专家库和培训题材库，形成和完善培训评价与反馈机制，探索将经常性培训与成员馆人才队伍建设、馆员职业发展相融合。建立培训档案并进行汇编与分析。

1.5 加强联盟学术研究和交流机制建设

围绕公共图书馆教育科学研究特色，开展选题建议征集、项目申报交流等工作。根据联盟发展需要，汇集成员馆共同关心的问题，设立联盟自主研究项目，鼓励各馆承接和馆际联合申报。定期召开联盟专题学术研讨会，加强与非公共图书馆等单位交流合作。汇编各馆科研成果，发布联盟学术研究年度报告。

1.6 共同构建具有公共图书馆特色的图书馆文化体系

确立以环境文化为基础、制度文化为保障、精神文化为内涵、服务文化为核心的图书馆文化体系建设理念。加强成员馆在馆舍设计、建设和管理方面的密切合作与沟通交流，形成包括馆史、馆训、馆徽和建馆理念、科学管理、环境营造等在内的文化建设共知、共享的畅通渠道。建设联盟图书馆文化网络论坛，汇编成员馆规章制度，编辑联盟图书馆馆舍图集，定期召开文化建设学术讨论会，建立成员馆文化建设交流考察和观摩的经常性机制。

1.7 健全和完善联盟组织机构和运行模式

健全联盟成员大会、委员会制度。加强各业务中心建设，充分发挥业务中心的核心作用，支持其自主开展业务工作。加强秘书处建设，发挥其在联盟中综合协调、联络沟通的枢纽作用。建立联盟内部的分工协作、监督评估和宣传推广机制。密切与其他联盟的联系，畅通与业界各层的工作交流。拓展融资渠道，制定经费分担方案，形成经费多元筹集机制。提升联盟服务质量，逐步扩大联盟影响力。

2 开展京津冀公共图书馆区域合作联盟工作

2.1 搭建数字资源共享平台

以信息互通、资源共享为目标，构建三地公共文化服务网络，大力推进数字化阅读发展，加快京冀公共文化服务平台建设。在三个地区各自图书馆网站和公众号上，增加其他图书馆服务链接，以此初步迈出资源共享的第一步。

2.2 打造三地全民阅读推广品牌

为加强三地图书馆的交流与合作，共同打造体现区域特色的品牌阅读推广活动，营造"多读书、读好书、好读书"的良好社会氛围，弘扬社会主义核心价值观，助力城市精神文明建设，完善公共文化服务体系，推动建设学习型大国，引领阅读风尚，以提高公共图书馆的资源利用率，同时也助力提升公共图书馆的文化服务能力，进一步发挥公共图书馆的社会作用。

2.2.1 成功打造京津冀诵读邀请赛活动品牌

自 2016 年以来，平谷区图书馆成功举办了八届京津冀诵读邀请赛。该活动将"阅读北京"首都市民阅读系列文化活动中的诵读大赛与平谷区京津冀诵读邀请赛相结合，进行活动升级和延伸。先在平谷区内各街道、乡镇分馆举办初赛，再选拔优秀作品参加北京市总决赛。最后，联手京津冀图书馆区域联盟成员馆，广泛邀请和鼓励热爱阅读的人或有诵读特长的读者，参与三地联盟诵读大赛，通过诵读经典诗歌或文章片段，展示城市文明风貌，传承中华优秀传统文化，展现十八大以来的文化发展成就，丰富市民阅读文化生活。同时，结合"书香平谷"全民阅读成果展示，激发广大市民的阅读热情。活动年参与群众达10万余人次，不仅为三地文化发展搭建桥梁，更是为广大群众了解传统、学习经典打开了一扇门，对促进三地群众文化交流与创作具有深远意义。经过多年的深耕与厚植，京津冀诵读邀请赛已成为具有三地区域特色的品牌阅读推广活动、京津冀图书馆交流合作重要成果的体现。

2.2.2 推出"智能伴读·阅听悦美"系列活动

为满足三地众多读者对亲子阅读活动需求，培养孩子的阅读兴趣，给家长创造与孩子沟通及分享读书乐趣的空间，联盟以数字阅读产品为媒介，创新打造高、精、尖阅读服务方式，运用人工智能推动阅读服务，使"智能伴读·阅听悦美"服务品牌成为推进三地图书馆区域联盟少儿阅读发展的全新平台。三地图书馆联合开展"智能伴读·阅听悦美"21天亲子阅读打卡活动，"智能伴读·阅听悦美"京津冀少儿创意涂鸦大赛等活动，参与青少年达5000余人次。

2.2.3 举办京津冀公共图书馆区域合作联盟阅读品牌LOGO设计大赛

为进一步扩大三地图书馆品牌活动效应，丰富活动形式、扩大活动覆盖面，提升活动效果，2021年，三地成员馆联合举办"阅享悦读·助力联盟"京津冀公共图书馆区域合作联盟阅读品牌LOGO设计大赛。比赛邀请广大读者共同发挥创意与想象，为活动品牌设计官方标识，让"京津冀阅读品牌"成为京津冀公共图书馆区域合作联盟一道亮丽的风景线。大赛共征集有效参赛作品48个，线上活动点击量达7000余次。最终通过评选，大赛确定一等奖为今后"京津冀阅读品牌"LOGO，并与作者签订著作权转让协议书。该标志以竖立的书本形状为基础，结合京津冀的首字母"J"，形成竖立在书架上的书本形状，近看是三本书，远看是一张卷曲的纸张。将京津冀字母中共同的元素"i"字母设计为书籍的书签带。三个"J"字母相连结构成书籍的骨骼，象征着京津冀三地图书馆通力合作、相辅相成、缺一不可。基础色采用蓝色，契合阅读使人修身养性、沉稳理智的特点。

2.2.4 举办京津冀文化讲坛

根据地方特色文化、读者需求，策划各具特色的系列讲座。通过共建共享，普及推广京津冀特色文化，传播科学知识，惠及三地公众。

2.3 促进人才交流与业务研讨

立足于三地文化发展的比较优势，实施京津冀图书馆人才联合培养工程，共同建设集文化交流、人才培养于一体的文化交流基地。建立三地文化人才信息资源库，积极推进文化人才资源信息互动和引进交流，营造集聚优秀文化人才到京津冀发展的良好政策环境，为京津冀文化可持续发展提供有力的智力支撑。

京津冀三地公共图书馆勠力同心、携手并进，积极贯彻落实中央有关精神，立足于谋划京津冀地区文化领域协同发展大局，以整合优势文化资源为重点，以构建跨区域文化战略合作机制为抓手，推动京津冀三地文化交流与合作向更高水平、更深层次、更宽领域发展。地相接、水相连、人相亲。京津冀公共图书馆区域合作联盟将携手并进、协同发展，为三地百姓带来实实在在的获得感和幸福感，不断书写新的时代答卷。

京津冀图书馆联盟文化帮扶行动
——以天津图书馆对口帮扶实践做法为例

宋丙秀[*]

1 开展背景

"十三五"时期，是全面建成小康社会、实现第一个百年奋斗目标的决胜阶段，也是打赢脱贫攻坚战的决胜阶段。2016 年 11 月，国务院印发《"十三五"脱贫攻坚规划》，成为各有关方面制定相关扶贫专项规划的重要依据。2017 年 5 月，原文化部发布并实施《"十三五"时期文化扶贫工作实施方案》，旨在深入贯彻落实国务院"十三五"脱贫攻坚规划，进一步强化任务落实，加大对文化扶贫工作的指导，充分发挥文化在脱贫攻坚工作中的重要作用。为深入贯彻落实国务院和原文化部关于脱贫攻坚决策部署，对口帮扶贫困地区文化发展，切实丰富贫困地区人民精神文化生活，2018 年 5 月，天津图书馆发起《关于共同举办"京津冀图书馆联盟文化扶贫行动"的倡议书》，联合首都图书馆、河北省图书馆倡议发起"京津冀图书馆联盟文化帮扶行动"。2018 年 6 月，"京津冀图书馆联盟文化帮扶行动"在京津冀图书馆联盟工作会议上讨论通过。9 月，《京津冀图书馆联盟文化帮扶行动实施方案》正式印发。在随后 10 月份召开的京津冀图书馆联盟文化帮扶对接会上，三地省级图书馆与河北省接受

---

[*] 宋丙秀，1989 年生，天津图书馆馆员，研究方向为图书馆区域协作发展。

帮扶县级图书馆就各自帮扶计划和具体帮扶需求进行深入沟通,双方签署《京津冀图书馆联盟文化帮扶协议》。

2 主要内容及创新做法

形成对口帮扶后,京津冀三地省级公共图书馆以提升贫困地区公共图书馆建设水平、保障贫困地区群众基本文化权益为重点,以调拨图书援建分馆、共享数字资源、加强两地图书馆人员业务交流和培训的形式为主,做好对口帮扶馆的文献资源保障和人力资源保障,切实推动贫困县图书馆发展。立足自身优势资源并结合对口帮扶馆具体需求,天津图书馆对口帮扶河北省承德市滦平县图书馆、丰宁满族自治县图书馆、承德县图书馆、围场县图书馆,共 4 个馆。

2.1 调拨图书,援建分馆

充分发挥公共图书馆在文化扶贫中的行业优势、资源优势,在经过实地调研,对接具体帮扶需求的基础上,通过调拨图书,积极在当地建立图书馆分馆。2018 年 12 月和 2019 年 6 月,分别完成了在河北省承德县图书馆和围场县图书馆的分馆建设和对口帮扶实际工作,在短时间内分别为两个对口帮扶图书馆完成了首批 10000 册图书的交接、整理、上架,提供了首批 1000 张"通借通还借阅证",并现场辅导分馆工作人员正确操作借还系统的办证、借阅等流程。2019 年 10 月,天津图书馆滦平县分馆顺利揭牌。天津图书馆为滦平县分馆调拨 5132 册中文图书和 1502 册少儿图书。 2020 年 7 月,向丰宁满族自治县图书馆调拨 4300 册中文图书和 1300 册少儿图书,建立天津图书馆丰宁满族自治县分馆。根据实际需求,2021 年 9 月,天津图书馆又为河北承德 4 个受援馆调拨配送图书 4080 册,深受当地读者的喜爱和好评。

2.2 建立数字图书馆分馆，免费开放数字资源

为推动受援馆数字化服务，天津图书馆在滦平县图书馆建设开通数字图书馆分馆，将海量、精品数字资源免费开放给当地读者。读者只需登录当地图书馆网站，进入数字图书馆分馆页面，即可访问天津图书馆的阅览平台，浏览天津图书馆自建的地方特色资源库、电子图书、电子报刊以及学术文献等资源。承德县、围场县的少儿读者通过图书馆发放的"通借通还借阅证"，也能远程访问天津图书馆的电子文献资源。当地读者只需关注"天津图书馆"微信公众号，即可欣赏和使用其中"阅·听"微平台的精品数字资源，免费享受微信阅读服务。2020年5月，受疫情影响，4个受援地区图书馆多处于闭馆状态，当地读者无法实现到馆阅读，天津图书馆进一步向4个对口帮扶馆免费开放微信平台数字资源，包括1万多种有声图书、500多种畅销期刊、300多个线上展览、2万多个职业培训视频以及1000多首古典音乐等，使当地读者随时随地在"指尖上"就能方便快捷地享受到天津图书馆的优质资源，共享天津文化艺术发展新成果。

2.3 推送精品课程，助力人才培养和业务交流

依托"天津市图书资料专业人员培训平台"推送精品课程，免费为受援馆开通平台账号，助力受援馆人才培养。工作人员可在平台上学习2018年至2023年共130门600余学时的图书资料专业培训课程。2024年度培训课程目前已上线11门，还将持续更新。天津图书馆通过推送培训课程为当地图书馆工作人员普及行业相关知识，提升业务水平和服务能力，并且不断加强两地人才交流，深化业务学习：如邀请承德县、围场县图书馆业务骨干来津参加"新时代少年朗读者"大赛启动仪式，共同研究协商两县图书馆如何参赛事项，并对前来馆员进行了业务培训；2019年7月，邀请受援县图书馆业务骨干来馆参观交流、开展座谈，并参加"2019年天津市公共数字文化工程专题培训班"；同年9月，为不断

深入两地阅读推广活动经验交流，特邀对口帮扶县图书馆馆长和业务骨干来津参加第三届京津冀图书馆"守望青春，我与图书馆的故事"阅读推广交流展示活动，进一步加强双方阅读推广活动经验交流与业务学习。

2.4 联合举办阅读推广活动

2019年10月，在天津图书馆滦平县分馆揭牌仪式后，举办"海津讲坛下基层（滦平专场）"文化讲座，邀请专家讲述"优秀传统文化与社会主义核心价值观"。同月底，组织志愿者走进围场县四合永镇营字小学和围场县图书馆，开展"文化暖心 阅读惠民"文化帮扶志愿活动，邀请专家志愿者在围场县图书馆开展"从绘本阅读到经典品析"公益讲座。突破地域限制，利用互联网与受援地区联合开展线上活动和线上交流：如2019年6月，与滦平县图书馆共同举办庆祝新中国成立70周年"共读书影"系列活动；2020年4月，联合承德县图书馆围绕世界读书日开展红色文化知识竞赛等5个线上活动；同年8月，联合丰宁满族自治县图书馆、滦平县图书馆共同举办"微书评"大赛，活动历时2个多月，得到了三地市民的积极响应；2024年，与承德县图书馆共同举办"4·23"世界读书日活动暨第七届"掌上诗词大会"，活动历时1个月。

3 成效评价

3.1 聚焦国家战略方针，以文化扶贫助力打赢脱贫攻坚战，在新时代体现新作为

京津冀协同发展是习近平总书记亲自谋划推动的重大国家战略，脱贫攻坚也已上升为国家战略。在京津冀协同发展的宏大浪潮中，在区域一体化的背景下，三地公共图书馆依托京津冀图书馆联盟开展的文化帮扶行动，是顺应经济社会发展和图书馆事业发展，区域内图书馆积极作为落实国家战略、寻求更好发展的有益尝试和实践。

3.2 对接需求，因地制宜，弥补当地图书馆资源不足，助力公共文化服务均等化

通过实地调研、深入沟通，综合对口帮扶县级馆具体需求，天津图书馆发挥图书资源和数字资源优势，针对性地弥补了当地图书馆文献资源不足，累计调拨图书 3.6 万余册，其中所调拨的少儿读物深受当地小读者欢迎。基于技术和资源优势开通的数字图书馆分馆，让当地读者随时随地都可享受公共文化服务，切实保障贫困地区群众基本文化权益，为丰富当地群众精神文化生活、保障公共文化服务的均等化提供了强有力的保障。

3.3 提升当地图书馆服务水平，切实推动受援县图书馆发展

天津图书馆在承德县分馆、围场县分馆建设之初，为当地图书馆同仁面对面培训和交流了借还系统的办证、借阅等流程，手把手地指导分馆工作人员如何操作，使该县图书馆实现了现代化借阅服务。同时，当地图书馆依托帮扶资源积极开展形式多样的阅读活动，如春节猜灯谜活动、世界读书日活动、暑期系列读书活动等，服务水平不断提升，吸引越来越多当地读者走进图书馆、利用图书馆。通过受邀参加天津图书馆举办的业务交流和培训活动，当地馆员业务素质和专业水平不断提高，从而有效助力图书馆服务效能提升和更好发展。

3.4 区域联动，发挥合力，助力实现区域图书馆事业发展优化升级

借助同一区域内的地缘优势、政策优势以及联盟所带来的资源、能力互补与协调效应，联盟成员深入挖掘协作潜力，拓展合作空间，有利于促进资源高效流通，最大限度地发挥联盟成员贡献力，从资源建设、业务交流、人才培养等多方面帮扶受援馆发展，有力促进区域图书馆整体竞争力提升，实现优势互补、互利共赢、协同发展。

4 经验启示

4.1 文化帮扶行动的成功实践充分表明，京津冀图书馆联盟的发展前景广阔

京津冀图书馆联盟的成立和发展是顺应和服务国家区域发展重大战略需求，促进自身和区域图书馆事业发展的必然要求。聚焦国家大政方针，以区域图书馆联盟为平台，借助显著的政策优势、地缘优势、文化优势，京津冀图书馆联盟不仅是在助力脱贫攻坚中，还可以在助力我国经济社会发展、社会科学普及、文化强国建设等中发挥区域图书馆联盟的更大作用。

4.2 文化帮扶行动形成的帮扶模式可以借鉴到对其他地区图书馆的帮扶实践中

在天津图书馆对口帮扶承德市 4 个县级馆的成功实践中，基本形成了调拨图书、建立分馆，建设数字图书馆分馆、共享数字资源，加强业务交流，联合开展阅读活动的帮扶模式。基于这一模式，在 2023 年的东西部协作和支援合作工作中，天津图书馆高效完成了对青海黄南藏族自治州德吉村分馆的援建工作，成功搭建了首个"移动分馆"，并逐步形成"天图数字帮扶"模式。

4.3 联盟的健康长效发展有赖于搭建更为完善的工作交流平台和沟通合作机制

为进一步强化协作机制，着力构建文献资源保障体系和区域图书馆服务网络，保证成员馆的积极参与。京津冀图书馆联盟已在联盟下设立 6 个专项工作委员会，它们作为联盟工作的具体实施机构，持续开展相关领域三地一体化建设研究。未来，成员馆之间还需不断加强横向联系，在互惠互利的基础上进一步增强联盟的专业性、科学性，遵循社会发展趋势，顺应行业发展要求，才能保证京津冀图书馆联盟的稳步向前发展。

京津冀协同发展十周年
——天津图书馆开展主题阅读推广活动

王 宁[*]

1 开展背景

习近平总书记说："京津冀如同一朵花上的花瓣，瓣瓣不同，却瓣瓣同心。"京津冀协同发展十周年取得了丰硕成果和生动实践。为促进京津冀三地图书馆事业高质量发展、京津冀阅读资源互联互通，共建书香社会，2024年，面向京津冀地区读者，天津图书馆开展了主题阅读推广活动，助推京津冀文化一体化协同发展。

2 主要内容

山水相连，人文相牵。2024年，天津图书馆面向京津冀地区读者，开展了第七届京津冀图书馆"我与图书馆的故事"——"读响新时代"阅读推广交流展示活动、"清悦之声"领读人活动、"大手牵小手，图书来漂流"活动。

第七届京津冀图书馆"我与图书馆的故事"——"读响新时代"阅读推广交流展示活动通过不同类型的在线活动版块全面征集摄影、朗诵、

---

[*] 王宁，1981年生，天津图书馆副研究馆员，研究方向为阅读推广。

书画、儿童故事类优秀作品。经对作品进行征集、汇总、筛选和提炼，专家评委评选出优秀作品在天津图书馆官网、微信公众号及京津冀图书馆公众号做线上展览。包括："新时代 光影展未来"主题摄影活动、"新时代 书声传力量"经典诵读活动、"新时代 韶光筑梦想""苗苗"少儿故事大会、"新时代 翰墨抒丹心"手稿作品征集活动。

书有妙语传清音，悦读声声沁心扉。今年正值京津冀协同发展实施十周年，为促进京津冀三地图书馆事业高质量发展，天津图书馆联合天津广播电视台经济广播、首都图书馆、河北省图书馆、天津市区级图书馆及河北雄安新区容西管委会开展第三届"清悦之声"领读人活动，为广大书友搭建一个读书交流的平台，积极引导广大读者深度阅读。以优秀书籍为载体，用丰富的表现形式集中讨论现代社会的热点话题，浓缩视听、温暖人心，讲述生活中的精彩故事。领读人结合自身学习专业领域、工作特点及自身兴趣特长广泛阅读，录制讲书音频参与活动。后期运用音乐、音响等丰富的表现元素，对通过专家审核选拔的音频进行全新包装，使其雅俗共赏。天津经济广播《新锐下午茶》节目为《清悦之声》读书专栏活动的音频展示平台；天津图书馆官网、"天津图书馆""天津图书馆速报"以及天津经济广播官方微信公众号为新媒体展示平台。

为增强京津冀地区民众的文化责任感和公益意识，天津图书馆特举办首届"大手牵小手，图书来漂流"活动——暨京津冀协同发展十周年儿童读物募捐活动，提升区域内儿童阅读水平，促进文化交流和知识共享。本次活动所得图书将转送雄安新区，引导广大少年儿童养成良好的阅读习惯，营造儿童友好书香氛围。阅读与分享是阅读文化的实施路径。一段文明美丽的书香漂流旅程，让知识因传播而美丽，为京津冀协同发展建设注入书香力量。

3 创新做法

3.1 线上与线下活动相结合

京津冀三地幅员辽阔，联合开展阅读活动有一定的难度。天津图书馆积极探索、不断创新，利用新媒体平台开展线上第七届京津冀图书馆"我与图书馆的故事"——"读响新时代"阅读推广活动作品征集活动和"清悦之声"领读人活动；线下方面，联合天津市各区图书馆，发动天津市爱心人士共同开展首届"大手牵小手 图书来漂流"京津冀协同发展十周年儿童读物募捐活动，并将募捐到的书籍全部转送到雄安新区。

3.2 传统形式与创新形式相结合

京津冀图书馆"我与图书馆的故事"阅读推广活动已成功举办七届，"清悦之声"领读人活动今年是第三届。这两个活动已形成阅读推广品牌效应，在京津冀地区有一定的影响力。"大手牵小手 图书来漂流"京津冀协同发展十周年儿童读物募捐活动今年是首次举办，受到读者的热烈欢迎。天津市政协积极组织政协委员们参加募捐活动，共计捐赠图书2569册，展现了委员们的爱心和担当，为京津冀协同发展注入政协力量、书香力量。

3.3 "请进来"与"走出去"相结合

京津冀图书馆"我与图书馆的故事"阅读推广活动征集三地读者的阅读成果，再进行评选展示。"清悦之声"领读人来自京津冀三地，向广大读者分享推荐好书。"大手牵小手 图书来漂流"京津冀协同发展十周年儿童读物募捐活动积极走出去，将好书和阅读活动送到雄安新区。今年"童 XIN 同行 共沐书香"阅读推广公益讲座在雄安容西和平小学举行，由天津市瑞景中学教师丁玲带来题为"从绘本阅读到经典品析——大手拉小手 共赏诗书香"的阅读指导讲座，100 余名学生和老师参加活动。

最后，丁老师以语文课程标准为基础，结合多年的教学经验，为大家提供小学不同阶段的阅读建议，引导小读者通过培养良好的阅读习惯，提升语文学习的效能，并呼吁广大家庭以书为伴，大手拉小手、共赏诗书香。

4 成效评价

第七届京津冀图书馆"我与图书馆的故事"——"读响新时代"阅读推广活动作品征集工作自启动之日以来，受三地读者广泛关注。日前，评审工作已圆满落下帷幕。其中，摄影、书画、诵读、"苗苗"少儿故事4项征集活动的投稿作品总数达502件，经过专家评审，共产生64件获奖作品。

天津图书馆将首届"大手牵小手 图书来漂流"京津冀协同发展十周年儿童读物募捐活动募捐到的图书全部转送到雄安新区，并在贤溪社区公益图书馆"XIN空间"举行捐赠仪式。此次儿童读物募捐活动共收到天津市政协、天津中远海运集团、天津图书馆及市内六区图书馆募捐图书3928册，展现了社会各界人士的爱心和担当，为京津冀协同发展注入书香力量。捐赠仪式后，"童XIN同行 共沐书香"阅读推广公益讲座在雄安容西和平小学举行。此次走进雄安新区开展阅读推广活动是天津图书馆落实京津冀协同发展战略的具体举措，今后天津图书馆将立足自身文化资源优势，深入挖掘协作潜力，以形式多样的阅读活动实现区域间公共文化服务优势互补，让京津冀少年儿童携手共沐书香，瓣瓣同心向未来、共谱文化新乐章。

"清悦之声"领读人活动自今年启动以来，领读人张正伊给大家推荐的书目是杨绛先生的《我们仨》；领读人张婧推荐的是取材于国家级非物质文化遗产代表性项目名录，以漫画故事的形式为孩子讲述非遗知识、传承民族文化的知识读物《"遗"脉相传：全4册》；领读人李凤英和大家分享的是赵瑾瑜的作品《次第花开，我心静好：杨绛传》；领读人张立巍诚恳地向读者朋友推荐经典文学作品《四世同堂》。活动每周定期向京津冀地区读者推荐好书，受到读者的热烈欢迎。

5 经验启示

公共图书馆要主动融入京津冀协同发展大局，全面落实《京津冀协同发展规划纲要》《京津冀三地文化领域协同发展战略框架协议》，通力合作，推动区域性公共文化服务事业更快、更好发展。三地要依托京津冀图书馆联盟开展更多交流、合作，实现区域图书馆资源的互联互通、统筹协调、共建共享，更好地满足京津冀地区人民群众日益增长的精神文化需求。

5.1 强化政策保障，深化三地公共图书馆交流协作

在充分发挥京津冀图书馆联盟作用的基础上，希望政府能够进一步给予政策支持和经费保障。一方面可推动天津地区图书馆阅读推广工作者与京、冀两地开展更多的实地互访、经验交流学习，借鉴兄弟馆优秀经验和做法，深化协作的层次，提升业务水平；另一方面能够使天津地区图书馆探索拓展更广阔的三地合作空间，联合策划实施更具互动性、创新性、话题性的阅读推广活动，以及文化帮扶、展览巡展、人才培养等系列项目，有力推动"十四五"时期京津冀图书馆事业转型与全民阅读高质量发展。

5.2 深挖品牌内涵，为区域资源共建共享贡献力量

天津图书馆持续牵头策划，三地共同举办京津冀图书馆"我与图书馆的故事"大型阅读推广交流展示活动、京津冀图书馆"悦读之星"评选等文化品牌活动，为推动京津冀三地公共文化服务标准化、均等化、一体化发展做出了天津贡献。三地公共图书馆应进一步深挖活动资源，

共创共享品牌活动，为京津冀百姓奉献更多更好的阅读推广服务内容。

5.3 积极探索合作创新，打造京津冀文化服务新亮点

京津冀公共图书馆应依托三家省级图书馆联合雄安新区宣传网信局创立的"XIN 空间"等新型公共阅读空间，持续开展"清悦之声"领读人、"大手牵小手，图书来漂流"儿童读物募捐活动等新品牌活动，联合国家图书馆少儿馆共同开展"四季童读"阅读推广活动等，加强与出版社、书店的联动，提升区域内群众阅读水平，促进文化交流和知识共享，从而更好地助力京津冀高质量协同发展再上新台阶。

京津冀协同谋发展 资源共建共享惠民生
——以天津图书馆搭建数字图书馆滦平县分馆为例

王心怡[*]

1 开展背景

为贯彻党中央国务院关于扶贫工作战略部署，落实文化和旅游部"春雨工程"项目和天津市文化和旅游局工作安排，天津图书馆根据《京津冀图书馆联盟文化帮扶协议》，充分发挥文化在协作和支援工作中的重要作用，开展河北省承德市滦平县图书馆帮扶项目，通过开放资源共享、搭建天图数字图书馆滦平县图书馆分馆等举措，以实际行动架起了京津冀之间文化交流的桥梁。

2 主要内容

2.1 开放资源共享

根据承德市滦平县图书馆的馆藏特点，结合当地读者的数字资源阅读需求，天津图书馆制定了精准的"互联网+"帮扶方案，将海量的数字资源对滦平县读者免费开放，着力做好两地间的数字资源开放共享。开放的资源内容主要分为两个部分，一是天津地方特色资源，分设非物

---

[*] 王心怡，1993年生，天津图书馆助理馆员，研究方向为公共图书馆数字资源共建共享。

质文化遗产、津门曲艺、天津民俗、名人故居、文化讲座、音乐欣赏等特色专题，以立体反映天津的历史文化、城市风貌、人文景观以及天津图书馆的馆藏特色，进一步加深两地间的文化交流；二是网络资源，包括涵盖 300 多万种中文图书的天津公共图书馆电子图书共享系统、收录国内 9100 多种学术期刊的 CNKI 中国知网学术期刊数据库、囊括主流畅销期刊的龙源与博看期刊数据库、反映图情行业发展的 e 线图情数据库、汇聚经济领域专家研究成果的国研网数据库等多样化精品资源，给滦平县的广大读者带来优质的数字阅读体验。

2.2 搭建数字图书馆分馆

在开放资源共享的基础上，天津图书馆强化服务意识、创新服务模式，搭建了"天图数字图书馆 滦平县图书馆分馆"，打破了空间和时间的制约，让读者可以随时随地享受公共文化服务，为丰富滦平县群众文化生活、保障公共文化服务的均等性提供了强有力的保障。在分馆建设中，除考虑到读者的日常阅读需求，为其提供大众阅读、知识普及、教育教学等资源内容，天津图书馆还针对读者的专业文献查询需求，与中国知网合作共同构建了专业文献查询服务。服务可以按需订制专题文献资源，组织各类自建资源，为帮扶地区提供经济、文旅、农业、党政、图情等多方面的文献推送。先后推出了适用于滦平县经济发展建设研究的"滦平文化""滦平经济""滦平产业"等信息专题，实现两地图书馆服务互联的"天图咨询""业界动态"等服务专题，切实满足滦平县读者和图书馆馆员的专业文献查询需求，使其能够获取到更具知识性、实用性的资源内容。

2.3 推广资源服务

天津图书馆"数字图书馆深度游"活动品牌自 2013 年创建至今，已在读者中具有一定的认知度。发挥活动品牌优势，天津图书馆与滦平县图书馆进一步拓宽合作领域，通过举办线上答题、读者征文、知识竞赛等形式多样的线上活动，提高图书馆的社会影响力，也让读者体验到数字图书馆的别样魅力。2019 年，天津图书馆与承德滦平县图书馆共同举办"庆祝新中国成立 70 周年——'共读书影'"系列活动，由此开启两地读者的文化交流与互动。2020 年，天津图书馆联合滦平县图书馆共同举办"阅读点亮智慧，书香润泽心灵"微书评大赛，以书会友、营造两地良好的读书氛围。2022 年，天津图书馆携手滦平县图书馆联合举办第五届"掌上诗词大会"答题活动，以诗为媒，丰富当地读者的精神文化生活。多年来联合举办的系列线上活动，既提升了数字资源的知晓度，使数字阅读惠及更多人群，又助力滦平县图书馆进一步增强了其社会影响力。

2.4 开展业务培训

为助力滦平县图书馆馆员利用本馆馆藏及天图数字图书馆分馆资源开展参考咨询服务，天津图书馆安排了业务骨干进行相关辅导和业务培训。培训由专题辅导、线上教学、交流研讨等环节组成：专题辅导，丰富馆员的知识储备；线上教学，提高馆员实践能力；交流研讨，分享参考咨询工作的做法和经验，有效提升滦平县图书馆馆员的业务水平和服务能力。

3 创新做法

3.1 切实发挥在线参考咨询服务效能

为了让帮扶工作取得长效发展，天津图书馆在分馆中安排多年从事参考咨询的馆员提供在线咨询服务，在解答各种问题的同时，帮助读者搜索、筛选资料，并提供文献传递服务，使滦平县读者享受到高效、便捷的数字化服务。在线咨询服务包含两种方式，一是实时在线咨询，涵盖常见问题解答、书目文献检索、知识信息导航、文献远程传递等服务；二是联合参考咨询，通过跨省、跨系统的联合协作，为读者提供专业性的文献咨询和文献传递服务。

3.2 开展深入性知识服务

在多年的资源建设中，天津图书馆先后推出了普及大众知识的CNKI中华优秀传统文化百科知识库、《辞海》网络版，面向少儿读者的爱上简笔画、少儿电子图书，支撑帮扶地区文旅决策的文旅产业融合发展信息平台等诸多优质资源。同时，结合当地读者阅读需求，推出"图书推荐"专项服务，定期推荐文化、党政、旅游、农业、文学等类别电子图书，使读者通过扫码即可在线阅读，极大丰富了读者的阅读生活。

3.3 开展个性化资源建设工作

为了让决策咨询以最有效方式走近滦平县的图书馆同仁，天津图书馆创新性推出能够实现多终端发布决策服务产品的全新服务，其在纸质决策产品基础上，运用H5技术（对编程、视频处理、音频处理、图片处理、动画制作等多项技术的融合展示，运用H5编辑工具，可在产品中增加图片、表格、插图等内容）将文本内容加工成可在PC端、移动端、阅读机终端阅读的数字化资源，促进决策产品与决策者的交流互动，提升阅读的节奏感和趣味性。

4 成效评价

多年以来，天津图书馆通过开放数字资源共享、搭建数字图书馆分馆、推广资源服务和开展业务培训等举措，使帮扶工作取得了显著成效，在服务上不仅汇集了网络资源、微信阅听、天图动态、人文天津、图书馆资讯等优质内容，还囊括了电子图书、科教视频、古典音乐、有声资源、大众期刊等馆藏精品，有效解决了当地读者因阅览空间和设备不足而不能充分使用阅读资源的问题。服务一经推出即受到了广大读者朋友的好评，具体体现在：

一是引入天津图书馆"微信阅听"服务，不断提升移动阅读建设。"微信阅听"是天津图书馆以读者移动需求为导向推出的数字资源阅览服务，方便读者使用微信直接访问图书馆资源。通过多年以来的持续建设与技术投入，天津图书馆实现了"微信阅听"服务面向滦平县读者的全面开放，基于天津图书馆微信服务平台为承德市滦平县图书馆的读者提供内容丰富、访问便捷的微信阅读服务。读者无需下载任何应用，无需绑定读者证，只需关注"天津图书馆"微信，即可随时随地阅读电子图书、观看科教视频、欣赏古典音乐、畅听有声资源、学习双语绘本、浏览大众期刊等。

二是资源服务提质增效，助力当地读者服务提升。天津图书馆切实发挥参考咨询馆员专业能力，发挥自身服务优势，运用H5技术，面向滦平县图书馆员定期发布智库型决策服务产品《图书馆资讯》，提供国内外各类图书馆界最新动态，内容涉及古籍保护、阅读推广、智慧图书馆建设和服务、图书馆特色阅读空间等内容，为当地馆员提供集热点问题、专家观点、路径参考等于一体的深度知识服务，使该项产品真正成为当地馆员了解行业态势，探索提升读者服务、推动图书馆更好发展的重要助力，将《京津冀图书馆联盟文化帮扶协议》落到实处。

5 经验启示

5.1 围绕当地需求，提升阅读体验

基于当前移动端对读者而言更为方便快捷、更加受到青睐的服务发展趋势，未来天津图书馆将会更多关注读者在PC端和移动端的阅读需求变化，在汇集天津图书馆的精品馆藏资源的同时，实现手机端的一键畅

读、畅听、畅享，不断丰富移动阅读内容：一方面基于读者的移动阅读习惯，增加知识类、资讯类的有声资源，满足读者的个性化需求；另一方面加入数字馆员荐读、智能语音交互、虚拟移动阅读空间等服务功能，为当地读者带来更加便捷、高效的公共文化服务体验。

5.2 扩大宣传推广，联合举办读者活动

继续发挥"数字图书馆深度游"的活动品牌优势，运用互联网、新媒体平台，进一步与滦平县图书馆联合开展阅读推广线上交流活动。深入挖掘天津及承德滦平地区的文化特色，分别面向少儿读者、年轻读者、老年读者等不同群体，组织实施不同主题的阅读推广活动，如全民阅读、亲子阅读、科普阅读等，注重彰显天津及滦平的文化底蕴，形成"同一主题、不同特色"，吸引当地读者参与。

5.3 强化人才培养，提升服务人员交流协作

依托京津冀协同发展平台，发挥省级公共图书馆的专业优势，结合当地图书馆员的培训需求，为其普及行业相关知识，从而提升馆员业务水平。既可以定期举办线下交流合作活动、开展业务培训和专业指导，也可以依托线上"天津市图书资料专业人员培训平台"，发放培训账号供当地图书馆专业人员使用，以此形成帮扶地区专业人才培养机制，长期帮助当地图书馆员提升公共文化服务能力，为当地图书馆事业建设发展注入新的活力，充分发挥文化在京津冀协同发展和帮扶工作中的重要作用。

京津冀协同共发展 文旅商融合启新篇
——书香满和平"和平杯"文化阅读之旅活动纪实

杨 奕[*]

1 开展背景

为深入学习宣传贯彻落实习近平新时代中国特色社会主义思想和党的二十大精神，认真学习贯彻习近平总书记在京津冀协同发展座谈会重要讲话精神，按照市委市政府推动高质量发展"十项行动"部署，依托和平区公共文化资源、服务水平、区域特色和正在积极探索建立的"三互三共"机制（馆间骨干互学共进、阅读资源互借共享、品牌活动互助共建），和平区图书馆结合市、区级民心工程——书香满和平"和平杯"文化阅读之旅项目，深入开展各类京津冀协同发展座谈会及阅读推广活动，将京津冀公共图书馆事业协同发展与全民阅读推广工作有机结合，取得了一定的成绩。

2 主要内容

2.1 成功举办"京津冀书香城市协同发展交流会"

2019 年 11 月 30 日，由中共天津市和平区委宣传部主办，天津市和

---

[*] 杨奕，1988 年生，天津市和平区图书馆助理馆员，研究方向为全民阅读推广。

平区文化和旅游局、和平区图书馆承办的"京津冀书香城市协同发展交流会"在和平区图书馆成功举办。来自京津冀地区的包括北京市东城区第二图书馆、河北省沧州市图书馆、天津图书馆及我市各区县共 8 家图书馆齐聚一堂，围绕"发挥总分馆制优势 助推提升服务效能"主题进行了深入交流。中共天津市委宣传部印刷发行处、天津市全民阅读活动办公室相关负责人、和平区文化和旅游局相关领导及领读志愿者代表出席会议。

本次交流会拉近了京津冀三地文化事业工作者之间的距离，进一步加强京津冀文化协同发展联系，在全区营造更加浓郁的阅读氛围，全力助推打造国际文旅，提升市民文明素质和城市文明指数，为保障广大人民群众的基本文化权益、助推全民阅读工作不断向前发展、提升公共文化服务效能积累了宝贵经验。

2.2 成功举办京津冀公共图书馆文化交流活动暨京津冀诗歌朗诵会·贺中秋迎国庆文化惠民演出

2023 年 9 月 25 日，由天津市和平区文化和旅游局主办，天津市和平区图书馆、河东区图书馆、河北区图书馆，北京市东城区图书馆、石景山区图书馆、大兴区图书馆，河北省沧州市图书馆承办，广州购书中心天津店共享书吧协办的书香满和平"和平杯"第六届文化阅读之旅——京津冀公共图书馆文化交流活动暨京津冀诗歌朗诵会·贺中秋迎国庆文化惠民演出在广州购书中心天津店共享书吧成功举办，各街道社区艺术团体、少数民族代表、学生代表及领读志愿者等 300 多人到场参加。

本次活动以社会主义核心价值观为引领，描绘了京津冀美好生活的生动画面，推动京津冀全民阅读落地生根，向市民读者展现出新时代公共文化服务蓬勃发展的新面貌，诠释了三地干部群众协同发展，共同奋斗的新活力、新气象。

2.3 积极参与京津冀三地各项交流研讨活动

2023年10月17日至10月20日，2023全国公私藏书与经典阅读（沧州）会议在河北省沧州市图书馆举行。来自全国图书馆界、出版界、藏书界参会代表共计360余人出席了会议。和平区图书馆应邀出席会议，并在"图书馆人之夜"特别活动中参与《读中国》朗诵阅读推广项目展示，让参会代表沉浸式体验到了"图书馆人之夜"的独特魅力。

2024年2月，天津市和平区图书馆联合北京市东城区图书馆、石景山区图书馆和河北省张家口市图书馆开展"我们一起向未来——京津冀图书馆共庆北京冬奥会成功举办两周年"线上活动。

3 创新做法

3.1 政府引导 确定全面保障机制

和平区委区政府坚持以人民为中心，充分结合"和平夜话"主题实践活动，扎实开展"我为群众办实事"及党史学习教育，成立区公共文化服务全民阅读领导小组，明确小组成员，确定服务定位、对象和内容，确定资金来源与项目分配细则，同时打造由区委区政府监督管理，和平区委宣传部、和平区文化和旅游局牵头实施，各街道、文博场馆、旅游景区和公共文化服务机构、社会组织和企事业单位共同参与的公共文化服务机制，为全区公共文化服务品质、效率和成效提升提供组织机制保障，为持续有效深化开展京津冀阅读推广活动奠定了坚实的组织基础。

3.2 社会参与 激活基层创新活力

和平区京津冀阅读推广活动的开展依托于公共文化服务全民阅读推广体系建设，引入社会专业力量，邀请南开大学师生团队开展调研并撰写项目实施方案，通过政府采购服务方式，引入社会组织、文化科技公司以及相关产业服务机构参与和平区公共文化服务效能提升，为京津冀阅读推广活动的机制创新不断赋能。

3.3 打造"1、3、5"书香城市运营模式

3.3.1 一个平台，线上运营

通过利用专业社群、空间运营和互联网技术工具——"书香满和平"微信公众号、信息发布阅读推广小程序等，引入专业运维团队，搭建起基于"空间＋内容＋人才＋平台"的互联网公共文化服务平台，为区内公共文化服务提供"项目主页、场地矩阵、领读大使展示、活动报名"等服务，系统性整合区内资源，降低公共文化服务难度、提高运营效率、加快文化传播速度，大力提升公共文化服务效能。

3.3.2 三大理念，引领方向

第一，提出项目实施美好愿景："书香满和平"，让百姓对项目充满期待；

第二，提出倡导志愿服务助力书香城市建设的使命："文化阅读点亮书香城市 志愿服务助推美好生活"；

第三，提出脍炙人口、深入人心的先锋口号："讲好和平故事 领读美好生活"。

以上三大理念的提出，不仅彰显出书香满和平"和平杯"文化阅读之旅项目定位和品牌价值主张，更是将民心民意与区公共文化服务效能创新相结合的示范引领，开拓性地将广大阅读爱好者凝聚在一起，"以读者服务百姓 用书香浸染民心"，形成具有党建引领、广泛深入、模范先锋和持续创新等特征的服务模式，为京津冀三地阅读推广交流提供可复制的优秀模板。

3.3.3 五条路径，协作互融

一是形成一支以领读大使为号召、具备读书会基础运营能力和参与热情的领读志愿者队伍。"书香和平 智慧领读"志愿者服务计划自实施以来，累计聘请包括天津市非遗保护协会会长李治邦、著名历史学者罗澍

伟、五大道金牌解说金彭育、中国金话筒奖获得者孙阳等20位涉及非物质文化遗产、文学、艺术、播音等多领域的知名专家学者作为领读大使，为基层群众带来高品质的领读大使读书会；创建以街道社区读书楷模张立中为队长的领读志愿者大队、组建"和琴同书""职场精英""亲子阅读""广州购书中心天津店""民生银行"等20余支领读志愿者团队，吸纳王云秀、石敏、孙萍等领读志愿者300余名。

二是签发一本用于记录志愿者信息、服务时长和读书活动参与情况的"书香满和平文旅打卡护照"。为进一步丰富拓展"四史"学习教育的内涵、创新学习载体，突出主题主线，该项目依托非遗文化展馆、党史馆等红色地标阵地，先后于张园、爱国主义教育基地等公共文化场所开展"学四史 游和平"等各类领读志愿者活动及相关特色文化活动近20场，提升各文博场馆的品牌知名度和美誉度，助力"书香和平、品质和平"的建设。

三是创立一套阅读推广运营流程机制。结合和平区图书馆、各分馆、共享书吧书目以及调研品牌读书会和社区居民读书偏好，发布精品领读书单，最终拟定"书香和平阅读书单"。为百姓精心策划了高品质的书香文化盛宴，包括纪念五四运动100周年朗诵会、"书香端午 诗意粽情"读书征文比赛、"非遗读书月"、"一带一路"天津·国际诗歌节、"一轮明月一家亲"民园中秋之夜及"祖国礼赞"庆祝新中国成立70周年系列活动及"胸怀千秋伟业 恰是百年风华"庆祝中国共产党成立100周年大型音乐会、"我们的节日"主题展览等各类区域品牌特色活动。该项目与中国报道、天津日报、今晚报等30多家主流媒体及融媒体达成战略合作，推送发布读书活动，对和平区读书会和领读志愿者活动全程播报，进行影视资料留存及编辑，发布文字信息，形成了一套行之有效的运营流程机制。

四是融合一批优质文化旅游要素资源。为深度促进文旅融合、助推和平区全域旅游和全民阅读融合发展，该项目依托和平区特色旅游景区景点及各大公共文化场所，创新打造"星空夜读"品牌活动，由领读志愿者带队先后于五大道民园、睦南花园、金街、先农大院、中心公园等和平区地标场所开展特色文化活动20余场，让阅读活动由室内走向室外，由书本走向美景，让诗韵和书香浸润市民和游客的身心，带动夜间文化休闲助推夜间经济、促进文旅融合、营造阅读氛围，为和平区市民及游客增添了丰富多彩的阅读乐趣，擦亮"书香和平"的品牌名片，真正做到讲好和平故事，让书香满溢和平。

五是形成一套"书香个人"和优秀单位评选体系。通过互联网大数据、领读志愿者和读者调查问卷、全年阅读推广信息报道等手段全程跟踪活动数据信息，于每年年底召开年终总结暨颁奖典礼，累计评选出"优秀领读志愿者"10名，"优秀领读志愿者团队"10支，"书香家庭"7组，"书香社区"10名，"五星文化驿站"10家，挂牌百家"文化驿站"。

4 成效评价

活动自创办以来，累计举办600多场阅读推广活动，参与报名领读志愿者千余人，阅读服务覆盖10余万人次，获得主流及网络媒体报道千余篇，累计传播人数突破千万人次，营造"百人领读、千册阅读、万人共享"的全民阅读书香风尚。在该项目的示范引领作用下，天津市和平区在全国多个申报的城市中脱颖而出，荣膺中国图书馆学会颁发的"书香城市（区县级）"殊荣。"和平杯"文化阅读之旅成为区级和市级民心工程，该项目更是荣获全国青年志愿者服务大赛铜奖、市级银奖，并于2021年荣获书香天津"优秀阅读品牌"荣誉称号。

5 经验启示

5.1 坚持领导率先垂范与广泛发动群众相结合，促进顶层设计和基层实践融为一体

在和平区全民阅读工作领导小组和和平区文化和旅游局的具体指导下，和平区图书馆积极响应、主动谋划并广泛动员开展各类京津冀阅读推广活动，得到了全区各委办局及街道社区的热烈呼应。活动累计聘请20位涉及非物质文化遗产、文学、艺术、播音等多领域的知名专家学者作为领读大使；启动"书香和平智慧领读"志愿者服务计划，成立了领读志愿者大队，每年评选出"优秀领读志愿者""优秀领读志愿者团队""书香家庭""书香社区""五星文化驿站"若干，真正形成全区共建、全民参与的局面，达到千册图书分享、万人共享阅读的效果，将全民阅读推广和文化惠民引向深入并不断向周边地区辐射。

5.2 坚持开展主题阅读与服务大局相结合，促进社会主义核心价值传播与人民群众文明素质提升融为一体

深入学习宣传贯彻党的二十大精神，始终秉承传递正能量，弘扬社会主义核心价值观的中心思想，深入基层开展各类以讲党史、讲国史为内容、以传承红色文化为主旨的读书会活动100余场，并不断结合百姓各类精神文化需求，进一步丰富读书会主题，从记录和平区近代历史发展，到经典名著诵读，广泛涉及非遗传承、法制科普、民俗文化等诸多领域。此外，领读志愿者们依托街道社区、共享书吧及文化驿站等阵地，先后于和平区特色景点及公共文化场所开展"非遗读书月""星空夜读"等各类领读志愿者活动及相关特色文化活动，通过户外读书活动，带动了夜间文化休闲和夜间经济，为京津冀三地游客优化了文旅融合的新体验，增添了丰富多彩的阅读乐趣。

5.3 坚持开展重点阅读活动与建立长效机制相结合，促进全民阅读推广与完善制度保障融为一体

活动自开展以来通过打造一张"书香和平卡"、构建一套全民阅读长效运营机制、引入一批优质阅读文化生态要素资源、建立一支广泛活跃的文化领读志愿者团队、创建一套和平区文化地标评选体系，形成了"五个一"实现路径，打造品牌。此外，活动还形成了一套日臻成熟的"优秀领读志愿者""优秀领读志愿者团队""书香家庭""书香社区"及"星级文化驿站"的评选体系和制度，以完善的制度充分保障全民阅读推广活动的有效开展。在此基础上，依托民园广场等坐落于和平区的文化地标，为百姓精心策划了高品质的书香文化盛宴，即各类区域品牌特色活动，有效促进全民阅读推广与完善制度保障的互通互融。

5.4 坚持引领阅读风尚与完善公共服务相结合，促进书香和平建设与提升公共服务效能融为一体

活动依托和平区已建成 7 家街道分馆、64 家基层服务点（含原 26 家城市书吧）、38 家"和平共享书吧"及 140 多家"和平共享有声书吧"开展，将它们作为基础平台；积极带动发挥专业的图书馆人和热心公益服务的运营团队、热心公益服务的领读志愿者团队的引领作用，真正达到品牌赋能——创新模式推进体系建设、文化赋能——调动社群激活体系阵地、传播赋能——发动媒体扩大体系影响，三大赋能效果。

以书香开启旅程，用阅读丈量世界。书香满和平"和平杯"文化阅读之旅将继续坚持以习近平新时代中国特色社会主义思想为指导，全面贯彻落实党的二十大精神，紧紧围绕举旗帜、聚民心、育新人、兴文化、展形象的使命担当，讲好中国故事、天津故事、和平故事，以全民阅读引领生活新风尚，进一步助力京津冀公共文化事业协同发展，积极推进文旅商深度融合，为建设"两高三化"新和平凝聚强大的文旅力量。

携手奋进 协同发展
——天津市河东区图书馆京津冀公共图书馆事业协同发展十年成果展示

李 睿[*]

1 开展背景

自2014年习近平总书记提出京津冀协同发展战略至今,已经过去了十个春秋,十年来各级党委政府对京津冀三地协同发展给予高度重视,三地公共图书馆共同努力、共同发展、共同迈进,为人民群众提供了更加丰富多彩的文化活动和更加优质的服务,取得了一系列令人瞩目的成就,凝结了中国特色社会主义的伟大智慧结晶。十年来,天津市河东区图书馆积极开展跨地区馆际交流合作工作,特别是依托京津冀三地图书馆联盟平台,多次开展合作交流活动。

2 主要内容

在京津冀协同发展重大国家战略的引领下,河东区图书馆与三地图书馆融合,开展了各项文化交流活动。

---

[*] 李睿,1984年生,天津市河东区图书馆馆员,研究方向为阅读推广、资源共建共享。

2.1 三地图书馆联合开展"初心如磐 砥砺未来"庆祝建党 100 周年"诗书画印"京津冀巡展活动

2021 年，为庆祝中国共产党成立 100 周年，深情回顾党的奋斗历史，热情讴歌党的光辉业绩，激发广大人民群众爱党、爱国热情，在北京市西城区图书馆的倡议下，天津市河东区图书馆、河北省唐山市图书馆三馆联合开展了"初心如磐 砥砺未来"庆祝建党 100 周年"诗书画印"京津冀巡展活动。此次活动共展出京津冀三地优秀书画作品百余幅。开幕式首展于 4 月 20 日在北京市西城区成功举办，天津市河东站于 5 月 25 日在河东区图书馆嘉华中心馆举办，西城区图书馆、唐山市图书馆、天津市美术家协会画家等有关领导嘉宾，天津地区参展作品作者和社区居民参加了此次活动。书画家及书画爱好者还现场进行了书画作品创作，与市民读者交流书画经验。展览持续展出 1 个月，至 6 月底，先后近千名市民读者到场观展，市区多家媒体进行了报道。河北省唐山站于 6 月 29 日成功举办。展览通过诗、书、画、印等多种形式，以诗言志、以书感怀、以画寄情、以印言事，充分展现三地党员群众对百年来中国共产党领导中国人民实现站起来、富起来、强起来伟大成就的欣喜之情。

2.2 "遇见藏书票"2023 年、2024 年京津冀图书馆青少年阅读推广活动

2023 与 2024 连续两年，于世界读书日来临之际，京津冀三地图书馆联合开展"遇见藏书票"京津冀图书馆青少年阅读推广活动。遇见藏书票活动由北京市西城区文化和旅游局、天津市河东区文化和旅游局、河北省唐山市文化和旅游局主办，北京市西城区青少年儿童图书馆、西城区图书馆，天津市河东区图书馆，河北省唐山市图书馆承办。天津地区活动由河东区第二实验小学协办，特邀天津美术馆给予美术指导。活动中，天津美术馆辅导老师围绕"遇见藏书票"主题，就藏书票的由来、制作方法以及艺术创作鉴赏等进行了分享，带领京津冀三地读者一起领

略藏书票的独特魅力。在世界读书日期间，京津冀三地图书馆以藏书票为主题开展联动阅读推广活动，意在通过探索多维度、多方式阅读，构建阅读新生活，满足三地青少年对高品质文化生活、艺术追求的期待，展现三地青少年对阅读的理解，增强青少年文化自信，引领青少年读者走进图书馆、享受阅读。

2.3 各种线上阅读推广活动

河东区图书馆根据京津冀公共文化发展需求，积极参与整合三地图书馆优秀读者活动，引导服务资源流动，如为传播奥林匹克文化、弘扬奥林匹克精神、激发少年儿童对冬奥会的期盼，更加鲜明地在广大少年儿童中进一步宣传奥运知识，普及奥运礼仪、弘扬奥运精神，京津冀图书馆联盟及三地图书馆联合在少年儿童中开展"阅读冬奥 共迎未来——京津冀百万少年儿童冬奥知识竞赛活动"，展示京津冀少年儿童心向奥运、参与奥运的积极向上的精神风貌；为充分展示京津冀人民昂扬向上的精神风貌，唱响团结奋斗、繁荣发展的新时代旋律，展现三地图书馆携手推动全民阅读取得的丰硕成果，进一步促进京津冀阅读资源互联互通，共建书香社会，助推京津冀文化协同发展，京津冀三地图书馆连续开展"我与图书馆的故事"阅读推广交流展示系列活动，征集各类摄影、朗诵、书画、儿童故事类优秀作品在网络平台予以展示。以上活动以馆间合作引导三地公众文化需求，开展文化交流，促进三地文化融合。

3 创新做法

河东区图书馆创新服务模式，加强数字资源合作，借助自身优势，邀请名师专家举办专题讲座，推广和传承优秀传统文化，并将优秀的资源整合，促进京津冀图书馆资源共建共享并惠及三地公众。

3.1 加大数字资源合作力度，提供优质线上服务

2019 年底，突然暴发的新冠疫情席卷全球，对我国正处在高质量转型发展中的文旅产业产生了巨大冲击和深远影响。对京津冀三地公共图书馆来说，全面整合数字资源、提升线上服务能力，成为最急迫的要求和挑战。为此，河东区图书馆积极推出了云直播、云阅读等新服务模式，让三地群众足不出户享受文化服务新体验。

2020 年 4 月 23 日，第 25 个世界读书日，在疫情防控常态化形势下，由天津市河东区图书馆牵头，与北京市西城区图书馆、河北省唐山市图书馆联合举办了"读书圆梦三部曲"世界读书日专题讲座公开课数字直播活动。此次活动邀请了天津师范大学李海涛教授主讲，三地读者在线远程收看了直播。据统计，此次公开课直播观看人次达 12551 人，其中北京市、河北省观看人数达 1906 人次；实时互动留言多达 148 条。阅读直播活动的成功举办是京津冀三地公共图书馆密切合作、形成合力的一次有益尝试，为推动优质公共服务资源共建共享打下了良好基础。

3.2 加强新时代爱国主义教育，提升民族自信

河东区图书馆的红色记忆展厅是河东区爱国主义教育基地，自成立以来吸引了广大读者前来参观学习。展厅位于嘉华中心馆内，以"追寻红色记忆，不忘初心使命"为主题，展现了新民主主义革命时期，河东地区在中国共产党和中共天津地方执行委员会的组织领导下开展反帝、反封建的革命景象。场馆以平面展示、实物展陈、场景还原、视频播放、影像投影、VR 体验等展览形式吸引着大量读者，充分展示河东区红色家谱。河东区图书馆依托阵地优势，常年开展爱国主义教育活动。2020 年 12 月 11 日，在纪念中国人民志愿军抗美援朝出国作战 70 周年之际，河东区图书馆原党支部书记吴方同志把河东区图书馆的光荣传统带到了北京市西城区，为西城区第一图书馆党员干部开展了"身怀家国，何畏生死——一个抗美援朝老兵的回忆"宣讲报告。讲座声情并茂，催人泪下，

弘扬了爱国主义和革命英雄主义的抗美援朝精神，为两地交流合作增添了浓墨的一笔。

4 成效评价

在京津冀深度融合的大背景下，河东区图书馆不仅承载着自身知识共享的职能，还成为面向三地的文化新地标，将天津市与京冀地区更加紧密地联结在了一起。京津冀地缘相接、文脉相连，三地各级图书馆通力合作、共谋发展，发挥各方优势、共享优质资源，联合策划实施了阅读推广、展览巡展、讲座培训等系列项目，实现了活动同办、资源共享的联动新模式，活动丰富多彩，读者参与度极高。自京津冀图书馆联盟成立以来，河东区图书馆共举办了近50场京津冀阅读推广活动，吸引了近十万读者参与。其中"诗书画印"京津冀巡展活动和青少年藏书票活动分别被央广网、人民网等多方媒体报道，扩大了活动的知名度和影响力。在天津图书馆组织的京津冀图书馆"我与图书馆的故事"系列阅读推广活动中，由河东区图书馆选送的书画、朗诵、摄影作品取得了优异的成绩，并被展示在各大图书馆平台。

习近平总书记指出："体现一个国家综合实力最核心的、最高层的，还是文化软实力，这事关一个民族精气神的凝聚。我们要坚持道路自信、理论自信、制度自信，最根本的还有一个文化自信。"这十年来，河东区图书馆不忘使命，以读者为中心，发挥自身优势，助力京津冀三地图书馆深度融合，搭建起公共图书馆资源共享平台，各项活动的开展提升了百姓文化素养、增强了文化自信，体现了京津冀图书馆联盟的优势作用。

5 经验启示

这十年来，河东区图书馆依托京津冀图书馆联盟合作平台，丰富活动内容和形式，增强活动吸引力，取得了良好的社会效益。经过十年的发展与磨炼，总结以下几点经验：

5.1 充分整合各项资源，扩大合作团体，促进多元参与

联合京津冀各公共图书馆、社区、学校、企业、志愿者团队，使活动有源源不断的支持者和参与者。定期开展连续性的系列活动，通过常态化、持续性合作开展阅读推广活动，发挥品牌效应，提高活动知名度。

5.2 丰富活动内容和形式，增强吸引力

增加阅读推广活动的趣味性和互动性，带给人民群众更为多元的阅读体验。设计富有创意的阅读活动，通过互动的方式增强活动的吸引力，提升百姓的参与感和体验感。

5.3 推动文化建设，实现文化资源全民共享

通过拓展文化空间、加强流动服务、丰富数字服务等方式，推动三地文化建设，让现有的文化资源能够在更多地方绽放光彩，为人们享用更丰盛的文化大餐提供便利。

河东区图书馆将继续助推京津冀公共图书馆协同发展，在资源共建共享、联合参考咨询与人才培养、携手创新惠民服务等多领域，与三地图书馆进行更深层次的合作；学习借鉴其他馆的先进做法，弥补自身不足，更好地为人民群众服务；以更加坚定的信心、更加昂扬的斗志、更加优质的服务，书写京津冀协同发展的崭新篇章。河东区图书馆人将初心如磐、砥砺前行、成就未来，全力为实现中华民族伟大复兴提供强大精神动力。

"京津冀公共图书馆参考咨询服务平台"建设案例介绍与分析

崔稚英[*]

智库（Think Tank）也被称为智囊库、思想库、思想工厂，[1]其通过科学研究及其研究成果支撑或影响公共政策；支撑或参与战略规划制定；引导或影响公众政策或战略的认知。智库针对国内外问题开展政策导向性的研究分析，为决策者和社会公众提供可靠的信息和政策咨询建议，是公共政策研究分析、参与交流的机构。[2]

智库与图书馆的决策咨询服务、情报服务的目标相似。图书馆的智库服务，是基于文献的服务，其中更多体现的不是知识与主观见解的创造，而是通过信息组织、文献计量分析、内容综述与研究等，对文献进行新的价值创造；其次是传统决策咨询服务的深化与延伸，以辅助用户决策为目标导向，以解决方案与对策建议为落脚点，对文献信息进行深度加工，以三次文献为主。[3]

---

[*] 崔稚英，1966年生，河北省图书馆研究馆员，研究方向为文献编目、专题咨询、决策咨询、二三次文献编制。
[1] 王沪宁. 美国反对美国 [M]. 上海：上海文艺出版社，1991:315—343.
[2] 詹姆斯·麦甘. 第五阶层 智库·公共政策·治理 [M]. 北京：中国青年出版社，2018:10—11.
[3] 初景利，唐果媛. 图书馆与智库 [J]. 图书情报工作，2018，62（1）:46—53.

1 案例背景

公共图书馆的参考咨询服务是利用图书馆在搜集资源和加工信息方面的人才优势，为智库建设提供咨询案例、情报技术、信息计量的支持，为相关机构提供知识产品和情报资源服务。参考咨询服务系统是公共图书馆重要的信息处理系统，也是参考咨询馆员与读者进行信息交互的纽带。[1]因此，搭建智库平台，首先应在一定区域的图书馆范围内建立起公共图书馆参考咨询服务平台，整合多方资源，建设服务于智库的信息资源体系，再依托信息技术，打造基于智库的参考咨询服务系统，为智库平台建设奠定基础。

公共图书馆的资源广泛而全面，包含所有学科门类和专题，而智库对资源的需求却要具备特殊性，智库建设要对资源进行系统化重组和建设，针对不同的专题需求，尽可能挖掘馆内外资源及线上资源，根据不同的智库学科领域，建设不同的主题数据库，注重系统的稳定性、用户界面的实用性、网络数据的安全性等，以及数据库长期维护工作。而且，智库服务所需要的文献资源与时代发展背景密切相关，对资源的时效性、创新性、多样性要求很高，需要不断提升文献资源的广度、深度和新鲜度，才能保证智库服务的质量，满足服务对象的需求。所以，图书馆参考咨询服务引进智库理念非常必要且可行。京津冀区域范围内的图书馆成立参考咨询服务联盟、智库联盟就是要突破单个图书馆资源的局限，实现资源共建共享、人员互通、技术互助；通过建立健全资源共享机制，利用互联网和新媒体技术，以智库产品呈现图书馆有内涵、有深度的咨询服务及智库服务。

为贯彻落实《京津冀协同发展规划纲要》《京津冀三地文化领域协同发展战略框架协议》以及《京津冀图书馆联盟"十四五"发展规划》相

---

1 高萩蘋.智库理念下公共图书馆参考咨询服务模式探析[J].河南图书馆学刊,2020,20(3):16—18.

关要求，坚持优势互补、共建共享、统一开放原则，进一步强化协作机制，着力构建文献资源保障体系和区域图书馆服务网络。在京津冀图书馆联盟下设立专项工作委员会（资源建设工作委员会、智慧图书馆建设工作委员会、阅读推广工作委员会、学术交流工作委员会、古籍工作委员会、智库建设工作委员会），作为联盟工作的具体实施机构，联合策划、统一部署、组织实施，推进京津冀图书馆事业一体化高质量发展。

为加强京津冀三地公共图书馆智库建设与服务的交流与合作，提升三地公共图书馆立法服务、决策服务的质量与水平，为京津冀三地及区域一体化高质量发展贡献图书馆人的智慧，京津冀图书馆联盟下设智库建设工作委员会。按照京津冀图书馆专项工作委员会的分工，该委员会办事机构设在河北省图书馆参考咨询部。委员会成员由三家图书馆各选出2名，他们应具备公共图书馆相关工作经验，熟悉图书事业发展与京津冀公共图书馆协同发展情况。

2 主要内容

我国目前公共图书馆的智库服务大多分为三方面内容：提供智库产品辅助政府制定公共政策；服务于智库机构，提供文献资源保障；面向决策领域，提供决策支持产品，主要满足政府、高校、企业等用户的决策咨询需求。例如：公共图书馆开展的"两会"服务，编辑"两会"专题资料；编制供决策参考的信息汇编；编写服务国家和地方重大建设项目的报告；参与国家或地方重点科学研究项目的专题文献汇编；制作地方特色数据库；等等。

为进一步落实京津冀三地图书馆智库联盟工作，河北省图书馆以区域内参考咨询业务工作为智库平台建设的基本内容，委托同方知网（北京）技术有限公司河北分公司，于2023年7月建立了"京津冀公共图书馆参考咨询服务平台"（http://121.89.210.172/）。合作双方共同设计、运行、维护平台内容，河北省图书馆参考咨询部每个季度提供新的文献资源，同方知网及时上传、定期更新内容，并负责平台系统维护等技术工作。

通过互联网和新媒体技术，在该服务平台上，三地图书馆参考咨询业务可实现线上资源共享、联系互动、展示产品，也为开展三地图书馆智库联盟工作做了积极有益的尝试。

该平台设立了"联合参考咨询""专题参考咨询""资源共建共享"三大版块，其中，"专题参考咨询"下分"文旅消费""文化旅游和乡村振兴""智慧文旅""公共文化服务""资源开发利用""习近平文化思想"6项专题；"联合参考咨询"下设"习近平总书记十次视察河北""历年冀图专递""历年文旅动态"和"历届两会专题"4个专题；"联合参考咨询"拟汇集京津冀协同发展的相关文献，京津冀三地图书馆的特色文献馆藏目录、自制专题数据库等，具体内容由三地图书馆智库建设工作委员会商议和甄选。

河北省图书馆参考咨询部现已将2014年至2024年的立法与决策类专题文献、各类专题汇编等1200余篇检索、下载的文献数据上传至该平台，这些文献大多来自人民网、新华网、光明网等各大官媒网站，时效性强，信息量大、内容安全可靠、文献分析筛选准确、参考价值高。例如，"历届两会专题"下，上传了河北省图书馆每年为省两会做的文献信息汇编，他们将全年重要信息列出20至30个专题，通过分析筛选出10至12个重要专题，再从每个专题的最新最近报道和论述里精选、缩编至大约8万字，汇编成册，在两会期间提供给省人大代表、省政协委员参考使用。这项服务每年都受到与会代表的好评，获得省人大和省政协的表扬信。

3 创新做法

在京津冀三地范围内，尤其是在河北省内地市县公共图书馆当中首先创建了参考咨询服务平台，提供了一个可以随时线上查询的资源库；

有效地量化了参考咨询工作，为评估定级提供了真实的佐证依据；

将智库理念引入图书馆参考咨询服务，也为智慧化图书馆参考咨询业务提供了一些数据资源；

为河北省市县级公共图书馆参考咨询业务开展提供了一些参照依据；

可以通过逐步完善该服务平台，为省内读者提供线上咨询平台，也可为全省公共图书馆参考咨询联盟工作开展奠定基础。

4 成效评价

该平台已可以线上查询相关内容，并将不断更新完善。2024年两会期间，省内唐山等7个市图书馆、魏县等4个县图书馆，通过省图书馆建立的这个平台直接查询、下载两会信息，为当地两会代表提供便捷又专业的文献咨询服务，受到两会代表好评和热议，充分实现了图书馆为党政机关、企事业团体提供精准有效的文献信息服务的目标，提高了参考咨询服务的质量，也向智库服务迈进了一步。

5 经验启示

2015年国务院发布的《关于加强中国特色新型智库建设的意见》就已经指出，我国智库存在建设跟不上、不适应的问题，其中包括了智库信息资源配置和建设等问题。[1]

"京津冀公共图书馆参考咨询服务平台"建设同样存在不足。该平台建设起步晚，建立仓促；选题思路局限；未经三地共同细致谋划，只限于河北省图书馆参考咨询业务工作，内容难免偏颇；一些"决策"参考

---

1 中共中央办公厅 国务院办公厅.关于加强中国特色新型智库建设的意见[EB/OL].[2015-01-20]. http://www.gov.cn/gongbao/content/2015/content_2810090.htm.

产品深度不够，参考价值有限；缺少专家资源，参考咨询馆员文献分析研究经验不足，尚不能独立撰写综述，编制的三次文献水平亦欠佳；等等。

服务平台建设尚需完善，一些经验值得总结和思考，但这一智库建设举措对实践工作有一定的启示意义。

5.1 健全智库服务制度，明确发展定位

公共图书馆参考咨询服务智库化转型早已成为发展方向，是公共图书馆的职责之一。这需要图书馆对智库建设发展定位有清晰的认识，自上而下地推动智库建设制度化，建立健全章程，立足于自身的文献优势和区域特色，制定差异化发展战略以及服务规范、组织章程等。

5.2 建立智库服务团队，培养服务人才

人才是智库的核心竞争力。智库馆员需要具备参考咨询基础业务能力、智库服务能力、科研能力。工作中注重培养馆员的基础素养，更要多给馆员提供实践的机会。

5.3 拓展智库服务战略合作渠道

由于人力资源、数据资源、经济条件等方方面面的因素限制，大多数公共图书馆智库服务还处于起步阶段，或根本没有条件开展此项业务，因此目前相关服务渠道单一，服务对象不了解智库服务的内容和意义，只是被动接受，服务价值无法体现。图书馆应拓展合作渠道，建立区域公共图书馆智库服务联盟，与政府、高校、社会研究机构、企业等不同领域互通资源、相互学习，共同为地区政治、经济、科研等领域高质量发展提供智力支撑。

以学术交流促进协同发展
——京津冀图书馆馆员论坛活动案例

田宏瑞[*]

京津冀图书馆馆员论坛由京津冀图书馆联盟主办，河北省图书馆、河北省图书馆学会承办，三地各级公共图书馆馆员踊跃参与。

1 开展背景

为加快适应信息技术迅猛发展新形势，培育优秀馆员人才队伍，京津冀图书馆联盟自 2021 年起，每年针对馆员进行主题征文，并开展论坛活动。馆员论坛旨在加强京津冀馆员交流，促进三地图书馆学术研究与服务创新，并探索新技术在图书馆服务中的应用潜力。同时，活动也是联盟内部沟通协作的重要平台，有助于加强京津冀三地图书馆之间的联系。

2 主要内容及创新做法

2021 年 10 月，"新技术新理念下的图书馆创意传播"学术研讨会暨 2021 年度京津冀图书馆联盟馆员论坛在石家庄市图书馆（正定新馆）举办。国家图书馆出版社编辑室主任、中国图书馆学会阅读推广委员会推

---

[*] 田宏瑞，1983 年生，河北省图书馆副研究馆员，研究方向为公共文化服务体系建设、全民阅读推广。

荐书目专业委员会副主任邓咏秋博士作题为"图书馆阅读推广中的新创意"专题报告。邓博士分享了对图书馆阅读推广工作做什么、好的活动必定有好的创意、怎样想出好的创意以及好的图书馆文创案例，4个方面的思考和实践。论坛的学术交流环节邀请了全国9省市的18位代表，围绕主题分别作了论文分享。来自京津冀三地的6位馆员，分别从商业营销理论应用、新媒体平台推广、国外青少年阅读服务、视频服务等方面分享实践案例与理论思考。

创新之处在于聚焦新技术新理念，主题突出了图书馆行业在新技术和新理念驱动下寻求变革的重要性，展示了图书馆如何通过创新方法来提升服务质量。跨区域交流，论坛不仅限于京津冀三地，还邀请了全国其他省市的代表参与，促进了更广泛的交流与合作。实践案例分享，来自京津冀三地的6位馆员分享了他们的实践案例与理论思考，提供了宝贵的参考。灵活应对疫情，在会议遭遇疫情突发的情况下，主办方迅速调整策略，将两天的日程压缩为一天，并采用了现场发言与线上直播相结合的形式，保证了会议的顺利进行。线上线下结合，通过线上直播的方式扩大了参与范围，实现了跨地域的知识共享。

2022年3月至6月，联盟举办了以"守正·创新——新时代图书馆理论与实践"为主题的征文活动。征文特别面向三地青年馆员，旨在促进青年馆员的成长与发展，探索图书馆服务的新模式。活动共收到三地青年馆员的学术征文77篇，其中北京市12篇，天津市14篇，河北省51篇。论文深入探讨了公共数字文化建设、数字人文与数据科学、智慧图书馆与图书馆智慧服务等议题。

创新之处在于聚焦青年力量，挖掘和培养图书馆行业的新生代力量，鼓励他们积极参与图书馆的创新实践。多元议题探讨，征文涵盖了多个前沿议题，体现了图书馆在数字化时代面临的挑战与机遇。广泛参与度，虽然没有举办实体论坛，但活动吸引了大量青年馆员的积极参与，表明图书馆行业内部对于创新有着高度的关注和热情。深化理论与实践结合，征文不仅探讨了理论层面的问题，还注重实际应用案例的分享，为图书馆行业提供了宝贵的经验借鉴。

2023年6月17日，京津冀图书馆联盟青年馆员论坛在石家庄市图书馆（正定新馆）举办。来自北京、天津、河北三省市的近40位青年馆员参加了论坛，8位优秀论文获奖代表在会上作了学术交流发言。主题涉及图书馆＋智慧化、图书馆＋区块链、图书馆＋中华优秀传统文化、图书馆＋非遗、新型阅读空间构建、图书馆管理等多方面。

创新之处在于理论探索与实践应用的结合，激发了青年馆员对于图书馆未来发展路径的思考。通过征文收集的实际案例，为图书馆服务的改进提供了可操作性的建议。专业成长，论坛为青年馆员提供了一个展示才华、互相学习的平台，有助于他们在专业道路上的成长。

3 成效评价

一是论坛拓展了馆员对新兴技术和理念的视野，通过展示真实案例为图书馆服务的改进提供了实用的解决方案。

二是加强了区域间合作，尽管受到疫情的影响，活动依然加强了京津冀三地图书馆之间的联系与合作，促进了更广泛的交流。

三是利于青年人才培养，通过特别面向青年馆员的活动，促进了青年人才的发掘与培养，为图书馆行业的未来发展奠定了坚实的基础。

四是深化了学术研究，论坛依托征文活动，吸引了大量馆员的积极参与，主题涵盖了多个前沿议题，为图书馆行业提供了宝贵的经验借鉴和理论支持。

4 经验启示

图书馆在京津冀协同发展进程中扮演着重要的角色，而图书馆的持续发展离不开深度合作与人才培养等多方面的努力。馆员论坛不仅加强了三地图书馆之间的资源共享和学术交流，更为图书馆服务的创新提供了平台。未来应进一步完善协同创新机制，促进更广泛的交流和合作，推动图书馆服务向更高层次发展。

一是要技术引领服务转型。信息技术的快速发展为图书馆带来了前所未有的机遇和挑战。论坛中多次强调新技术的应用，如智慧图书馆、区块链等，这不仅是提升图书馆服务水平的关键，也是图书馆实现数字化转型的重要途径。应继续深化技术研究与应用，探索更多适应新技术的服务模式。

二是要持续创新。图书馆作为知识与信息的传递中心，必须不断适应新的社会需求和社会趋势。通过举办馆员论坛等活动，再发现图书馆，提升馆员素质，探索如何更好地服务于当代社会。

三是要加强青年馆员的培养与发展。青年馆员作为图书馆事业的未来主力军，其专业能力和创新能力的提升至关重要。通过开展面向青年馆员的学术与业务交流活动，不仅为他们提供了展现才华的机会，也为图书馆行业的持续发展注入了新鲜血液。应加大对青年馆员成长的支持力度，建立长效的人才培养机制。

四是要着眼公共文化服务的高质量发展。图书馆作为公共文化服务体系的重要组成部分，其服务效能直接影响到公众的文化获得感。京津冀图书馆联盟通过一系列活动，不仅提高了图书馆服务的效能，也为公共文化服务的高质量发展树立了典范。今后的工作应更加注重服务质量和效率的提升，满足公众日益增长的文化需求。

过去三年的京津冀图书馆联盟馆员论坛系列活动不仅为图书馆员提供了一个展现才华和创新能力的舞台，还促进了图书馆行业内部的交流与合作。未来，京津冀图书馆联盟，特别是其下设的学术交流工作委员会，将继续探索更多更新的互动研讨途径，推动三地图书馆事业的持续健康发展。

打造"京津冀公共图书馆阅读推广联盟"
深化全民阅读 建设书香社会

——河北省沧州市图书馆京津冀协同发展创新案例分析

宋兆凯 李鹏 呼欣[*]

为落实好《"京津冀公共文化服务示范走廊"发展联盟战略合作协议书》及《"京津冀公共文化服务示范走廊"发展联盟战略合作暂行办法》，充分发挥公共图书馆在阅读推广中的作用，推进全民阅读活动更加广泛、深入地开展，河北省沧州市文化广电和旅游局、沧州市图书馆发起，并牵头与"京津冀公共文化服务示范走廊发展联盟"成员单位友好协商，在遵循"资源共享、优势互补、服务大众、共谋发展"的原则下，于2020年9月正式成立"京津冀公共图书馆阅读推广联盟"。联盟包括北京市朝阳区、东城区、海淀区、石景山区，天津市河西区、津南区、北辰区、滨海新区，河北省秦皇岛市、廊坊市、沧州市、唐山市等的区（市）级公共图书馆，共14个成员单位。联盟的成立为实现联盟各成员单位之间的优势互补、资源共享，构筑京津冀阅读推广协调发展新格局，推进国家公共文化服务体系示范区创新发展发挥了积极作用。

---

[*] 宋兆凯，1966年生，河北省沧州市图书馆书记、馆长、研究馆员，研究方向为图书馆建设管理、文献利用、阅读推广；李鹏，1989年生，河北省沧州市图书馆副馆长、馆员，研究方向为图书馆管理、阅读推广；呼欣，1979年生，河北省沧州市图书馆工会主席、副研究馆员，研究方向为图书馆服务体系、阅读推广。

1 发展目标

探索阅读推广工作发展新思路，完善京津冀协同推进全民阅读的工作机制和工作规范，围绕公共图书馆阅读推广理论与实践制定和实施阅读推广业务人员培养计划，着力培育专门人才；积极搭建活动平台，协调和组织各级各类图书馆全面推动"全民阅读"，策划开展了形式多样和丰富多彩的主题阅读推广活动，并注重发挥联盟成员馆各自优势，各成员馆自主策划具有地方特色的阅读推广和宣传活动，形成京津冀图书馆界全民阅读工作"各馆齐心、遍地开花"的格局，在提升区域公共图书馆阅读推广服务能力和服务水平等方面取得突破。

2 创新举措

2.1 举办"京津冀公共文化服务示范走廊"公共图书馆阅读推广联盟工作会议

2021年10月20日，第一届"京津冀公共文化服务示范走廊"公共图书馆阅读推广联盟工作会议在河北省沧州市图书馆举行，会议以"新时代、新阅读、新模式"为主题，京津冀第一至四批国家公共文化体系示范区文化和旅游部门有关负责同志及公共图书馆馆长共20余人出席会议。会议邀请上海图书馆馆长、上海科学技术情报研究所所长、研究员陈超作了题为"守正创新、行稳致远——回顾上海中心图书馆建设20年"的学术报告。天津市河西区文化和旅游局、滨海新区图书馆，北京市朝阳区图书馆、东城区第一图书馆，河北省唐山市图书馆在会上作了典型案例交流。会议决定，通过"京津冀公共文化服务示范走廊"公共图书馆阅读推广联盟各成员单位的资源共享、协同共建，促进阅读方法、阅读群体、阅读社交的结合，通过线上线下结合的方式，倡导深度阅读，推出内涵丰富、形式新颖、覆盖京津冀地区的阅读推广联合活动品牌，共筑区域协同阅读推广的新格局。

2023年10月19日，第二届"京津冀公共文化服务示范走廊"公共图书馆阅读推广联盟工作会议在河北省沧州市图书馆举行，共48人出席。会议以"经典阅读推广创新实践和地方文献资源联合征集"为议题，旨在加强京津冀公共文化服务体系示范区之间的交流合作，深入探讨公私藏书数字化建设与经典阅读服务创新路径实践。北京市朝阳区图书馆、石景山区图书馆、天津市河西区图书馆、北辰区图书馆、津南区图书馆、河北省廊坊市图书馆、沧州市图书馆在会上作了经典阅读推广典型案例交流，分享了各馆在创新型阅读空间打造、主题阅读推广活动策划及公共图书馆服务体系建设等方面的典型经验，可复制、可借鉴，具有很好的引领示范作用。北京市东城区图书馆、海淀区图书馆，天津市滨海新区图书馆、静海区图书馆，河北省秦皇岛图书馆、唐山市图书馆、衡水市图书馆、沧州市图书馆在会上进行了地方文献工作交流。各馆结合地方文献工作实绩，从文献征集整理、开发利用及工作服务创新等方面交流了各自地方文献工作可资借鉴的经验和方法，为实际工作及工作创新发展方面带来了更多的启发。

2.2 打造"公私藏书与经典阅读（沧州）会议"品牌

"公私藏书与经典阅读（沧州）会议"是在中国图书馆学会指导下，由中国图书馆学会阅读推广委员会主办，中国图书馆学会阅读推广委员会经典阅读推广专业委员会、河北省图书馆学会、河北省图书馆、沧州市图书馆学会、沧州市图书馆与《藏书报》共同承办的全国性大型专题学术和业务工作交流活动，包括开幕式、主题论坛、分会场研讨、优秀论文和案例交流、文化考察、展览及闭幕总结等环节。历届会议在京津冀三地文化旅游部门和公共图书馆的鼎力支持下，邀请了文化和旅游部、中国图书馆学会、国家图书馆、首都图书馆、天津图书馆以及省市政府和主管部门领导，图书馆届、藏书界、出版界、阅读界等专家学者及广大同人参与，并收到包括香港特别行政区在内的 20 多个省份的征文和案例 700 余篇。公私藏书与经典阅读（沧州）会议实现了搭建平台、完善机制、提高服务、促进交流、深化融合的目标，让热爱藏书与经典阅读推广事业的图书馆人、阅读推广人、出版人、藏书人进行了充分的交流研讨。会议大力培树独具京津冀特色的文化交流研究品牌，充分展示了京津冀和大运河文化带深厚的文化底蕴、崭新的城市面貌以及文化事业和文旅产业发展的丰硕成果，为京津冀协同发展提供了强大精神动力和文化支撑。

2.3 协同深化全民阅读活动

2.3.1 将优秀经验和资源"请进来"

通过联盟工作会议和公私藏书与经典阅读（沧州）会议，邀请业界专家作报告，联盟单位交流分享工作经验成果，并研讨联合举办大型活动、跨区域文献征集和资源共享等课题。在此基础上，沧州市图书馆主持编著了《新常态下公共文化服务创新发展实践优秀案例集》《藏书与阅读——2018 公私藏书与经典阅读（沧州）论坛侧影》《融合发展、跨界创新——2019 公私藏书与经典阅读（沧州）会议侧影》《藏书阅读清话——2019 公私藏书与经典阅读（沧州）会议文集》《图书馆空间设计与阅读推广》《跨界创新 融合成长：2020 公私藏书与经典阅读（沧州）会议侧影》《藏书与阅读 2021》《全媒体时代的阅读推广：图书馆阅读空间与经典阅读案例集萃》等成果。

2.3.2 将沧州模式"送出去"

2022 年，沧州市图书馆馆长宋兆凯受邀参加北京市东城区图书馆角楼论坛，作"图书馆之城建设的实践与思考"主题报告，为京津冀基层公共图书馆的建设与发展提供了沧州经验。此外，沧州市图书馆在历届"公私藏书与经典阅读（沧州）会议"上分别以"浅谈公共图书馆数字资源建设与利用的创新路径——以沧州市图书馆为例""'遇书房'阅读微空间将经典搬到'云上'——沧州图书馆多元化数字经典阅读推广实践案例""经典历久弥新 阅读传承文明——沧州图书馆经典阅读推广与空间再造创新案例""'图书馆之城'——构建城市阅读服务体系的'沧州模式'"等为题作学术报告。

2.3.3 协同发展，将成果惠及更多读者

京津冀三地公共图书馆联合开展了大运河 35 城阅读接力、京津冀蒙"家书情长，童心向党"原创作品征集、中华经典《诗经》《论语》推广、大运河摄影比赛和摄影展、京津冀诗歌朗诵会、京津冀百万少年儿童冬奥知识竞赛、书房作品征集展示等活动；此外，京津冀多家图书馆开展了地方文献的跨区域联合征集，极大丰富了馆藏。

3 实践经验

3.1 完善组织机制，加强交流协作

京津冀公共图书馆阅读推广联盟日常办事机构设在沧州市图书馆，主要由沧州图书馆综合办公室、阅读推广部及联盟成员馆阅读推广相关部门相互协调开展具体工作，沧州市文化广电和旅游局对联盟阅读推广工作进行政策指导和监督管理。沧州市图书馆综合办公室负责与各联盟成员单位联系，负责接待、接听、接收各联盟成员单位的来访、来电和来函，及时处理或转呈相关部门，并及时了解成员馆业务需求，统筹规划成员馆的业务培训工作。沧州市图书馆阅读推广部负责具体活动的策划、实施、宣传和存档等工作。

联盟定期组织召开京津冀公共图书馆阅读推广联盟成员馆工作会议，总结联盟工作开展情况，研讨新思路、新问题，健全联盟阅读推广活动的长效机制，提高联盟工作绩效，有效推动全民阅读活动的蓬勃发展。同时，建立联盟成员馆联络员工作制度，建立联盟微信群和 QQ 群作为信息交流的开放平台，各馆联络员负责平台的管理及维护。

3.2 做好联盟讲座和会展工作，发挥社会教育职能

开展讲座、举办会议和展览是现代公共图书馆重要知识服务，是公共图书馆切实履行社会教育职能的重要体现。面对读者需求日益增多的趋势，图书馆在讲座会展方面加强合作、互通有无、共谋发展更为必要。联盟将依托京津冀图书馆讲座、展览资源，同时利用国家图书馆和上海、浙江、广东等地先进图书馆相关资源，集力打造具有京津冀文化和地域特色的讲座展览品牌，持之以恒地推出精品，把知识服务向更深、更广延伸，从而使京津冀图书馆界讲座展览工作彰显特色、形成优势。

3.3 创新活动内容和形式，打造活动品牌

打造具有京津冀特色的活动、讲座、展览品牌。各成员馆应积极向平台推送独有资源、共享平台资源；打造全国性阅读推广品牌项目，推广有地区影响力的优秀项目；做好有行业代表性的品牌——"诗经阅读推广""公私藏书与经典阅读""图书馆服务创新竞赛""全民读书月（季）"等的策划、组织与实施。各成员馆相互协助开展阅读推广活动，如互相推荐专家、协调成员馆之间的合作和交流等；此外，要积极探索信息共享、品牌推广等方面的合作。

3.4 阅读推广上"云端"，提升活动效能

依托互联网技术和移动终端设备，提升图书馆官网、微信公众号、官方微博和移动图书馆 App 的服务能力，紧紧围绕培育和践行社会主义核心价值观、传承中华优秀传统文化，深化全民阅读、大运河文化带建设、书香社会建设、文明城市创建、国家公共文化服务体系示范区提质增效等重大主题，利用网络传播平台等新媒体和终端，组织开展形式多样、内容充实、内涵丰富、互动性强、群众喜闻乐见的云荐读、云展览、云讲座、云课堂等线上阅读推广活动，促进活动效能提升。

"书香通武廊 共读一本书"系列共读活动

黄晓东　张卫斌　寇　爽　陈建奇*

1 案例背景

北京市通州区、天津市武清区、河北省廊坊市三地，区位优越、地域相近、地缘相亲，被称为"通武廊"金三角，是京津冀协同发展的桥头堡、微缩版。三地历史渊源深厚、文化共承一脉、交往半径相宜，是文化资源丰富、文化底蕴深厚、文化特色鲜明、文化发展最具活力的重要地区之一，具有广泛的合作前景。近年来，廊坊市图书馆立足于推动通武廊公共图书馆事业协同发展大局，与通州区、武清区图书馆密切配合，创造性落实 2017 年 11 月签署的《通武廊三地文化领域协同发展战略框架协议》精神，高度注重通武廊馆际之间的工作互动、情感沟通、创新举措、深化合作，开展了一系列讲座培训、信息发布、线上共读、党建共建等区域交流活动，在相互学习、借鉴彼此先进经验的过程中，促进了三地公共图书馆事业融合发展、竞相发展、协同发展，收到了良好效果。

---

* 黄晓东，1982 年生，河北省廊坊市图书馆研究馆员，研究方向为公共文化服务融合发展；张卫斌，1985 年生，河北省廊坊市图书馆馆员，研究方向为图书馆学；寇爽，1985 年生，河北省廊坊市图书馆副研究馆员，研究方向为图书馆阅读推广；陈建奇，1973 年生，河北省廊坊市图书馆副研究馆员，研究方向为阅读推广。

2 案例内容

为加强"通武廊"三地文化交流与合作,进一步号召全民阅读、全民参与,由廊坊市图书馆牵头,联手通州区图书馆、武清区图书馆共同开展"书香通武廊,共读一本书"系列共读活动。2022年,廊坊市图书馆借势北京冬奥会开幕式带来的"二十四节气"热点,开展"这就是二十四节气"领读活动,推进了传承中华优秀传统文化工作的落实。2023年4月,廊坊市图书馆启动"百千共读——小领读者培养计划",以一带百、以百带千,让小领读者通过系列活动,感受志愿服务的乐趣,提高选书、速读、精读能力,锻炼组织领导能力。2024年4月,廊坊市图书馆启动以"中华传统节日情境化阅读"为主题的"书香通武廊 共读一本书"系列活动,在端午、中秋、重阳等重大传统节日,策划情境化体验活动。系列共读活动吸引了大批小读者参与,培养了小读者的阅读兴趣,让小读者更深入地感受到中华文化独特魅力,为"育新人"事业贡献图书馆力量。

3 案例流程

从活动策划开始,通盘规划"选书、领读、阅读、观察、体验、记录、分享、选拔、推广"活动流程,抓落实、求实效。

3.1 前期精选书目,兼顾不同年龄读者需求

考虑到参加活动的孩子年龄不同、阅读理解能力有所差异,在选书时,确定一本书为基础共读书目,同时推荐进阶书目,较好地兼顾了不同读者的能力和需求。

3.2 组织开展线上线下讲座活动

廊坊市图书馆邀请通武廊优秀阅读推广人、河北省阅读推广人杨林源老师开展系列讲座，对讲座内容进行归纳整理，将讲座主要内容、精彩课件和讲座视频通过公众号进行展播，提高"书香通武廊 共读一本书"系列共读活动的受众面和影响力。

3.3 组建微信群，开展群内领读

廊坊市图书馆组建微信群，定期在群内布置领读作业，切实提高小读者的阅读能力。领读老师示范讲解阅读、观察、记录方法，指导小读者们以读促写。

3.4 鼓励小读者们写作分享

小读者图文并茂的形式，将观察记录上传至"美篇共读"小组。通武廊图书馆每期选出1至3篇优秀作品，分别在三地图书馆微信公众号发布，并向《廊坊日报》推荐发表。

3.5 持续推进"百千共读，小领读者培养计划"

通过系列活动培养的小领读者，以一带百、以百带千——由1名志愿阅读推广人培养100名小领读者骨干，带动1000名小共读者。小领读者在各自学校、小区，影响更多孩子参与阅读、体验共读，起到了较好的辐射带动作用。

4 案例现状

"书香通武廊 共读一本书"系列共读活动启动于2022年4月，由廊坊市图书馆牵头，联手通州区图书馆、武清区图书馆共同开展，截至2024年5月，已举办66期讲座活动，线下活动参与读者1000余人次，

吸纳了小领读者700余人次，三地读者近17000人次线上参与共读，受到广泛好评。2024年，廊坊市图书馆在端午、中秋、重阳等重大传统节日，策划情境化体验活动，组织孩子共读一本书——《中国传统节日故事》，为三地读者献上丰富的文化大餐。

5 案例成效评价

"书香通武廊 共读一本书"系列共读活动从2022年开展至今，组织各类领读活动66场，廊坊、武清、通州三地参与读者近17000人次，700余篇佳作在三地图书馆微信公众号发表，其中110余篇优秀作品被《廊坊日报》刊发。2022年5月8日，《光明日报》第3版头条对此予以宣传报道。该系列活动入选河北省图书馆学会2022年度阅读推广优秀案例，入选廊坊市2023年度全民阅读"书香廊坊·读书节"推广活动，促进了中华优秀传统文化传承，激发了三地小读者的阅读兴趣，培养了他们的阅读习惯，锻炼了他们的观察写作能力。廊坊广播电视台、廊坊日报等媒体，腾讯网、新浪网等门户网站对系列活动进行了跟踪报道，扩大了活动的影响力。

6 创新做法

6.1 对阅读推广对象准确认知，成功打造阅读推广品牌

"书香通武廊 共读一本书"系列共读活动将小学中高年级学生作为阅读推广对象，在阅读活动内容的设计上紧紧围绕少年儿童群体的特点，通过共读、交流、展示等形式，激发读者的主观能动性，受到小读者的欢迎。该系列活动既有阅读推广活动的专属名称，又有丰富的阅读材料，阅读活动主旨明确[1]，自2022年开始已连续举办多场，廊坊、武清、通州

---

1 张丽，卢娅."青鸟传书"假日共读：上海浦东图书馆暑期阅读推广服务的创新实践[J].图书馆杂志，2023（5）:82—88，103.

三地读者积极参与，形成了规模效应。"书香通武廊 共读一本书"在廊坊市图书馆的精心策划下，已经成为三地知名的阅读品牌。

6.2 打破地域限制，推动廊坊、武清、通州三地的阅读推广资源共享，探索京津冀文化协同发展的新办法

从服务读者的角度切入，将线上线下相结合，借助腾讯会议直播，开展线上领读，使得阅读推广辐射到京津冀三地，并吸引了上海、内蒙古、山东等地的小读者参与，切实提高了读者的阅读兴趣，同时又培养了读者爱读书、善于思考的良好阅读习惯，真正让读者参与到阅读中来[1]。

6.3 推广跨学科的项目式阅读，促进阅读与写作结合，全面提升少儿读者的综合素养，探索"育新人"的新思路

领读老师为孩子们讲解传统文化的同时，还讲解阅读方法和写作方法，锻炼了孩子们的读写能力，实现了从"阅读输入"到"写作输出"再到"加深阅读理解"的闭环。

6.4 将阅读和亲身体验相结合，引导孩子沉浸式体会中华优秀传统文化中的人生智慧

组织孩子们在阅读后参与因地制宜开展的实践活动，不但通过书本，还通过亲身体验，感受传统文化，阅读兴趣得到进一步激发。

6.5 将阅读推广与"小领读者培养"结合，使阅读推广从"一个人"到志愿服务"一群人"，增强辐射力、影响力

主讲老师为省级阅读推广人，志愿培养小领读者，小领读者也是志愿带动小共读者。廊坊市图书馆提供共读平台，让小读者在志愿服务中

---

[1] 曾小娟，郭可静，何青芳.同济大学图书馆经典共读平台案例分享[J].高校图书馆工作，2021（3）:88—90.

体现价值、学到知识、锻炼能力，使阅读推广从"一个人"到"一群人"，形成裂变。

6.6 将传统讲座与立体阅读结合，引导读者从被动参与到主动体验，进而热情互动

为改变小读者被动接受的模式，激发孩子们的主观能动性，廊坊市图书馆设计了多场景互动环节。首先，小领读者与老师现场互动，在与老师的讨论中排除疑惑；其次，在微信群和朋友圈的分享中，小领读者展示自己的阅读手账，收获大家的点赞和鼓励；最后，在群内领读分享中，小领读者可以体验志愿领读的乐趣，激发小共读者的阅读兴趣，培养大家的阅读习惯。

7 经验启示

7.1 促进中华优秀传统文化传承

中华优秀传统文化蕴含着丰富的哲学思想、道德观念、人文精神等，是中华民族的精神命脉。系列活动以传承中华优秀传统文化为基石，旨在增强小读者的民族认同感和凝聚力，让其找到归属感和文化根源。

7.2 激发阅读兴趣，培养阅读习惯，锻炼观察写作能力

领读老师通过对传统文化和民俗的介绍，引起了孩子们进一步阅读的兴趣。领读活动持续开展，营造了长期阅读的氛围。领读老师设计的观察写作环节，使领读活动不仅仅停留在读书上，更引导孩子们通过学习阅读，进而学习写作，并锻炼了相关能力。

7.3 "小领读者培养计划"立足于一带百、百带千的活动宗旨,传播志愿服务精神

系列共读活动由 2022 年度廊坊市优秀志愿者,同时也是省级阅读推广人杨林源老师志愿培养带动小领读者,再由小领读者志愿带动更多的小读者展开共读,让志愿精神薪火相传。

7.4 利用网络开展领读活动,有利于宣传思想文化工作提升,适应时代发展趋势、打破地域交通限制

网上领读,不受地域限制,有利于不同地区开展交流合作;有利于宣传思想文化工作下基层、进农村,实现全域覆盖。

7.5 打造媒体矩阵,扩大品牌影响力

系列共读活动成果不仅被光明日报、廊坊电视台、廊坊日报等传统媒体报道,还通过抖音、门户网站、微信公众号等多途径多角度传播,从而增强活动的辐射力。

7.6 为深入推进京津冀文化协同发展做了有益尝试

廊坊市图书馆作为一个地市级图书馆,在资源调度、人力财力配备方面并不具备优势,但在有限条件下,依然能够行之有效地开展区域协同工作,说明了京津冀文化协同发展在细化、深入推进中,还有很多潜力和空间可供探索。

打破行政壁垒，合力共建雄安新区公共阅读"XIN 空间"

王一琳 *

1 背景

1.1 京津冀图书馆联盟促进三地图书馆协同发展

2024 年是京津冀协同发展战略提出十周年，也是雄安新区设立七周年。京津冀协同发展是国家的重大战略，设立雄安新区是深入推进京津冀协同发展的一项重大决策部署。为贯彻落实党中央关于京津冀协同发展和雄安新区的重大战略和决策部署，推动京津冀三地公共文化服务共建共享，首都图书馆、天津图书馆、河北省图书馆联手成立的京津冀图书馆联盟，持续推动三地文化协同发展。

1.2 新型阅读空间推动优质文化资源下沉基层

近年来，在"公共文化新空间"行动计划的推动下，城市书房、乡村书吧等新型公共阅读空间渐成公共图书馆服务体系的有力补充，打通城乡公共文化服务的"最后一公里"。高品位、高颜值、沉浸式、体验性的现代化阅读场景吸引居民走进去、坐下来、读起来，促进爱读书、读好书、善读书在全社会蔚然成风。雄安新区作为拔节生长的未来之城，

---

* 王一琳，2000 年生，河北省雄安新区容西管委会，研究方向为公共文化服务。

设计规划之初便预留出社区文化剧场、邻里中心、图书馆等公共服务设施位置，为打造公共文化新空间提供空间支持。

1.3 雄安新区公共文化服务体系正在逐步完善

当前，雄安新区"一中心、五组团"公共文化服务体系尚在建设中，原雄县、安新县、容城县图书馆服务无法满足雄安新区建设者、当地居民日益增长的阅读文化需求。且容西片区作为雄安新区容城组团的重要组成部分，紧邻起步区，与容城县城、容东片区、起步区一组团协同发展，具有保障起步区及周边地区建设的重要功能。在容西片区内建设一座公益图书馆，能够增强广大回迁群众幸福感和满意度，为探索雄安新区各新建片区公共文化发展新路径积累经验。

2 典型做法

为进一步推进雄安新区公共文化服务提质增效，在京津冀三地文化和旅游厅（局）指导下，首都图书馆联合河北省图书馆、天津图书馆与雄安新区宣传网信局，共同在雄安新区容西片区贤溪社区打造了公共阅读"XIN 空间"，并于 2024 年 2 月 26 日（京津冀协同发展国家战略提出十周年之际）举办揭牌仪式，正式开馆服务。揭牌仪式上，四方签署了合作共建协议，开启四方共建公共阅读"XIN 空间"战略合作新模式。

2.1 项目启动

该项目于 2023 年 8 月启动。河北省图书馆积极对接三方合作单位，与首都图书馆一同到雄安新区考察，与雄安新区宣传网信局、雄安新区容西管委会沟通建设新型阅读空间事宜，经认真遴选，共同完成项目选址、功能布局和内装设计、空间命名、开馆筹备等一系列工作。

2.2 新型阅读空间命名

经合作方共同研究，新型阅读空间被命名为"XIN空间"。"XIN"被赋予了五个美好期盼："新"，新型、创新；"心"，文化中心、与百姓心连心；"鑫"，京津冀黄金搭档、通力合作；"欣"，提升人民群众幸福感与获得感、欣欣向荣；"馨"，书卷馨香、环境温馨。

2.3 项目选址与空间设计

首个"XIN空间"选址于全国完整社区建设试点——贤溪社区辖区内，紧邻中小学校，面积约190平方米。该空间设置了文化会客厅、阅读休闲区、图书大厅、小桔灯绘本馆等功能分区，配备自助借阅机、自助查询机等便民设施，设计藏书量1.8万册。

2.4 跨行政区域资源共享

结合当地居民阅读需求，首都图书馆、天津图书馆、河北省图书馆分别支持各类图书5000册，并根据"XIN空间"运行需要，提供业务指导、人员培训、活动联动、资源共享等多方面支持。首都图书馆每年支持读者活动不少于20场次。至2024年6月，各馆支持图书全部到位，首都图书馆支持开展多场读者活动，并为贤溪社区图书馆工作人员提供公益培训。雄安新区容西管委会与容西片区学生两次受邀，赴京参加京津冀三地联合举办的"林深年少阅四季"活动。容西管委会协办天津图书馆"第三届清悦之声领读人"活动。以"XIN空间"为阵地，雄安新区容西片区公共文化资源不断丰富，京津冀读者文化交流日益密切。

3 主要成效

本项目聚焦京津冀文化协同发展，依托京津冀图书馆联盟的资源优势助力雄安新区公共文化服务体系建设，促进了三地阅读资源的优化配置和共建共享，满足了当地公众的精神文化需求，在推动跨区域公共文化服务合作共赢等方面进行了积极探索，取得了明显实效。

3.1 丰富雄安新区人民精神文化生活

"XIN空间"地处贤溪社区内，紧邻中小学，拥有稳定的读者群，有助于开展阅读推广活动。自"XIN空间"开放以来，其凭借丰富的图书资源、温馨舒适的环境、智慧化沉浸式的阅读体验、形式多样的阅读活动、人性化的贴心服务，吸引越来越多的读者到馆，增强了社区居民归属感，有助于培养当地儿童阅读习惯，促进儿童友好城市建设。新型阅读空间建设不仅提升了当地阅读服务质量，也为促进新区阅读推广、文化建设等方面发挥了积极作用。截至2024年6月，已接待读者5000人次。

3.2 推动雄安新区公共文化服务建设

"XIN空间"是雄安新区首家实现外借服务的社区公益图书馆。为降低阅读门槛，吸引读者，"XIN空间"实现零押金免费借阅。容西片区通过"XIN空间"建设，在文献服务方面持续发力，以文化人、以文育人、以文铸魂，提升当地居民的思想道德素质和科学文化素质，助力雄安新区建设，为新区公共文化服务建设注入新活力。

3.3 开创了京津冀三地公共图书馆共建共享新局面

"XIN空间"的落成不仅推动京津冀三地公共图书馆共建共享再开新局，也是落实京津冀协同发展、雄安新区建设发展战略的具体举措。统筹三地图书馆优质文献和阅读资源，为雄安新区"XIN空间"提供支持，通过图书支持、共享阅读活动等一系列举措，持续为新区提供优质文化服务，为雄安新区文化事业发展提供新发展机遇。

3.4 得到社会广泛关注，收到良好的示范效应

"XIN 空间"自开放以来，得到社会各界的广泛关注，并举办了多场阅读推广服务活动，如将阅读体验课堂送到校园、开展线上阅读推广讲座等，为当地居民提供了丰富多彩的活动，吸引更多人走进社区图书馆。仅揭牌仪式当天，"XIN 空间"就受到各级媒体的广泛关注，中国新闻网、澎湃、中华读书报、新京报、河北新闻网、北京青年报、天津日报、北京日报、长城网等媒体共报道约 30 次。

4 实践经验

项目策划用足国家战略和政策红利，三地主管部门和雄安新区高度重视、大力支持，合力推动"XIN 空间"项目落地。

项目坚持"以民为本"原则，立足雄安新区建设时期公共文化服务体系尚在完善阶段，旨在缓解雄安新区建设者和当地居民日益增长的阅读需求同当地公共文化服务供给不足的矛盾。

项目推进过程中，三地图书馆和雄安新区宣传网信局目标同向、步调一致、主动担当、分工合作、沟通良好、协作顺畅。

项目的选址、功能布局设计、文献配备等，经充分调研，综合考虑周边环境、服务目标群体阅读需求等多方面因素。

5 读者活动

"XIN 空间"每周开展 1 场读者活动，包含首都图书馆、天津图书馆优质公共文化资源进校园，"文明之旅"观影活动及首图讲座线上直播等。结合儿童节、端午节等节日，"XIN 空间"运营单位还与雄安容西新华书店联合同步开展活动。"XIN 空间"至今已开展读者活动近 30 场，累计服务读者近 2000 人次。

6 服务效果

为培养回迁群众阅读习惯，降低阅读门槛，"XIN 空间"实现零押金免费借阅，并将日常管理与志愿服务活动相结合，探索将精神文明建设与全民阅读同步推进的新路径，获得群众一致好评。

据当地学校教师反映，"XIN 空间"极大培养了儿童阅读热情，前往"XIN 空间"阅读并借阅书籍传看已成为当地儿童课余活动的新风尚。更有家长读者自发组建育儿读书群，定期在群内分享育儿经验，并于"XIN 空间"举办线下阅读分享会。

"XIN 空间"作为雄安新区首家实现外借服务的社区公益图书馆，将以丰富多彩的读者活动、零押金无门槛的借阅服务，持续鼓励回迁群众主动走进图书馆，熟悉城市公共文化服务内涵。这对进一步助力雄安新区回迁安置区群众实现"从村民到市民的转变"，具有深远意义与影响。

京津冀图书馆联盟
馆员论坛优秀论文

基于 AHP 理论的公共图书馆员工绩效考核指标体系设计

刘雪翠 *

摘要 公共图书馆作为公民精神栖息地，是现代公共文化服务体系中重要组成部分，新时代中国特色社会主义建设对其服务水平和质量的要求也在逐步提升。虽然以图书馆组织为目标的绩效考核已经开展并在发展，但以公共图书馆馆员为对象的绩效考核工作正处于起步阶段，对馆员的考核标准也不统一。强化以馆员为对象的绩效考核体系，可以有效地调动全体馆员工作的积极性，提升基层员工工作效率和管理者管理水平。实施馆员绩效考核在优化公共图书馆的人力资源配置的同时，又能切实改进读者服务工作，实现图书馆经营和服务达到优质高效，且可持续发展。

关键词 AHP；公共图书馆；绩效考核

绩效考核作为绩效管理的核心环节已经逐渐被大众认识，现代化的绩效考核技术在企业中已经得到广泛的运用。近几十年，公共图书馆界对绩效考核认识的深度和广度在增加，截至 2020 年，全国共开展了六次

---

* 刘雪翠，1987 年生，北京市西城区图书馆馆员，研究方向为阅读推广。

县级以上公共图书馆评估定级工作。可见，绩效管理与考核作为一种能够激发个体的潜能、提高组织团队效能的系统性管理方法，在图书馆界已经被认可并运用。

图书馆界评估技术的广泛应用和对公共图书馆评估工作的定期开展，撬开了公共图书馆以馆员为对象的绩效管理的大门，推动了公共图书馆开展员工绩效考核的相关问题研究。如果可以将绩效考核方法运用到公共图书馆馆员日常管理工作中，可以有效地调动馆员的工作积极性及工作效率，从基层和根本上帮助公共图书馆提高服务能力及服务质量。

1 理论基础与文献梳理

绩效考核又叫绩效评价或绩效评估，它是绩效管理中极其重要的一环，也是我们传统意义上讲的考核工作[1]。近几年公共图书馆结合绩效考核技术的研究持续展开，以1998年至2019年"中国期刊全文数据库"检索资料为例，以"公共图书馆＆绩效"为关键词，可查询到137篇资料文献，主要涉及以下几个方面：一是关于公共图书馆开展绩效考核的意义和研究发展趋势的总结，共53篇文献占比为38.69%。二是公共图书馆绩效管理中探索如何使用的绩效考核技术和方法的研究，共37篇占比为27.01%。三是绩效考核指标体系一级二级等指标设计细节的相关研究，共30篇文献占比为21.90%。四是针对图书馆某一岗位绩效考核的研究及相关的其他论文研究占12.41%。可见公共图书馆已经从绩效管理技术、绩效评价指标体系等多方面开展了绩效考核的应用研究，但同时也存在一些问题。例如，该领域深入研究的文章较为稀少，在上述检索到的文献中，论述公共图书馆绩效考核研究的硕士论文、博士论文只有十几篇。对于公共图书馆绩效考核的研究力度还需加强。

---

1 付亚和，许玉林. 绩效管理 [M]. 上海：复旦大学出版社，2017.

AHP（Analytic Hierarchy Process）层次分析法是对定性问题进行定量分析的一种简便、灵活而又实用的多准则决策方法[1]，这种方法最大的优势是能够将两项或者多项内容进行梳理，划分出等级，且将每项内容的重要性进行定量描述。采用数学方法用数字表示出每项内容相对于所有内容而言的重要程度。AHP方法在公共图书馆使用上越来越广泛，如应用AHP探讨公共图书馆推广电子书阅读服务决策因素，基于AHP方法的图书馆信息服务能力研究等，在公共图书馆AHP方法使用得越来越成熟。

2 公共图书馆员工绩效考核指标设计的特点

2.1 绩效考核指标设计要有助实现图书馆准公共物品的属性

随着新时代的发展，图书馆在人们的生活中也越来越重要，对图书馆的属性认识越来越多样化，公认的公共图书馆的性质主要有社会性、依附性、学术性和中介性。

从经济学角度讲，公共图书馆属于准公共物品[2]，其中介性和学术性决定了非排他性特点，体现在公共图书馆的资源存在不因其他人的使用而减少。另一方面，一部分使用者对书籍等资源的占用又会影响到其他人的使用，展现了其不完全的非竞争性，这是公共图书馆依附性和社会性决定的。可见公共图书馆服务于一个区域的文化建设，具有一定的公共物品属性，这些性质要求在设计公共图书馆所有绩效考核指标时要融入非竞争性和非排他性，用以展现公共图书馆服务的公平性，所以在公共图书馆员工绩效考核指标建立时更要将考核目的与公共图书馆的性质

---

1 林维真，黄瀞莹.应用AHP探讨公共图书馆推广电子书阅读服务决策因素[J].图书资讯学刊，2013，11（2）:117—148.

2 施春林.公共图书馆部门绩效考核指标权重系数的计算——AHP应用原理说明与拟真演算[J].图书馆研究与工作，2015（2）:5.

相容，在考核指标设计时实现公共图书馆准公共物品的属性。

2.2 绩效考核指标设计要有助实现图书馆的职能

公共图书馆具有承载社会文献、传递文献信息、进行社会教育、留存文化遗产等职能。在绩效考核指标设计中融入这些职能可以提升管理者的管理效率和有助于实现馆员自我发展。

融入这些职能的绩效考核指标，可以提升管理者的管理效率。例如，对公共图书馆社会文献承载职能的考核可以有效实现对公共图书馆的质量管理。公共图书馆的社会文献质量是其质量管理的本质，在对馆员的考核指标设计中对二级和三级指标设计时加入对文献筛选质量的管理，为管理者在公共图书馆质量管理中提供了明确的方向。

融入这些职能的绩效考核指标，有助于实现馆员自我发展。例如，对公共图书馆社会教育职能的考核可以促进员工自我发展。职工在履行实现公共图书馆社会职能的考核指标时，会自我挖掘开拓和学习新的社会教育方式，自主学习新型电子产品及传播软件，促进其自我发展。

2.3 选取适宜公共图书馆使用的绩效考核方法

随着对绩效考核的重视，绩效管理方法在公共图书馆的运用越来越广泛，通过对一些经典绩效考核方法进行比较，有助于选择出适宜在公共图书馆应用的绩效考核方法。

平衡计分卡法和关键绩效指标法是近些年来使用频率较高的两种绩效管理方法，两者在管理思想侧重上有所区别：平衡记分卡方法更加侧重全方位立体测评，关键绩效指标方法更加侧重某些对成功有重要影响的指标的测评。在事业单位的绩效考核中，较为常用的是360度绩效管理体系和目标管理法，前者比后者更能比较完整的体现绩效管理的概况，后者比前者在绩效考核结果上更加易于观测，在提升员工工作积极性上效果更加明显，这两种方法的优缺点比较如表1所示[1]：

表 1 360 度绩效管理法和目标管理法比较

绩效管理方法	优点	缺点
360 度绩效管理体系	提供了更完整的绩效概况	对适度管理来说，耗时长、昂贵
目标管理法	结果易于观测 员工工作积极性大为提高 改进组织结构的职责分工	目标多易混乱 着重于短期目标 目标管理结果和奖励联系困难

如同每个企业拥有不同的战略目标一样，各个公共图书馆的服务定位也不尽相同，即使是同一个图书馆，在不同的时期也会有不同的建设目标，所以对于每个图书馆使用绩效考核方法也不该是一定之规或一成不变的。如上文所述，各种考核方法都具有自身的特性，重要的是每个图书馆要根据自身组织目标定位和管理需求等各个方面，结合不同绩效考核方法的技术优势和缺陷，选取相匹配的绩效考核方法，从而快速达成预期目标。例如：公共图书馆若想运用绩效考核促进馆员自觉地朝目标努力，采用目标管理法使馆员个人目标和图书馆管理目标统一，则更容易实现这一目标。

3 基于 AHP 理论设计馆员绩效考核指标体系

下文构建的公共图书馆绩效考核指标体系以"明晰考核指标和标准，调动馆员工作积极性"为目标，依据前文对几种经典的绩效考核方法的对比分析和总结，选用能够最大限度调动起馆员工作积极性的目标管理法作为主要的绩效考核方法，基于 AHP 理论制定绩效考核指标体系主要包含以下三个步骤：

---

1 陆广丰. 基于平衡记分卡维度的知识型员工绩效考核 [J]. 现代商业，2013（23），59—59.

3.1 建立考核指标体系框架

在考核指标设计时一方面要推陈出新，要打破之前的僵局，建立起有公共图书馆特色的绩效考核方法；另一方面，要温和改之，不宜一举推翻，不能让员工对绩效考核工作产生排斥。所以在采用目标管理法设定一级考核指标时沿袭使用以往考核管理的指标——将北京市事业单位人员考核现行政策中的"德、能、勤、绩、廉"作为全体馆员的一级考核项目。

以达成全国公共图书馆评估一级馆标准为导向，设立二级绩效考核指标。将全国的公共图书馆评估体系中服务效能指标[1]：基本服务、信息咨询服务、读者评价等八项内容整合为"基本服务""读者评价阅读推广与社会教育""服务管理与创新"三项，作为"能"的二级指标；业务建设中编目与馆藏组织管理、社会化和管理创新等十五项整合为"业务研究""工作的质量""基层辅导与学会工作"三项作为"绩"的二级指标。

设定三级考核指标要建立在实际工作的基础上[2]，最终建立的绩效指标体系框架（其中业务研究与工作质量以采编部为例）见表2：

表 2 A 图书馆员工绩效考核指标框架

一级指标	二级指标	三级指标
德	思想品质	遵纪守法，品行端正
		认真参加政治学习，全年至少参与思想培训 6 次
	爱岗敬业	能够主动并创造性地开展工作、提出 1 项馆内需改善的项目
		对本人的岗位职责清晰、负责，并勇于承担工作失误的责任
		对工作没有敷衍的现象。违纪记录为 0

---

1 陆红如，陈雅.公共图书馆绩效评估比较研究与策略分析[J].图书馆学研究，2017（6）：78—79.

2 王港丽，王培林.图书馆绩效评估研究综述[J].合作经济与科技，2019（4）：52.

(续表)

一级指标	二级指标	三级指标
德	团队合作精神	合作共事，工作衔接顺畅、不畅对接工作反馈次数小于3次
		善于与同事沟通和交流，每月至少参与1次同事分享和工作经验交流会
		对新来的同事在工作上给予主动指导
		尊重与自己合作的同事，部门内部投诉率为零
勤	基本服务	熟练掌握本岗位所需要的专业知识，抽查技能和办公系统的操作方法合格率达100%
		能够独立且保质保量地完成临时工作任务
		善于发现问题并能及时找到解决问题的方法
	读者评价阅读推广与社会教育	与外部读者沟通时能够悉心倾听，沟通投诉率为零
		积极参加馆内的业务学习，百分之百完成继续教育学分
		推广活动中发言思路清晰、准确表达个人意愿
	服务管理与创新	馆内创新会议出席率达80%，会中能够对事不对人、理性沟通
		善于在工作中探索和总结经验，一年提出2项部门内部创新措施
		自主学习业务工作所需要的知识和技能，了解相关学术动态，馆内交流平台至少分享过1次学术文章
	工作纪律性	遵守工作守则和各项规章制度
		具有良好的安全意识（门、窗、水、电的管理），忘记关门窗、水、电按次扣相应分
	出勤情况	无故不参加业务学习或规定的集体活动，按次扣分
		请病、事假，按天扣分
		迟到、早退、中间脱岗，按次扣相应分
		旷工按天扣分

（续表）

一级指标	二级指标	三级指标
绩	业务研究	每一期书目的采选、录入在3个工作日之内完成，每延误1天扣相应分
		每批图书从到馆至送出采编部不超过3个工作日，每超过1天扣相应分
		按时完成馆内和部门交给的各项任务，未完成一项扣相应分
	工作的质量	维护书目数据的完整性和准确性，文献著录内容正确，项目完备，主要字段差错率<5%，每超过5%扣相应分
		有计划有目标有侧重地完成中外文文献资源建设工作，无特殊原因订书重复率<3%，每超过≤3%扣相应分
	基层辅导与学会工作	召开10次社区分馆业务培训会，分馆出勤率达80%
		图书馆学会倡导的相关部门活动参与率达100%。
廉	廉洁	不贪污行贿，接受贿赂。
		不利用职务之便谋取不正当利益或方便
	勤俭	爱惜国家资产
		厉行节俭

3.2 基于AHP法划分各级绩效考核指标权重

在执行权重值划分时图书馆可采用馆员问卷调查法收集数据，以确保得到的权重值在本馆内具有说服力。本文以具有40名馆员的A图书馆为案例进行权重值划分。对问卷一级指标五项技能按数字5至1对其进行重要性排序，5表示最重要，1表示最不重要，二级三级指标依对应的指标数量按数字进行重要性排序。此处以一级指标计算权重值为例，将问卷结果整理如表3：

表3 一级指标问卷数据整理

	5分	4分	3分	2分	1分
德	5	6	26	3	0
能	5	26	7	2	0
勤	0	1	0	5	34
绩	29	6	4	0	1
廉	1	1	3	30	5

AHP划分权重值的实施步骤如下：

第一步，依据调查数据，运用公式P=（∑FR—0.5N）/nN 对一级指标排序：其中P为某项评价指标的频率，R为某项指标的等级，F为对某指标给予某等级的人数，N为评价者数量（此处为40人），n此处为5。以"德"项目为例，评分结果为：评5分者5人，4分者6人，3分者26人，2分者3人，1分者0人，计算∑FR值为133，∑FR—0.5N值为113，计算出p值为0.5650，转换为Z值为0.16，计算出五项一级指标的Z值及排序如表4所示，最终对应的重要性排序为—绩、能、德、勤、廉。

表4 一级指标排序结果

	5分	4分	3分	2分	1分	∑FR	∑FR-0.5N	P	Z(保留两位小数)	排序
德	5	6	26	3	0	133	113	0.5650	0.16	3
能	5	26	7	2	0	154	134	0.6700	0.44	2
勤	1	1	3	30	5	83	63	0.3150	-0.48	4
绩	29	6	4	0	1	182	162	0.8100	0.88	1
廉	0	1	0	5	34	48	28	0.1400	1.08	5

第二步，设定总指标体系满分为100分，针对各个指标采用AHP法计算权重值，以一级指标为例，结果如表5所示：

表 5 一级指标 AHP 层次分析结果

\multicolumn{5}{c}{AHP 层次分析结果}
项	特征向量	权重值	最大特征值	CI 值
德	1.108	22.17%	5	0
能	1.283	25.67%		
勤	0.692	13.83%		
绩	1.517	30.33%		
廉	0.4	8.00%		

为最终指标体系赋予权重值前,有几项注意要点：

首先,运用 AHP 法分析的结果需要根据特征向量进行一致性检验,如表 6 所示：

表 6 一级指标一致性经验结果汇总

\multicolumn{5}{c}{一致性检验结果汇总}
最大特征根	CI 值	RI 值	CR 值	一致性检验结果
5	0	1.12	0	通过

其次,在实际工作中最终赋值取近似值,一级指标最终权重及赋值如表 7 所示：

表 7 一级指标权重及赋值结果

一级指标	权重值	确定权重值	赋值
德	22.17%	20%	20
能	25.67%	25%	25
勤	13.83%	15%	15
绩	30.33%	30%	30
廉	8.00%	10%	10

3.3 修改并确定绩效考核指标体系

在修改和制定考核指标体系时应遵循以下几种原则：首先,要明确的设定各个层级的目标，明确各领导小组、各部门主任、各员工工作目标，这是做好绩效考核工作的重要前提。其次，确保考核指标是可实现的，管理者或者员工任何一方单独制定目标会存在目标过于苛刻或者过于简单的问题，通过共同参与考核目标设定过程，让考核制定者和执行者共同制定考核目标，可以使考核目标既不过高也不偏低。再次，考核指标需要具有实际性，将实现评估达标作为图书馆的目标，以评估达标指标体系为依据设定的部门及个人目标中的考核指标均和图书馆的职能目标相关，使设定的馆员考核目标具有现实性，而不是假设的。

使用 AHP 方法最终确定的带权重值的三级考核指标体系见表 8：

表 8 A 图书馆员工绩效考核指标权重及赋值

一级指标	权重/赋值	二级指标	权重/赋值	三级指标	权重/赋值
德	20%/20	思想品质	40%/8	遵纪守法，品行端正	40%/3.2
				认真参加政治学习，全年至少参与思想培训 6 次	60%/4.8
		爱岗敬业	25%/5	能够主动并创造性地开展工作、提出 1 项馆内需改善的项目	35%/1.75
				对本人的岗位职责清晰、负责，并勇于承担工作失误的责任	30%/1.5
				对工作没有敷衍的现象。违纪记录为 0	35%/1.75
		团队合作精神	35%/7	合作共事，工作衔接顺畅、不畅对接工作反馈次数小于 3 次	25%/1.75
				善于与同事沟通和交流，每月至少参与 1 次同事分享和工作经验交流会	25%/1.75
				对新来的同事在工作上给予主动指导	25%/1.75
				尊重与自己合作的同事，部门内部投诉率为零	25%/1.75

（续表）

一级指标	权重/赋值	二级指标	权重/赋值	三级指标	权重/赋值
能	25%/25	基本服务	35%/8.75	熟练掌握本岗位所需要的专业知识，抽查技能和办公系统的操作方法合格率达100%	40%/3.5
				能够独立且保质保量地完成临时工作任务	20%/1.75
				善于发现问题并能及时找到解决问题的方法	40%/3.5
		读者评价阅读推广与社会教育	30%/7.5	与外部读者沟通时能够悉心倾听，沟通投诉率为零	20%/1.5
				积极参加馆内的业务学习，百分之百完成继续教育学分。	45%/3.38
				推广活动中发言思路清晰、准确表达个人意愿，馆内创新会议出席率达80%，会中能够对事不对人、理性沟通	35%/2.62
		服务管理与创新	35%/8.75	馆内创新会议出席率达80%，会中能够对事不对人、理性沟通	35%/3.06
				善于在工作中探索和总结经验，一年提出2项部门内部创新措施	30%/2.63
				自主学习业务工作所需要的知识和技能，了解相关学术动态，馆内交流平台至少分享过1次学术文章	35%/3.06

（续表）

一级指标	权重/赋值	二级指标	权重/赋值	三级指标	权重/赋值
勤	15%/15	工作纪律性	55%/8.25	遵守工作守则和各项规章制度	50%/4.125
				具有良好的安全意识（门、窗、水、电的管理），忘记关门窗、水、电按次扣相应分	50%/4.125
		出勤情况	45%/6.75	无故不参加业务学习或规定的集体活动，按次扣分	30%/2.025
				请病、事假，按天扣分	20%/1.35
				迟到、早退、中间脱岗，按次扣相应分	20%/1.35
				旷工按天扣分	30%/2.025
绩	30%/30	业务研究	35%/10.5	每一期书目的采选、录入在3个工作日之内完成，每延误1天扣相应分	35%/3.67
				每批图书从到馆至送出采编部不超过3个工作日。每超过1天扣相应分	30%/3.15
				按时完成馆内和部门交给的各项任务，未完成一项扣相应分	35%/3.68
		工作的质量	40%/12	维护书目数据的完整性和准确性，文献著录内容正确，项目完备，主要字段差错率<5%，每超过5%扣相应分	55%/6.6
				有计划有目标有侧重地完成中外文文献资源建设工作，无特殊原因订书重复率≤3%，每超过≤3%扣相应分	45%/5.4
		基层辅导与学会工作	25%/7.5	召开10次社区分馆业务培训会，分馆出勤率达80%	45%/3.38
				图书馆学会倡导的相关部门活动参与率达100%	55%/4.12

（续表）

一级指标	权重/赋值	二级指标	权重/赋值	三级指标	权重/赋值
廉	10%/10	廉洁	50%/5	不贪污行贿，接受贿赂	50%/2.5
				不利用职务之便谋取不正当利益或方便	50%/2.5
		勤俭	50%/5	爱惜国家资产	50%/2.5
				厉行节俭	50%/2.5

4 公共图书馆员工绩效考核前景

强制建立馆员考核的相关制度[1]。公共图书馆行业并没有走向市场，馆员在工作中受到的约束性较低，所以应强制推行人事制度的建设和实行。将馆员绩效考核体系嵌入图书馆的评估达标体系可以确保图书馆招聘和培养与其相匹配的馆员。但现行的评估体系中，人事管理的相关工作所占评估比重较小，图书馆的人力资源建设并没有成为图书馆等级考评的重要考核项目。以公共图书馆第六次达标中地市级别的评估指标体系为例，考评的指标中与人力资源建设相关的一级指标共有八项，分布在业务建设与保障条件中。其中业务建设中的行政与人力资源管理指标占四项，30分的分值，加分项为零；保障条件中的人员保障项目占四项，基本分值30分，加分20分，两项相加和为80分，但也只占总分1500分的5.33%，分值如图1所示。

如果以公共图书馆评估达标为突破口，提高图书馆评估体系中人力资源建设的占分比重，将统一的、科学的馆员绩效考核项目嵌入每4年一次的公共图书馆评估指标中，以评估的方式促进图书馆馆员考核体系建立，可以更加快速地使公共图书馆馆员绩效考核工作得到认可，以便

---

1 柯平. 以评促建 以评促管 以评促用——关注第六次全国县级以上公共图书馆评估定级 [N]. 图书馆报，2017.5.19（03）.

人员保障、行政与人力资源管理占总评估分值的比例

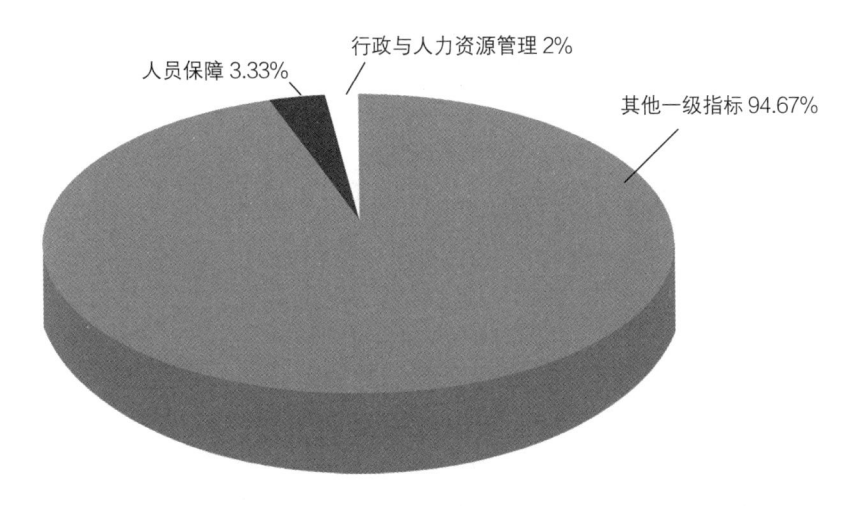

行政与人力资源管理 2%
人员保障 3.33%
其他一级指标 94.67%

图1 公共图书馆第六次达标评估指标体系（地市级别）人力资源项目所占比例

于推广和开展。

建立馆员考核统一标准并创建示范点推广。现行的每个馆对馆员的考核有不同的执行标准，并没有统一的正规的行业标准。行业协会应该发挥相应的职能，将人员绩效管理工作开展有成效的图书馆作为试点，将考核具体指标通过行业协会等组织进行推广，促使整个图书馆体系开展科学的馆员考核工作。在行业内，还应建立相应的监管机制，为每年每个馆都能按照预定计划有质量地完成人员考核工作提供保障。

用发展的眼光看馆员绩效考核工作。时代在发展，各种管理方法也层出不穷，对于人员的管理和评价是亘古不变的话题。越来越多的考核方法被发明和使用，在图书馆发展与改革的机遇之下，每个图书馆在保障传统评估工作的基础上还应根据自身的特色，学习企业的先进激励和管理办法，将绩效管理与本馆特色相结合，创建适合本馆馆员的评估考核体系，高效实现公共图书馆的职能。

5 结语

本文从公共图书馆绩效考核的特点出发，结合经典绩效考核方法在公共图书馆中的应用，基于 AHP 理论设计了一套带有权重值的，含有一级二级三级的绩效考核指标的公共图书馆馆员考核框架，并在此基础上展望公共图书馆员工绩效考核的前景。其主要结论与创新总结如下：

公共图书馆作为准公共物品具有一定的非竞争性和非排他性，在设计馆员绩效考核指标体系时需要兼顾服务公平与效率，要有助于实现图书馆的职能。

在公共图书馆实行员工绩效考核时要采用温和的方法，不同公共图书馆在绩效管理中要选取与管理目的相匹配的绩效考核方法，从而达到管理目的。

建立具有三个等级指标的公共图书馆员工绩效考核指标框架，并基于 AHP 法为各级指标赋予权重，对开展馆员绩效考核具有实际的指导意义。

本文存在的不足：公共图书馆绩效考核是一项巨大的工程，本文借鉴企业的人力资源管理方法，只是针对某一图书馆制定了员工绩效考核指标体系，然而我国公共图书馆的分布具有较强的地域性，公共图书馆的规模也存在差异性，百分百复制此绩效考核体系不可能适应所有公共图书馆，但本文针对绩效考核指标的设计思路是具有可复制性的。

"首图北京记忆"微信公众号发展现状及对策

王静斯 *

摘要 "首图北京记忆"微信公众号自 2015 年 8 月开始运行，累计总用户数 1759 人，累计发文 584 篇。该公众号依托首都图书馆北京地方文献专藏和"北京记忆"数字资源，向用户传播具有北京地方特色的文化信息。本文利用 AAR 模型，从读者获取（Acquisition）、读者激活（Activation）和读者留存（Retention）三个阶段，简析此公众号运行数据，以期通过扩大新增用户数量，提高用户活跃度和延长用户使用周期等方式发挥公共图书馆地方文献微信公众号对读者的最大价值。

关键词 地方文献；微信公众号；首都图书馆；北京记忆

1 引言

习近平总书记在十九届中央政治局第十二次集体学习时指出："随着 5G、大数据、云计算、物联网、人工智能等技术不断发展，移动媒体将进入加速发展新阶段。"中国互联网络信息中心《第 48 次中国互联网

---

* 王静斯，1987 年生，首都图书馆馆员，研究方向为地方文献的整理与开发。

络发展状况统计报告》数据显示：截至 2021 年 6 月，我国网民规模达 10.11 亿，互联网普及率达 71.6%。我国手机网民规模达 10.07 亿，网民使用手机上网的比例为 99.6%。我国即时通信用户规模达 9.83 亿，占网民整体的 97.3%。[1]

网民规模的空前壮大，移动媒体的加速发展，让人们面临着需要不断适应数字技术全面融入社会交往和日常生活的新趋势。在此背景下，公共图书馆作为生长着的有机体，也面临着如何创新服务方式、运用新技术理念和引领智慧化发展等新挑战。

近年来，微信成为图书馆利用馆藏进行阅读推广、读者活动宣传以及数字化文献资源展示的新阵地。目前我国 32 家省级公共图书馆均开通了微信公众号。作为即时通讯软件头部企业的腾讯公司于 2012 年 8 月推出微信公众平台，为信息传播者提供了一种全新的信息传播与管理模式。[2] 根据腾讯公布的 2021 年第三季度财报，截至第三季度末，微信及 WeChat 的月活跃合并账户已达到 12.6 亿。[3]

公共图书馆尤其是地方文献藏量丰富的公共图书馆，有必要利用微信做好地方文献工作，充分揭示馆藏特色，积极搭建阅读推广平台，以便更好地将本馆特色资源介绍给大众。[4] 目前，10 余家文博单位开通了专门的地方文献微信公众号：如黑龙江省浩源地方文献博物馆、河南省地方史志办公室等。[5] 省市级公共图书馆单独开通地方文献微信公众号的情况并不多见，如：首都图书馆北京地方文献中心、陕西省图书馆地方文

---

1 中国互联网络信息中心.《第 48 次中国互联网络发展状况统计报告》http://www.cnnic.net.cn/hlwfzyj/hlwxzbg/hlwtjbg/202109/P020210915523670981527.pdf，2022-3-14

2 郭海玲，史海燕，徐杰编.高等学校图书情报与档案管理系列教材 新媒体环境下的信息服务[M]. 北京：科学出版社，2021.

3 严贝妮，陈佳佳.我国省级公共图书馆非物质文化遗产推广研究[J]. 图书馆研究与工作，2022（01）:50—56.

4 王以俭，廖晓飞主编.地方文献与阅读推广[M]. 北京：朝华出版社，2020.

5 丁洪玲.地方文献微信公众平台读者服务研究[J]. 图书馆学刊，2018，40（05）:65—69.

献部和嘉兴市图书馆古籍地方文献部等。32家省级公共图书馆中的8家通过在官方微信公众号下设专栏的形式进行地方文献的研究与阅读推广，如：山东省图书馆"微品山东"栏目，四川省图书馆"川版图书"栏目和浙江图书馆"两浙缥湘"栏目等。[1]

本文将利用AAR模型，从读者获取（Acquisition）、读者激活（Activation）和读者留存（Retention）三个阶段，分析首都图书馆"首图北京记忆"微信公众号运行数据，以期通过扩大新增用户数量，提高用户活跃度和延长用户使用周期等方式发挥公共图书馆地方文献微信公众号对读者的最大价值。

2 "首图北京记忆"微信公众平台简介

"首图北京记忆"微信公众号自2015年8月开始运行，截至2022年3月，累计发文584篇。

"首图北京记忆"微信公众号依托首都图书馆北京地方文献专藏和"北京记忆"数字资源，通过数据库展示、新闻发布、讲座音频、地方文献专藏研究与开发、展览与活动推广等多种形式，向用户传播丰富的具有北京地区特色的文化信息。平台共有一级目录3个，分别为北京记忆、地方文献和我要参加栏目。每个一级目录下分别设二级目录，合计9个，分别为北京记忆网站、新闻、口述历史、乡土课堂、京城史话、京城韵味、活动、讲座和画册展专栏。

---

1 李丹丹，孙超.基于微信平台的公共图书馆地方文献阅读推广策略研究[J].河北科技图苑，2021，34（03）:72—77.

表 1 首图北京记忆微信公众号目录设置

一级目录	北京记忆	地方文献	我要参加
二级目录	北京记忆网站	京城史话	活动
	新闻		讲座
	口述历史	京城韵味	
	乡土课堂		画册展

3 基于 AAR 模型的运行数据分析

3.1 读者获取（Acquisition）

截至 2022 年 3 月,"首图北京记忆"微信公众号累计总用户数 1759 人。与"首图数字图书馆"微信服务号的关注用户数 3.17 万人和首都图书馆 APP 数字资源在线浏览人次 166.6 万比较,差距仍然很大。

目前,读者获取"首图北京记忆"微信公众号的渠道主要分为线下和线上两种。常规的线下渠道包括：扫描北京地方文献阅览室暨北京市政府信息公开查阅中心摆放二维码桌牌加入,扫描讲座和展览等活动现场放置的二维码标识加入。该类宣传渠道的优点在于有针对性地吸收了对北京地方文化感兴趣和希望利用图书馆地方文献资源的读者,而弊端在于宣传面窄,吸纳用户力度不足。线上渠道包括浏览首都图书馆官方网站、"北京记忆"自建数据库官方网站和首都图书馆官方微信公众号,获取"首图北京记忆"微信公众号关联信息。线上宣传有效扩大了受众范围,但仍局限于图书馆范畴,尚有较大拓展空间。

3.1.1 稳固对于中老年读者的获取

"首图北京记忆"微信公众号后台数据显示，46岁以上中老年用户合计占总用户数超过1/4，是"首图北京记忆"微信公众号用户的重要构成之一。用户中46岁到60岁的有406人，占总用户数的23.08%。60岁以上的有111人，占总用户数的6.31%。

考虑到中老年群体仍是传统媒体的忠实受众，建议针对该类读者，增强图书馆与传统媒体的合作宣传力度，如利用传统纸媒、广播电视台和电台等渠道进行宣传推广。以首都图书馆为例，与首图合作的媒体有《新京报》《北京晚报》《北京日报》《中国旅游报》《中华读书报》《光明日报》《人民日报》《环球时报》《北京青年报》《中国文化报》和中国广播电影电视社会组织联合会等。这些媒体传播性强，所面向的读者与听众群覆盖面大。通过加强纸媒和广播、电视等传统媒体渠道宣传推广"首图北京记忆"微信公众号，可弥补常规线下渠道获取中老年用户的不足。

3.1.2 增强对于Z世代用户的获取

"首图北京记忆"微信公众号吸纳Z世代用户的能力较弱。用户中18岁到25岁的有156人，占总用户数的8.87%。18岁以下的仅有15人，占总用户数的0.85%。

结合青年群体尤其是Z世代群体乐于使用社交媒体和易受偶像文化影响的特点。[1]建议一是利用更多社交媒体和网站平台，根据其各自不同特点，有侧重点地协同推广，形成新媒体宣传矩阵。目前我国32家省级公共图书馆中的29家开通了微博账号，占比90.6%；26家开通了抖音账号，占比81.25%。以首都图书馆为例，首图除微信外还开设了快手、抖音、B站、豆瓣小站、百家号、微博和北京日报客户端等新媒体账号，建设新媒体宣传矩阵的客观条件成熟。二是争取社会力量参与，促进图书馆与文化传媒公司合作，与文化领域内的KOL（关键意见领袖）甚至

---

1 最新人群——"Z世代"的生存状态[J]. 中国青年研究，1999（03）：31—32.

虚拟 KOL 产生联系，利用其影响力扩大传播。例如：魔珐科技人工智能公司旗下的超写实风格虚拟 KOL 翎 Ling 曾在央视综艺节目《上线吧！华彩少年》中，作为一个特殊的选手表演经典的京剧选段《天女散花》，成功用 Z 世代喜爱的虚拟 KOL 弘扬了优秀中国传统文化。

3.2 读者激活（Activation）

读者激活是为了在充分获取读者环节后，通过精准定位，细分用户，保证每一位用户的活跃度。

3.2.1 精准定位，关注女性读者的兴趣点

2020 年首都图书馆年报数据显示，首都图书馆女性读者比例略高于男性读者。累计有效读者卡中女性读者占比 54.63%，略高于男性读者占比 45.37%。有过借阅记录的活跃读者数量中，女性为 1.38 万人，略高于男性 1.28 万人。"首图北京记忆"微信公众号用户中女性用户占比为 53.67%，略高于男性用户占比 46.22%。这说明在办理读者卡、使用图书馆文献资源和浏览地方文献微信公众号方面，女性读者的积极性更高。

针对首都图书馆馆员群体和读者群体中女性占比较高这一特点，可借鉴美国公共图书馆"妇女历史月"活动，充分利用女性馆员的优势（首都图书馆现有在编职工 360 人，其中女职工 280 人，占在编职工总数的

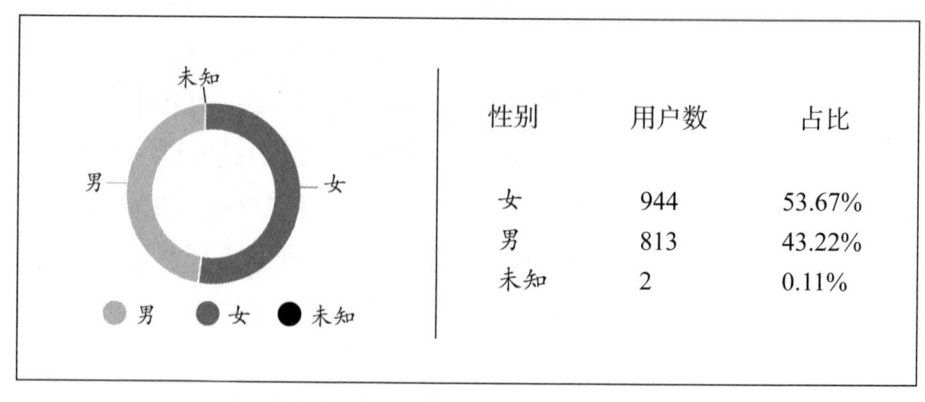

性别	用户数	占比
女	944	53.67%
男	813	43.22%
未知	2	0.11%

图 1 "首图北京记忆"微信公众号用户性别分布

77.78%），为特定群体推送定位明晰、更加有针对性的微信内容和活动。在美国，社会各界于每年 3 月国际劳动妇女节之际，宣传美国妇女相关历史，提倡"两性平等"观念，提升妇女问题关注度，图书馆亦参与其中，如圣路易斯公共图书馆开展的针对女性的馆藏资源检索培训；纽约公共图书馆举办的"黑人女性斗争史"座谈活动；哥伦比亚特区公共图书馆举办的女性作家、插画家 Sharee Miller 读书分享会等。[1]

3.2.2 细分用户，提高"北京记忆"专题数据库有用性

"首图北京记忆"微信公众号 2021 年 12 月、2022 年 1 月和 2 月的常读用户数分别为 99 人、103 人和 98 人，常读用户比例约为 6%。因此，我们要细分一般用户与常读用户、资深用户的区别，对于经常浏览"首图北京记忆"微信公众号并使用相关地方文献资源的常读和资深用户，给予更精细化的内容揭示，满足他们深层次的信息利用需求。

2021 年，"北京记忆"网站栏目在"首图北京记忆"微信公众号所有子菜单中点击量最高，为 43 次。"北京记忆"网站汇总北京地区特色文化信息资源，依托首都图书馆近百年的北京地方文献专藏建成，涵盖与北京历史文化密切相关的古籍、老照片、拓片、舆图等各种载体类型，

版本	菜单	子菜单	菜单点击次数	菜单点击人数	人均点击次数
20210512.02版 最近版本	北京记忆	口述历史	29	26	1.12
		乡土课堂	33	24	1.38
		北京记忆网站	43	37	1.16
		新闻	15	14	1.07
	地方文献	京城史话	60	34	1.76
		京城韵味	43	31	1.39
	我要参加	活动	27	19	1.42
		讲座	20	13	1.54
		画册展	12	10	1.20

图 2 "首图北京记忆"微信公众号菜单数据分析（2021 年 1 月 1 日至 12 月 31 日）

---

1 高然. 美国公共图书馆"妇女历史月"推广工作案例探析 [J]. 图书馆研究，2021,51（05）:82—89.

为读者提供文献浏览、全文检索、资源索引等多种服务形式。建议开展对"北京记忆"网站基础数字资源的细颗粒度内容标识，对资源内容进行精细化揭示，实现资源的知识化、专题化服务。重点围绕自有版权的地方特色文献、古籍、讲座、专题片等资源，进行内容细粒度标引，包括对文本类资源实现篇章级、段落级的标引，实现主题词、关键词级的标引建设；对音视频类资源做关键词、主题词控制的内容标引。继而对现有资源重新聚类，形成主题化、专题化的分类揭示，提高"北京记忆"专题数据库为资深读者服务的能力。

3.3 读者留存（Retention）

"首图北京记忆"微信公众号日取消关注人数小于新增关注人数，但每周都有用户流失。我们应采取相应手段在用户流失之前，维持用户黏性，激励有可能流失的用户继续使用公众号。

3.3.1 科学设置推送时间与频次，培养读者阅读习惯

"首图北京记忆"微信公众号发送内容时间基本固定，为下午4点，每周2到3篇。从时间和频次上平衡了工作人员编辑内容、用户浏览内容和处理突发事件需要修改内容的基本需求。

3.3.2 提高内容送达转化率和阅读完成率

送达转化率，即阅读人数占送达人数的比例。以"首图北京记忆"为例，有吸引力的、能够引起人好奇心的内容题目往往有着更高的送达转化率，如《灰色砖塔与七百年前的高僧》和《北京的冬天，为什么一定要去雍和宫？》系列。

阅读完成率，即完成全文阅读人数占阅读人数的比例。高质量的内容使用户在点击浏览后能够尽可能高完成度地阅读全文，也可以增加读者分享、点赞、收藏该内容的次数。

表 2 "首图北京记忆"微信公众号阅读完成率 70% 以上篇目

类别	内容标题	阅读完成率
岁时节庆	清明，戴柳	80%
	元宵节，老北京这样过	78.85%
	三月三，蟠桃宫庙会	74%
	立秋，北平之秋便是天堂	72.31%
地方美食	伏天的豆腐，冬天的茶	81.25%
	舌尖记忆，沉淀在奶酪里的时光	78.26%
	京味儿糕点，京八件	75.68%
	暖冬食，砂锅居	74.19%
社会热点、首图热点	冰河不见吴桐轩，溜冰记忆存北京	89.74%
	北京历史文化系列图书捐赠仪式在首都图书馆举行	83.14%
	春明簃，等你来品京味儿文化	72.10%
古建筑、旅游景点	天坛，中国现存最大的古代祭天建筑	86.96%
	北京的冬天，为什么一定要去雍和宫？	81.48%

注：2021 年 1 月至 2022 年 3 月数据。

"首图北京记忆"微信公众号后台数据显示，每逢岁时节庆推送应景的民俗文化内容、在社会发生热门事件期间推送相关的北京地方文献老照片（如在冬季奥林匹克运动会期间放出旧京滑冰高手的老照片）、用精美配图讲解北京地方的美食或经过文献考证的城市古建筑介绍均获得了 70% 以上的阅读完成率。因此，在内容推送上，可以不囿于微信固有目录与菜单的设置，运用微信功能中设置订阅话题的方式，随时增加新的系列选题。

3.3.3 拓展地方文化外延，增进文博、文旅融合发展

北京地方文献是指内容涉及北京地区历史及现状的一切资料，文献所涉及的北京地方文化是以特定地域的独有特征形成的历史文明成果，

是关于北京人文和自然环境共同组成的综合体。[1]"首图北京记忆"微信公众号不仅应开发和利用好本馆地方文献，还应拓展地方文化的外延，与相关博物馆、档案馆、纪念馆和旅游产业加强联系，丰富微信服务，促进融合发展。

例如：首都图书馆与北京鲁迅博物馆于2022年签署战略合作框架协议。积极推广"图书馆+""博物馆+"模式，以图书馆和博物馆的跨界联合，携手共建，丰富首都市民的文化生活。力争加强图书馆与文博系统、文史机构的交流合作，实现地方文献资源的互换互补、共建共享。

4 结语

《中华人民共和国国民经济和社会发展第十四个五年规划和2035年远景目标纲要》(以下简称《纲要》)为我国图书馆事业指明了新方向。《纲要》明确我国在"十四五"时期要促进公共服务和社会运行方式的创新，构筑全民畅享的数字生活……推进公共图书馆数字化发展。在提供智慧便捷的公共服务方面，要推进线上线下公共服务共同发展、深度融合……积极发展智慧图书馆。

后疫情时代，读者的空闲时间增加、到馆读者数量减少、远程联系图书馆的需求增加。[2]诸多因素要求公共图书馆要不断加大线上服务力度，不断推进数字化发展，才能满足新形势下读者对于图书馆服务的新要求，实现图书馆服务的高质量发展。

微信公众号作为已经被公共图书馆广泛利用、平稳运行并且仍然保持高利用率的新媒体运行平台，更应成为开发与利用北京地方文献这类特色馆藏的阵地，以期为图书馆线上服务拓宽路径，为传承弘扬中华民族优秀传统文化发挥重要作用。

---

1 张宝秀主编，虞思旦副主编.地方学研究 第2辑[M].北京：知识产权出版社，2018.
2 金德政，邱冠华.后疫情时代的公共图书馆服务[J].图书与情报，2021（03）:97—103.

智慧图书馆建设背景下图书采访工作中的大数据应用探究

高文静[*]

摘要 智慧图书馆建设是当下的热点话题，大数据在智慧图书馆建设中有着重要作用。文章从图书采访服务角度切入讨论大数据在智慧图书馆图书采访业务中的应用，探讨采访人员应挖掘的数据类型及应具有的能力。

关键词 智慧图书馆；大数据；图书采访

1 引言

党的十九届五中全会审议通过了《中共中央关于制定国民经济和社会发展第十四个五年规划和二零三五年远景目标的建议》，第一次明确提出建设高质量教育体系，提升公共文化服务水平。智慧图书馆建设是创新公共文化服务、提升教育质量的重要举措。在《"十四五"文化和旅游发展规划》中着重提到要统筹推进智慧图书馆服务体系建设。建设智慧图书馆是图书馆事业适应智慧社会发展趋势的客观要求，也是提升图书

---

[*] 高文静，1992年生，天津图书馆，馆员，研究方向为图书馆采编。

馆服务能力与效率，满足人民群众文化需要的必然选择。

智慧图书馆建设是一个长期性的，系统性的过程，其中图书文献资源是图书馆发展的重要部分，也是图书馆开展各类服务的基础。想要建设智慧图书馆，开展以人为本的个性化、适应性、智能化的图书馆创新服务，就必须做好文献采访工作，满足读者随时随地使用图书馆文献资源的需求，保障图书馆智慧化过程中文献资源的需要。

2 大数据与智慧图书馆图书采访建设

2.1 智慧图书馆概念

目前对何为智慧图书馆尚未有一个统一的概念，《国家十二五时期文化改革发展规划纲要》中对于智慧图书馆的定义：智慧图书馆就是运用物联网、云计算、大数据、空间地理信息集成等新一代信息技术，促进图书馆规划、建设、管理和服务智慧化的新理念和新模式。乌恩、董晓霞、王世伟等学者也给出了相关的定义。虽然对于智能图书馆学者有着不同的定义，但仍有一些共识，即智慧图书馆与智能技术，数字图书技术紧密结合，融合到了图书馆的所有的业务环节，最终将实现图书馆的智慧化。笔者认为，智慧图书馆无论定义如何，其建设是通过新型信息技术与图书馆结合，将以人为本作为发展理念，充分利用各类文献资源，满足读者对于文化教育的需求，是从以图书馆为主体向以读者为主体，图书馆提供资源、服务平台的转化。

2.2 大数据是智慧图书馆建设基石

随着云计算、物联网等新技术的飞速发展，数据呈现爆炸式的增长，大数据时代到来。而大数据时代正是图书馆从传统线下服务向智慧化建设的重要动力。图书馆的业务中吸收、应用并产生着各种各样的数据，而大数据则是物联网、云计算、可穿戴设备、人工智能等新兴技术应用到智慧图书馆服务中的核心。大数据的深度挖掘和应用将驱动智慧图书馆服务模式、服务内容的转变。

2.3 新时代背景下的图书文献采访面对的难题与挑战

图书文献采访是指结合图书馆本身发展方向，依托实际情况、采访规则、自身馆藏和读者诉求等，选择和采集图书文献的过程。图书馆采访是馆藏建设的首要内容，也是为读者提供优质服务的资源基础。智慧图书馆的建设对图书馆采访工作提出了更高的要求和更多挑战。

随着市场化的进展，各种平台的发展，图书的版本、装帧等样式繁多，质量参差不齐；发行渠道多样，优先线上平台宣传供应。传统搜集采购模式面临着数据不全、新书难买、质量不可控的多重难题。而网络媒体的快速发展，让读者能够快速地获得最新的出版信息，对于图书馆的新书采购速度、采访质量有了更高要求。此外，图书馆的智慧化服务将为不同读者提供专业化、个性化的图书文献推荐，依据读者需要提供定制化的图书服务，这就要求图书馆在图书采购过程中更加专业化、智能化，并注重与读者互动。

在新时代背景下，如何将各类大数据进行挖掘应用，实现图书资源采访模式转变，对图书馆智慧化建设具有重要影响。

3 大数据在图书采访中的挖掘与应用

图书从立项、出版、发行，到供读者借阅这一过程中，产生了各种各样的数据。以往在图书采访过程中，只对图书的一些基本信息数据进行搜集选择，大量的数据被闲置浪费。而在智慧图书馆建设中，图书采访必须要重视对各类数据的采集、挖掘、关联和应用。

3.1 出版大数据的挖掘应用

根据国家新闻出版署发布《2020年全国新闻出版业基本情况》，2020年，全国出版新版图书21万余种，全国有580多家出版社，2000多家民营文化公司在从事图书出版的相关工作。随着技术的不断发展，图书内容与制作式发生了巨大的改变，展现出多元化出版业态。适应出版物在新时代的变革，需要对出版数据进行搜集、挖掘和应用。智慧图书馆建设中，馆社合作是推动图书馆智慧化建设的重要举措。而这就要求我们关注更多的出版相关大数据，挖掘他们的内在关联，并应用到图书采访环节。

关注图书出版全流程数据，全面掌握图书的质量、发行情况。出版信息的大数据应用，使得图书馆能够第一时间知道一些小众类型、出版量少的书籍，是否适合馆藏并及时订购，避免因图书售罄而漏采。关注出版全行业动态大数据，利于图书馆建立与出版社及民营公司的有效链接。通过大数据搜集，了解出版社每年的重点立项，例如申请到国家级项目，各专业顶尖著作出版、引进等情况，挖掘出版社核心出版业务方向，使得图书采访能够有的放矢。同时，通过大数据比对，图书馆在向读者提供专业化读书服务时，更容易选出适配的出版社及出版物。此外，通过对出版信息的大数据分析，获得往年全国图书出版情况，并对未来进行有效预测，对于图书馆图书采访计划制定、馆藏体系建设至关重要。

出版信息的大数据获取渠道是多种多样的，但要保障其准确性。优先是与出版社的直接联系，由出版社实时提供最新最全的图书信息及出版社本身信息；其次是通过抓取各类新闻及官方媒体公开的关于出版的信息；还应考虑的是各类社交平台上与图书出版相关信息，但要注意对其进行筛选、组织。

3.2 市场大数据的挖掘应用

对大数据的应用在图书销售市场上早已存在，亚马逊和京东等网上商城在很久以前就针对图书消费者的消费实力进行了数据搜集，并利用大数据技术对海量用户进行了网页浏览、搜索购买习惯等方面的分析。武汉卷藏则针对馆配市场应用大数据分析，总结季度、年度的馆配情况，探明图书馆配发展方向。这些已有的大数据及分析结果可被充分应用于图书馆采访工作中。此外，近些年各大型书商都转而采取"云采购"模式进行线上采购，这种线上采购方式产生了大量数据，是非常有针对性和图书专业性的大数据。挖掘利用这些数据，可以获得具有即时性的市场情况分析结果。

除了书商及平台的大数据分析外，随着网络媒体的发展，各类关于图书销售及读者反馈的信息越来越多。例如京东、当当的销售排行榜，微博、微信等社交平台上个人发布的图书评价，豆瓣读书评分等。这些数据反映了大众读书偏好，当下热门图书等，对于图书采访人员在选购图书时能够起到启发和指导。各种图书权威奖项，例如"茅盾文学奖""文津奖"的获奖信息发布时，图书采访人员可搜集此类信息并与馆藏数据匹配，开展相关主题服务。同时，针对图书的热点事件的大数据分析有助于图书馆采访人员判断是否购买或下架某种图书，例如在"学者批《美国高等教育史》中译本错漏"这样的热搜信息出现后，大数据技术使得图书采访人员能够主动快速了解到相关书籍的情况，并通过分析进行研判，而不是被动等待出版社通知。

信息技术高速发展，网络上关于图书的各种数据大量出现，图书馆图书采访应适应这种趋势，并主动积极地利用大数据技术进行挖掘，做到对新数据快速及时的搜集分析，助力图书馆的智慧化建设。

3.3 读者大数据的挖掘应用

读者大数据是图书馆重要的资源。读者大数据可以应用于图书馆业务流程优化与图书馆服务创新，对于图书文献采访决策也具有重要作用。读者大数据主要包括读者信息，查询及借阅信息等。通过对读者年龄、性别、学历、学科背景、职业等不同属性、不同维度的大数据挖掘分析，可以形成图书馆读者群体画像，了解本馆的主要读者类型等读者情况。图书馆图书采访可以依据画像优化馆藏体系，构建更适合本馆的采访原则。分析读者检索、借还、阅览、查询、学习等行为大数据，可以评估馆藏急缺文献种类，指明当季采访重点，调整采访周期，合理执行经费预算。读者大数据分析还能够反映不同时间段、不同特征读者群体的阅读倾向和需求。依据该大数据分析结果，图书采访在读者个性化阅读服务项目中可提前去制定采购计划、实施采购方案，提升读者对于图书馆图书资源供给的满意度。此外，对读者大数据与馆藏资源大数据的交叉分析研究，探究馆内文献利用情况，可为实施科学的采访决策提供依据，进而实现馆藏布局的优化。

在图书馆智慧化建设过程中，不可避免要全方位、多渠道搜集并分析读者行为数据，研究读者的使用习惯和阅读偏好，以便更好为读者进行服务。但在这一过程中，图书馆应更注重对读者隐私的保护，对读者数据的使用应被严格限定在合理合法的范围。

4 智慧图书馆建设背景下的图书采访人员

在智慧图书馆建设过程中，要想利用大数据技术在图书文献采访中的发挥重要作用，就必须提升采访人员能力，充分发挥采访人员的能动性，使其适应日新月异的技术和浩瀚如海的数据。

采访人员应具有强大的信息搜集能力和数据处理能力。智慧图书馆就是要激活资源的数据、用户的数据、业务流程的数据等，并通过大数据技术转化为服务的能力。而采访人员在这一要求下，想要提升图书文献采访能力，就必须提升数据素养，以便深入挖掘大数据的价值，将大数据应用于采访工作中，并创新服务模式。

采访人员应学习新技术并具有研发创新能力。云计算、物联网、大数据、人工智能等高新技术的发展是智慧图书馆建设的技术支撑，而目前我国智慧图书馆发展仍处于初始阶段，智慧图书馆如何建设、怎么将新技术应用于图书馆业务和服务中去等问题，还有待于图书馆员进一步探究。负责图书馆文献资源建设等工作的采访人员，必须能够快速了解和学习先进的智能技术，探究如何将这些技术转化为智慧图书馆发展工具，才能够精准、专业地将这些新技术应用于实际工作，提升工作效率；必须意识到，如果只是依靠简单购买应用、模仿其他图书馆，是无法真正建成具有本馆特色的智慧化服务体系的。

参考文献

[1] 李梓奇，朱泽，王常珏，等.智慧图书馆发展的"十四五"开局之问——"2021第五届智慧图书馆发展论坛"学术报告述评[J].大学图书馆学报，2021，39（6）:7.

[2] 吴建中，郭生山.关于智慧图书馆建设的几点思考——专访吴建中先生[J].图书馆理论与实践，2022（2）:4.

[3] 新华社.国家"十二五"时期文化改革发展规划纲要[J].新疆新闻出版，2012（2）:9.

[4] 乌恩.智慧图书馆及其服务模式的构建[J].情报资料工作，2012（5）:3.

[5] 王世伟.未来图书馆的新模式——智慧图书馆[J].图书馆建设，2011（12）:5.

[6] 王雪刚.大数据在图书出版中的应用分析[J].中国传媒科技,2022（4）:3.

[7] 只莹莹.基于图书馆读者大数据应用的思考[J].图书馆理论与实践，2021（3）:6.

[8] 熊莉君，连书勤，张灿."5G+人工智能"的大数据知识服务体系构建研究[J].图书馆理论与实践，2022（03）:58—63+85.

[9] 初景利，张国瑞.面向智慧图书馆的馆员能力建设[J/OL].图书馆理论与实践:1—5[2022-05-30].

"十四五"时期公共图书馆新型阅读空间构建路径探究
——以天津图书馆为例

刘瑞华 *

摘要 全民阅读不断深入的背景下,公共图书馆文化服务职能面临机遇和挑战,新型阅读空间构建成为题中之义。立足天津地域现行政策及创建模式,本文以天津图书馆[1]构建阅读空间实践为例,探讨提出"十四五"时期公共图书馆创新阅读空间模式的可行性路径。

关键词 公共图书馆;阅读空间;"十四五"时期;路径

自 2021 年,我国稳步进入"十四五"规划新时期,也是全面建成小康社会第一个发展阶段,习近平总书记提出:"公共文化服务体系和文化产业体系更加健全,人民精神文化生活日益丰富,中华文化影响力进一步提升。"[2] 新时期,公共图书馆作为文化事业发展中的重要一环,同样处于战略机遇期,全民阅读逐步深化,公共服务均等化、智慧化等目标,都迫切需要公共图书馆服务功能再升级。创新阅读空间在这一时代

---

* 刘瑞华,1990 年生,天津图书馆助理馆员,研究方向为读者服务。
1 文章中"天津图书馆"一律为"天津图书馆(天津市少年儿童图书馆)"的简称。
2 中共中央关于制定国民经济和社会发展第十四个五年规划和二〇三五年远景目标的建议 [EB/OL].[2020-11-03]. http://www.gov.cn/zhengce/2020-11/03/content_5556991.htm.

背景下，具有深化读者服务、促进公共图书馆发展和繁荣公共文化事业的现实意义。

1 公共图书馆创新阅读空间的现实考量

1.1 创新阅读空间是公共图书馆服务功能的延伸

公共图书馆的核心功能是为公众阅读提供便利。新时期，国民阅读需求随之提高，据2022年"4·23"世界读书日当天发布的调查结果显示，2021年我国成年国民的综合阅读率为81.6%，阅读量明显增加，媒介更多元化，时间也在延长；此外，未成年人阅读率为83.9%，呈持续向好趋势。[1] 阅读"质"与"量"实现并进，以"阅读"为旨向延伸出"阅读空间"的概念，公共图书馆不再只是提供阅读场所，构建可学习、可交流、可分享等特点的新型阅读空间尤为重要，成为以阅读需求为导向的时代要求。因此，创新阅读空间是公共图书馆新时期服务触角的延伸，直接决定了服务效能的发挥。

1.2 现有阅读空间模式提供尝试路径

立足天津，不同主体在阅读空间建设方面已经取得实践经验。实体书店开创以"书房"为代表的公共阅读空间，成为文化地标，如国家图书馆打造的首个大型综合创意空间"国图·津湾文创空间"，融合文化典籍与现代艺术，让国宝级文化元素大放异彩。图书馆为主体探索出"总馆—分馆—服务点（书屋）"模式，例如，中新友好图书馆借鉴新加坡经验，在亿利生态精灵乐园等处开设了8个书屋，集个性化和休闲功能为一体。此外，各大机关单位、企业等创建职工书屋以及城市书吧等，为读者开辟出新的阅读空间。

---

[1] 中国新闻出版研究院发布第十九次全国国民阅读调查结果 [EB/OL]. [2022-04-23]. https://news.cctv.com/2022/04/23/ARTII5aJcQuiRIfvF5CQ4R mM220423.shtml.

2 公共图书馆创新阅读空间的政策、理论依据

2.1 "阅读空间"的概念界定

随着"第三空间"理论应用到图书馆，进一步为深度阅读环境、个性化阅读场所等构想提供理论参考。自美国学者探讨提出"信息共享空间"的概念，"阅读空间"逐步转向"知识创造"，进而，注重"学习共享"。公共图书馆阅读空间具有容易接近、包容度高、自由学习及阅读等特点。[1] 公共图书馆打造阅读空间，逐步实现读者服务升级：不仅彰显了公正、免费、开放的服务理念，更致力于充分发挥作用，将原有的图书、阅读价值上升到空间、交流领域，体现了图书馆在社交、学习、休闲等方面的空间服务价值。[2] 由此可见，阅读空间正在逐步融合参与主体、馆藏资源、阅读推广系列活动，以及建筑场所特点和优势，实现阅读的自主性和开放性。基于上述，本文拟对公共图书馆的阅读空间广泛定义为：以深入推广全民阅读为目的，为读者提供智慧化、均等化、个性化阅读服务体验的空间，含实体场所和虚拟空间。

2.2 多措保障为创新阅读空间提供新思路

"十三五"时期，国家出台了《"十三五"时期全国公共图书馆事业发展规划》《全民阅读"十三五"时期发展规划》等一系列文件，从全民阅读、公共图书馆的场所及馆藏资源等层面保证了阅读有法可依，促进了公共图书馆建设和文化事业发展，为阅读空间建设及创新提供了思路，如提出建设"城市24小时阅读服务空间"等。此外，文旅融合成为公共图书馆建设及发展的重要议题，"以文塑旅、以旅彰文"[3] 的理念融入现代

---

1 孔宇.公共图书馆阅读空间建设的研究[J].河南图书馆学刊，2021（11）：33.
2 王子舟.我国公共阅读空间的兴起与发展[J].图书情报知识，2017（02）：12.
3 文琴，陈心雨，曾文等.粤港澳大湾区公共图书馆的合作基础与发展空间[J].图书馆论坛，2020（10）:66—74.

化文旅阅读空间建设过程中。与此同时，智慧图书馆逐步带来全方位的阅读服务革新。

3 天津图书馆的有益尝试

3.1 空间自由：汽车图书馆、"通借通还"打造流动阅读空间

公共图书馆致力于静态服务向动态服务转变。天津图书馆通过汽车图书馆等方式，让阅读空间不拘泥于固定阅览室、特定馆区，实现阅读空间的全市流动。

汽车图书馆由来已久，始于"图书大篷车"的流动阅读空间形成于20世纪80年代，1998年，天津图书馆推出专门的流动服务车，定期给部队、公司等送书。2006年，天津图书馆推出两辆流通借阅服务车，在全国范围内率先开创汽车图书馆的新型阅读空间发展模式。阅读需求随时代发展产生变化，汽车图书馆逐渐成为天津图书馆的服务品牌，仅2021年，"十四五"规划首年，汽车图书馆开展了"文化惠民走基层"等活动，深入学校、部队、社区、村镇等地，多次服务不同地域，居民、残疾人、学生等多元群体，极富社会效益。数次驶动的车上图书馆形成一个个流动的书房，服务半径更广，读者群体更加多样化，品牌认可度更高。

随着"一卡在手、全市通读"的新阅读时代到来，天津图书馆在打破空间限制基础上不断丰富馆藏、更新资源，目前，在读者中的知晓度、认可度已经很高，实现文献资源在政策、技术、馆际协作基础上的空间自由，使广大读者充分、便捷地汲取阅读所需，进一步吸纳新读者，维护老读者，助力公共文化服务优化与均等化。

3.2 多样课堂：专业讲座、场景式阅读等打造学习、分享空间

天津图书馆不断在丰富阅读场所形式上进行有益尝试，积极开辟出更注重读者体验的学习、分享空间。例如：音乐图书馆长期开展阅读推

广、视听、讲座、演出等活动，并特别推出"云端音乐讲堂"，满足了读者足不出户享受视听盛宴的文化需求。"体验式"阅读以"阅读＋体验"的方式，在增强读书仪式感的同时，让阅读场景"活"起来。例如："阅享红色经典 重温光辉党史"主题游学活动，就是以线上提供红色文献资源为先导，与线下"游玩"红色展馆结合起来，激发少儿读者的阅读兴趣；VR数字体验区通过诸如古籍修复、瀑布流阅读等方式，让读者体验科技与场景交织的新鲜感，让"悦读"拥有科技力。

3.3 集中传播：主题展、阅览专架等打造文化传播空间

专业化阅览空间与传统阅览室功能相呼应，形成集中进行文化传播的效果。就文化中心馆区而言，天津图书馆多个部门已经在专业阅读空间建设上有所成效。在一楼设置的综合展厅，以书法、十二生肖、古籍保护等主题的展览成为文化传播阵地。图书借阅部开辟红色资源阅览区，从二楼中心的位置选定，到桌椅、藏书陈列，都突出核心、权威等特色，发挥出专业阅读、文化传播和价值观引导的作用。此外，报刊借阅部发挥资源优势，开展一系列主题期刊展览活动（见表1），具有时效性和传播力。同时开设的热门期刊阅览专架，动态把握读者阅读趋向，发挥导读作用。"有刊可查、有刊可阅"的阅读空间开辟，为读者提供了科学、高效的阅读环境。

表1 文化中心馆区历次期刊展活动（2021年至2022年）

刊展标题	时间	刊物内容及数量	活动效果
党史学习教育主题期刊展	2021.6.1—2021.7.31	党史相关，40种	正确党史观引导，促进党史学习与业务工作深度融合
铭记光辉历史，开创强军伟业	2021.8.1—2021.9.30	军事题材：大国重器、国防面貌，40种	集中传播军事文化，助力强国强军梦

（续表）

刊展标题	时间	刊物内容及数量	活动效果
我的祖国我的梦	2021.10.1—2021.11.30	展现祖国励精图治、繁荣昌盛的时代蓝图，40种	弘扬习总书记建党100周年的讲话精神，传播正能量
元旦·冬之乐	2021.12.1—2022.2.28	歌颂祖国伟大成就，40种	喜迎新年，引领阅读新风尚
健康伴我行	2022.3.1—2022.5.31	体育及医学类刊物，30余种	科学抗"疫"，弘扬冬奥会精神，为全民健康提供指导

3.4 智慧引导：打造自助、探索的网络虚拟空间

随着智慧图书馆概念的逐步深入，尤其受限于疫情常态化，天津图书馆适时快速打造网络阅读空间。天津图书馆已经在互联网技术支撑下，实现物理阅读空间24小时自助还书。此外，自助借还图书机则让读者在选择及操作上更加自由，同时节省了图书馆人力成本。值得关注的是，中国科协公布的2021—2025年第一批全国科普教育基地，天津图书馆榜上有名。近年来，天津图书馆将丰富的馆藏资源融合科技元素，为读者搭建知识与未来的桥梁。此外，疫情催化了线上阅读空间的快速开辟和完善。如"网上荐书"采用音、图、文等多方式丰富读者体验；"抗疫精神传递"则通过创新阅读空间应对突发公共危机；网上竞赛等活动举办，在虚拟交流空间中为读者提供别样互动体验。

4 公共图书馆创新阅读空间的新思考

4.1 建立多主体参与的运作机制

公共图书馆由于参与主体的单一性，具有活力不足、资源利用率低等弊病。文旅融合趋势下，合作共建是共享文化资源的重要途径[1]。

---

1 文琴，陈心雨，曾文等.粤港澳大湾区公共图书馆的合作基础与发展空间[J].图书馆论坛，2020（10）：66—74.

公共图书馆阅读空间构建应在国家政策指导下，由政府主导，建立以多方协作为基础的新型运作机制，充分实现跨界合作。一是从图书馆人才招聘、培养、队伍建设层面，形成具有多学科背景、读者服务经验和专业技能的人才队伍，激发阅读空间构建的原动力。二是与民间组织协作，为公共图书馆阅读空间建设提供新思路，追求空间环境、服务方式的多元化、个性化，学术界关于阅读疗法相关的讨论或成路径之一，比如"阅读+"的多组织参与模式。三是吸纳个人或团体参与其中，如以志愿者招募的方式，让有兴趣、能胜任的新鲜血液为阅读空间创新发展建言献策。

4.2 强化技术为依托的智慧化管理

"互联网+"时代构建智慧化阅读空间，旨在实现读者对知识资源的深度内化与知识认知的螺旋式上升。[1]

从流程上，需要实现环节把控：智能技术和设备为先导—精细化需求为动力—个性化服务体验为目标。首先，公共图书馆应在大数据时代，综合运用云计算、物联网以及虚拟现实等技术，引入交互智能设备，为创新阅读空间实现技术条件。其次，依托智能技术为读者分析、筛选、提供参考咨询，进而为读者精细化需求的实现提供可能。一方面，实现读者检索信息技术和方式的革新，帮助读者快速、准确筛选信息。另一方面，应在碎片化信息精准分类、庞杂文献资源智慧识别等方面发力，形成文献谱系，使读者可以多维度获取知识。最后，智慧化阅读空间最终落脚点是满足读者个性化需求，更高效服务读者。因此，智慧阅读空间应实现技术感知和识别，在读者喜好、习惯等方面具有"智慧"，去除盲目查找、重复检索的弊病，形成读者阅读画像，实现智能推送、区别供给。

---

[1] 吴源渊.智慧图书馆有背景下高校阅读推广特征及发展趋势探析[J].图书馆工作与研究，2021（02）：118.

4.3 实现多阅读空间协作基础上的自由化、均等化

不拘一格的阅读空间协作发力才能更好地促进阅读空间多元交互，形成随时随地、边分享边学习的自由空间。

持续深入推进全民阅读和公共服务均等化，要求阅读空间建设要兼顾不同群体，尤其注重弱势群体，提供人性化、温度化服务。比如，针对少儿绘本馆及相关活动、残疾人和老年群体等，环境考量、需求考虑、效果分析、意见及建议反馈等都构成阅读空间服务均等化的要素，需要相应的专业人员、技术设施配置等为支撑；此外，应具备以人为本的空间构建理念，持续挖掘读者阅读需求，做到大众阅读与小众阅读统筹兼顾。创新阅读空间要以读者需求为导向，智慧甄选、推送、记忆和分析读者所需，提供个性化知识网。这就要求在满足大众阅读需求空间的基础上，时刻调整和更新小众文献资源库及提供模式，满足更广泛人群的深切阅读需求；协作和互补的模式同样适用于线下阅读空间与线上阅读空间。情景化、场景化、体验式的创新服务为阅读空间设想提供借鉴，力求超越时空限制，最大限度保障阅读效果。

5 结语

新型阅读空间赋予公共图书馆服务新职能，使读者获取文献资源更便捷、高效，同时利于深入推进全民阅读。"十四五"时期，阅读空间创新势在必行。建设以读者为中心、注重读者体验的多元交互阅读空间，促进公共图书馆在读者知识学习、交流与分享过程中，引领公共文化服务向智慧化、均等化方向发展，为公共文化事业繁荣蓄力。

基于区块链技术的高校图书馆信息服务模式优化路径

姚文彬 *

摘要 区块链技术的集成应用有利于新兴产业变革，在构建网络强国、发展数字化产业和拓展公共文化服务领域中具有较宽泛的应用价值。高校图书馆作为公共文化服务体系的重要组成部分，利用区块链技术推进信息服务建设势在必行。本文通过知网、学习强国等互联网平台调研分析当前高校图书馆信息服务模式的特点及存在的主要问题，并引入区块链技术，从而提出适合当前发展的信息服务对策。本文将区块链技术与高校图书馆服务模式相结合，利用区块链技术具有去中心化的特点，建设高校馆与党政机关、各院系以及科研机构之间的图书馆联盟机制；利用区块链技术全程留痕、不可篡改的特点，保障高校图书馆信息传输和用户信息资源的安全运行；利用区块链合约性的特点，优化高校图书馆办公自动化体系；利用区块链开放性特点，实现高校图书馆知识资源的共享。

关键词 区块链技术；高校图书馆；信息服务模式；优化路径

---

* 姚文彬，1991 年生，北华航天工业学院图书馆馆员，研究方向为图书馆信息服务。

1 引言

2014年，"区块链"作为一个关于去中心化数据库的术语进入公众视野。2019年10月，习近平总书记在十九届中央政治局第十八次集体学习时强调，"把区块链作为核心技术自主创新的重要突破口""加快推动区块链技术和产业创新发展"[1]。区块链技术以其精巧的设计理念和运行模式，推进经济领域、数字版权领域和公共文化服务领域等多领域规则体系革新建设，改变人与人、人与组织、组织与组织之间的协作互惠关系。区块链技术使陌生主体之间能够建立基于技术约束的友好关系，使得在陌生环境下开展公共事业合作成为可能，有望激发一系列新的业务模式和公益模式。

在"互联网+"融合发展时代，高校图书馆作为知识传播、学术研究、文化宣传以及思想交流的重要阵地，已经走在了开放发展的道路上，并具备了基础的计算机技术。但是高校图书馆在面向读者服务上既没有实现真正的主动服务，也没有真正满足读者多元化的信息需求，既没有实现双向互动服务，也没有真正从读者的角度去提供个性化服务。因此，对高校图书馆信息服务模式的优化刻不容缓，只有不断优化高校图书馆信息服务模式，才能够真正地实现"读者为王"的服务宗旨，更好地发挥自身的社会价值。

2 相关文献研究现状

2.1 高校图书馆信息服务模式优化研究

对于高校图书馆信息服务模式优化的分析，不同的学者从不同的角度对此进行了阐述。利用中国知网高级搜索，选择"主题"字段，输入

---

[1] 赵莉娜，徐士贺. 区块链技术下高校图书馆精准信息服务路径研究 [J]. 图书情报工作，2021，10（5）:31—36.

检索词为"高校图书馆信息服务模式优化"，共有10条检索结果。2011年，广东肇庆学院图书馆李育嫦首次提出高校图书馆应从Web2.0个性化信息服务所涉及的人、信息资源、技术和服务等方面进一步优化信息服务模式；2012年，苏州大学社会学院周鹏飞认为以用户体验的交互式为基础来优化高校图书馆网络信息服务；2017年，中南大学图书馆邓倩从"藏、借、阅、检、询"5个方面来优化高校图书馆流通部信息服务；2018年，浙江财经大学夏隽认为以新媒体为基础从移动信息服务、自助服务、社交网络服务等方面来优化高校图书馆信息服务模式；2019年，太原理工大学图书馆安蓓基于数据挖掘技术从平台建设、馆际合作、队伍建设等方面来优化高校图书馆信息服务；2021年，成都师范学院图书馆贾建瑞、廖静等人研究发现整合型社交网络服务信息服务模式的优化方案能更好地满足高校图书馆用户需求。

高校图书馆信息服务模式优化是为了实现特色化、个性化的服务。国内外关于高校图书馆信息服务的角度不同，国内研究侧重服务范围方面的优化，国外研究侧重从技术角度来优化高校图书馆信息服务。C.Porcel和E.V.Herrera[1]提出了一种模糊语言推荐系统，用于描述、获取用户偏好特征，可以对用户进行聚类分析，实现精准识别用户；A Little, A Morton, L Sykes提出利用数字工具构建网络知识库，制定全面的知识共享方法，对虚拟咨询和提供帮助服务的发展进行了深入的探索；Wada认为云计算是一种基于互联网、远程驱动和面向服务的技术，利用云技术与高校图书馆普遍相关性，从数字资源、互联网服务、客户端架构、无线接入点和数字图书馆员等5个方面来优化图书馆信息服务。

---

1 PO R CEL C, HE R R E R AVIEDMA E. Dealing with incomplete in-formation in a fuzzy linguistic recommender system to disseminateinformation in university digital libraries［J］. Knowledge-based sys-tems，2010，23（1）:32-39.

2.2 区块链技术运用于高校图书馆信息服务的研究

区块链是分布式数据存储、点对点传输、共识机制、加密算法等计算机技术的新型应用模式。笔者在中国知网选取主题字段，输入"区块链技术 and 高校图书馆信息服务"，共检索出 5 条记录。赵学兰提出区块链技术在图书馆信息服务中的应用能够提高信息安全性、避免数据丢失、突出信息传递价值，而且区块链技术的场景应用可在版权服务和原著溯源服务上得到充分运用；曹锦铸[1]认为区块链技术与高校图书馆信息服务的融合能够扩展信息采集渠道，丰富信息资源并为用户信息查询、调取提供方便。在点对点的传输状态下，信息交流速度及准确性也更高。张达那[2]提出区块链技术改变了以往图书管理和借阅模式，是去中心化、去平台化的主要技术，可提高图书馆资源流通效率，促使图书馆信息资源收集、存储和使用更加便利，是目前图书馆数字化建设中应用的先进技术模式。赵莉娜、徐士贺提出利用区块链具有的去中心化特点，构建图书馆精准服务的区块链联盟体系；利用区块链具有的信息对称特点，融合 xAPI（Experience API）技术规范建立基于区块链技术的图书馆信息服务存储平台；利用区块链的可溯源特点，建立图书馆精准信息服务追溯体系；利用区块链密码学算法的数据存储的优势，建立机构知识库数据共享服务。袁瑰霞[3]提出应用区块链技术，能够有效促进图书馆学科服务模式变革创新，创建用户参与的图书馆资源建设，使得图书馆能够加快精准学科服务模型建设。

---

1 曹锦铸.基于区块链技术下高校图书馆信息服务与场景探析[J].教育现代化,2020,7(37):97—99+103.

2 张达那.基于区块链技术的高校图书馆信息服务与场景探析[J].西部学刊，2020，124（19）:128—130.

3 王海青、王萍.区块链技术在流通行业中的应用场景、挑战与实现路径——兼论流通数字化的发展新趋势[J].商业经济研究，2021，32（12）:5—8.

2.3 区块链技术的运用场景

区块链技术最初运用于经济领域，随着它的广泛运用和发展，目前区块链技术已经运用在众多行业当中，如区块链技术在流通行业中的应用场景逐渐丰富到数字货币、供应链金融、食品安全与信息存储等多个方面，加速了流通数字化发展[1]；区块链技术在公共体育服务中的应用场景包括：能有效促进多元供给机制形成；建立虚拟货币形式的激励机制；突破信息"孤岛"，促进资源共享；加强公共体育服务标准化、绩效评估建设科学化；推动国民体质监测高效实施[2]；区块链技术在海外逐步被投入媒体活动中，并取得了较丰富的结果，其中 Civil 平台借助区块链技术确立自己信息生产者的身份并保证内容可信度；Synereo 对平台用户信息进行分级加密以保护用户隐私；而 Decentralized News Network 鼓励广大用户撰写、阅读甚至消费新闻报道，丰富了内容来源与信息生成渠道[3]。各个领域在区块链技术运用中的不断实践，对于"区块链技术+高校图书馆服务"未来研究发展提供了科学指南。

3 现阶段我国高校图书馆信息服务模式的特征及存在的问题分析

3.1 当前我国高校图书馆信息服务模式

随着数字化建设、5G 时代的到来，先进的信息技术手段为高校图书馆信息服务模式的变革提供了条件。伴随着服务方式、服务内容的多元化，促使高校图书馆工作者转变服务理念，改变传统的只注重信息资源的服务，而将服务对象转向用户，不断地调整服务模式，为读者提供深

---

1 王海青，王萍.区块链技术在流通行业中的应用场景、挑战与实现路径——兼论流通数字化的发展新趋势[J].商业经济研究，2021（12）:5—8.
2 蔡磊.区块链技术支持的公共体育服务应用场景[J].体育学刊，2021，28（01）:73—78.
3 方洁，蒋政旭.国际上区块链技术在媒体场景下的应用研究[J].新闻与写作，2020（01）:21—26.

层次高质量信息服务。当前高校图书馆信息服务具体模式主要表现为四个方面：①垂直型服务管理模式，固定专门部门负责相关信息服务，与其他部门工作人员均无交叉；②定向型服务模式，大多数高校利用数字化技术整合馆藏资源和用户行为，以馆藏资源为重点开展信息资源服务，少数高校针对不同类型读者如高层次人员、教师和学生开展了个性化信息导航服务；③推送服务模式，通过微信公众号、QQ群为全校师生推荐新书、精品图书或热门图书，吸引读者的注意力；④服务质量评估模式，通过意见箱、QQ或邮件定期对的信息服务效果进行质量评估，为日后优化信息服务模式做好前期准备。

3.2 我国高校图书馆信息服务模式存在的问题

在互联网、人工智能、云技术以及信息化技术不断普及推广的大背景下，高校图书馆信息服务虽然有了很大的转变，但是随着当前学科化不断深入，用户对知识的需求越来越追求个性化和特色化，高校图书馆信息服务存在着巨大的现实性问题。

3.2.1 馆藏资源来源单一

图书馆馆藏纸质资源和电子资源主要依靠学校财政拨款，由于受资金短缺的限制，馆藏资源来源只考虑经济问题，追求满足数量即可，并未针对各类用户实际需求进行采购，缺乏对用户需求进行科学化、系统化和特色化的分析。馆藏资源来源单一不仅造成馆藏质量无法保证，也会降低把握读者需求的准确性。

3.2.2 服务形式缺乏互动性

当前高校图书馆信息服务大多都是"一问一答"式的被动服务，服务形式主要是通过建立QQ服务群回答一些常见问题，这是国内高校采取的最基本形式；其次是利用微信公众号、邮箱或留言板形式提供参考咨询服务，但是这些方式提供的服务缺乏实效性，并不能有效满足用户的需求。通过网上查询各大高校图书馆信息服务情况，笔者发现馆员与用户间的互动除了读者新书推荐以外，只有极少数高校图书馆（如四川大学图书馆、深圳大学图书馆）推出用户选书平台或用户借阅与评价排行榜，与各类用户进行互动。显然，高校图书馆馆员与用户的交互方式有很大的局限性，这在很大程度上降低了高校图书馆的社会吸引力和服务水准。

3.2.3 服务内容缺乏深度性

伴随着现代化技术的飞速发展，高校图书馆服务内容逐渐丰富，但是服务性质依然停留在简单的基础性信息服务，如参考咨询服务、借阅服务以及信息推送等，服务内容缺乏深度。高校图书馆没有充分地考虑用户对知识型信息的需求，从信息推送服务来看，高校图书馆信息推送的内容大多是馆内新闻、假期安排通知以及馆藏结构介绍，没有对馆藏资源或网络资源进行规范化的组织；从学科服务来看，学科馆员为院系教师提供的学科服务应该具有连贯性和系统性，然而在实际学科服务中，由于高校图书馆馆员知识储备不足，无法有效胜任学科服务工作，给各系教师提供的学科服务大多数是简单的文献检索服务，学科服务水平明显不够高。

3.2.4 信息服务管理与实际运行状况不符

在信息服务管理与实践层面上，馆藏数据信息服务体系因受软硬件设施、人力资源以及资金等因素的限制，图书馆数据信息服务体系处于一种封闭的状态，这就造成了无法满足各类用户的多方需求，特别是高知科研人员在进行学术研究时往往面临着找不到可供参考的文献资源的情况；而且高校图书馆在办公设施、人员调配以及资源结构上着重考虑高校图书馆自身，缺乏长远的规划与战略部署，缺乏对科研人员信息服务以及学科服务建设的开创性发展。对于馆藏数字资源库的引进缺乏明确的信息服务对象，虽然开通了跨库文献传递服务平台，但缺乏对馆藏数字资源进行聚类，缺乏对馆员进行相关实践上的专业培训。信息服务管理与实际运行的不对称将不利于高校图书馆信息服务的顺利发展。

4 优化路径

4.1 利用区块链技术去中心化特点，构建机构联盟信息服务机制

互联网其实就是一个去中心化系统，去中心化的区块链系统是一种新型的数据库，数据存储和传输实行的是"点对点"的服务模式且彼此间不存在依赖的关系。高校图书馆作为知识文化传播的重要机构，其信息服务的关键在于信息服务对象，只有把握服务对象的来源机构、认清服务对象的个性需求，才能真正达到高质量、高水准的服务。高校图书馆服务对象的来源机构和服务类型主要包括用户的基本信息、用户的学科信息以及用户的教研信息等相关内容。高校图书馆要建立机构联盟信息服务机制，将学校党政机关、科研机构、各院系以及各类读者建立联盟。联盟的每个成员都能为不同需求的读者提供服务。图书馆的大数据中含有学生基本情况、院系专业以及借阅信息等；党政机关，如人事处有全校所有教职工的基本信息，为图书馆深层次服务提供可靠数据；科研机构，如科技处具有全校师生所有的科研成果，为建立学科馆员、开展学科深层次服务提供数据参考；教辅机构，如研究生部拥有全校硕博学生的培养方案，为图书馆开展精准学习支持服务（如开题报告、论文撰写方法和步骤以及论文投稿），满足硕博研究生培养方案的各方需求提供依据。院系作为学院发展的核心要素，其发展的关键就是建立特色专业和打造国家级重点实验室，为图书馆信息服务优化提出较高要求。读者是高校图书馆信息服务的第一对象，读者可以在图书馆提供的信息内容中进行自主选择，也可根据自身具体情况提出个人需求。

4.2 利用区块链技术不可篡改的特点，保障用户信息安全

高校图书馆凭借自身丰富的馆藏、广阔的馆舍以及各项软硬件设施配备的资源优势，为用户信息服务提供了可靠支持，但同时也存在着如何保护好用户的隐私信息的困扰。区块链技术采用分布式账本数据库管

理，这种存储方式利用密码学相关知识，可对区块链上的数据进行标记，可以追溯到原始数据信息。高校图书馆可以借用区块链技术密码学原理将馆藏信息资源和用户个人信息进行密码保护，避免因个人疏忽造成馆内机要数据的泄露和对用户隐私信息的恶意篡改。

4.3 利用区块链合约性的特点，优化高校图书馆办公自动化体系

区块链最初源于金融领域，是基于分布式账本技术的自治执行机制，即把区块链等同于智能合约，在没有通证的情况下，通过智能合约的自动执行，进行数字资产交易；在有通证的情况下，通过智能合约的自治执行，进行通证形式的数字资产交易。现阶段高校图书馆的管理工作正应该利用区块链合约性的特点加强办公自动化，创建一套人机结合的系统，进而提高管理水平和服务质量。首先，利用网络建立与外界的联系，不仅要实现馆藏内部资源的获取，还要利用新媒介以远程登录的形式对办公计算机进行远程管理；其次，将馆内文件进行数字化管理，以电子文件按年度建立文档管理系统，设置专门人员对馆藏数据进行定期检查和监督管理；再次，将图书馆各类业务数据信息、图书采购账本、经费、读者借阅总量和入馆读者人数等存储到数据管理系统中，可以派专人进行定期查询、整理和汇总数据等操作，并以报表的形式输出，以便后期查考利用；最后，建立信息管理系统，系统中一方面包含馆员应熟知的各项办公信息和校内或馆内规章制度，另一方面要包括读者基本信息和借阅情况等，保护读者隐私安全。

4.4 利用区块链开放性特点，实现高校图书馆知识资源的共享

区块链的开放性体现为所有人都可以加入区块链中，并获得所需信息。高校图书馆信息服务旨在满足各类读者的阅读需求。首先，高校图书馆可与周边社区开设各类培训、讲座，普及社科知识，也可将馆藏特色资源向公众宣传，发挥高校图书馆的社会价值；其次，高校图书馆与

公共图书馆实现知识资源共享，以邮件形式实现文献传递。高校图书馆知识资源共享的目标不仅为学校教研服务，更是为了丰富地方人民精神文化生活、社会生活以及增强全民信息素养能力。例如，北华航天工业学院图书馆与河北省廊坊市图书馆的共建共享模式，一是补充高校与公共图书馆文献资源；二是发挥高校图书馆的社会功能，推动地方文化事业的蓬勃发展。

5 结语

区块链技术的应用场景已经涉及越来越广泛的领域，并逐渐被社会认可，这为高校图书馆优化信息服务模式提供了有价值的参考指南。运用区块链思维来优化高校图书馆信息服务模式，一方面可以加强高校图书馆自身结构的优化，另一方面还能够针对不同类型的读者开展个性化、特色化服务，真正实现高校图书馆与读者的双向互动，最终发挥高校图书馆的社会作用。

论"短视频书评"在公共图书馆的应用及发展策略
——以"十分钟速读经典"为例

刘 洋[*]

摘要 短视频的兴起促使文化行业与其不断融合创新,"短视频书评"模式应运而生。本文主要分析了"短视频书评"的优势与劣势,公共图书馆开展"短视频书评"的意义、现状及局限性,并通过以上分析提出公共图书馆"短视频书评"的发展策略,希望以此推动图书馆新媒体事业健康长远发展。

关键词 图书馆;短视频;书评

1 "短视频书评"的兴起

随着互联网技术的不断发展,新媒体平台逐渐代替传统媒介,成为人们接收信息和交流的新兴渠道。CNNIC 发布的《2021 年第 48 次中国互联网络发展状况统计报告》显示,截至 2021 年 6 月,我国网络短视频用户规模达 8.88 亿[1]。短视频的兴起也促使了文化行业与其不断融合创新,"短视频书评"模式应运而生并得到迅速发展,例如抖音平台的"有书快读"栏目利用视频来讲解热门图书,拥有粉丝 148.9 万。图书与短视频

---

[*] 刘洋,1989 年生,河北省邯郸市图书馆馆员,研究方向为阅读推广。
[1] 新浪财经综合. 第 48 次《中国互联网络发展状况统计报告》[EB/OL].(2021-08-27)[2022-4-12].http://finance.sina.com.cn/chanjing/cyxw/2021-08-27/doc-ikqcfncc5270431.shtml

的跨媒体融合已成为图书宣传和讲解的一种新方式。

2 "短视频书评"的优势与劣势

"短视频书评"将图书评论以动态的短视频形式呈现给读者，迎合大众新媒体时代阅读多样化的需求，但是作为网络新生事物，"短视频书评"的发展还不够规范，因此"短视频书评"的发展是优势与劣势并存的。

2.1 "短视频书评"的优势

首先，"短视频书评"的形式更生动。视频传达出来的内容远比文字更加生动，它能够通过字幕、音频、视频的结合激发起观众观看的兴趣，通过画面、音乐等渲染强化文字所传递的意义，使观众能够更深刻地理解作品的思想[1]。其次，"短视频书评"的内容更精练。短视频一般时长在20分钟以内，因此"短视频书评"创作者更注重对图书主题和精华的提炼，这种模式符合当下快节奏生活中人们利用碎片时间来快速获取信息和知识的习惯。最后，"短视频书评"的受众范围更广。短视频平台拥有庞大的用户群，"短视频书评"可以利用音频、视频等新媒体技术对经典进行解读，使读者接受和理解起来更为容易。

2.2 "短视频书评"的劣势

首先，"短视频书评"质量良莠不齐。由于网络平台缺少有效的过滤和监管机制，参与"短视频书评"创作的群体文化水平差异较大，"短视频书评"也呈现出良莠不齐的态势。其次，"短视频书评"创作易受市场导向影响。多数自媒体平台运营者往往以营利为目的，因此，部分"短视频书评"往往会带有商品宣传的特征。一些书评内容存在"美化图

---

1 安虹谕. 图书短视频研究 [D]. 河北：河北大学，2018:68.

书""诱导读者"的主观意识，导致书评缺乏客观真实性。

3 公共图书馆开展"短视频书评"的意义

公共图书馆作为公益性质的教育场所，开展"短视频书评"既是与时俱进的表现，同时也能够在一定程度上规避市场化"短视频书评"的劣势。

3.1 客观为读者推荐好书，传播经典文化

公共图书馆独立于出版商和图书市场，具有公益属性，因此在推荐图书时能够不受市场影响，真正从图书内容出发，客观地引导读者阅读。同时，公共图书馆担负着经典阅读推广和弘扬传统文化的职责，这样的使命使图书馆在为读者甄选图书时会更加严谨、认真，更有利于经典书籍的传播和利用，对塑造积极正向的人生价值观，营造良好的社会风气有着重要的意义[1]。

3.2 以读者需求为导向，创作优质作品

图书馆员每天为大量的读者提供图书咨询服务，了解不同层次读者的阅读需求，并且某些馆员在特定图书领域颇有造诣，馆员结合自身的工作实践，以读者的需要为导向，可以创作出更符合读者阅读意愿的书评作品。同时，馆员也可以针对一些比较热门或难以借到的书籍进行创作，帮助读者了解此类图书的内容信息，破解图书馆图书资源受限的困境。

3.3 丰富图书馆阅读推广形式，扩大服务范围

公共图书馆担负着普及科学文化、推动精神文明建设的神圣使命，

---

1 邢菲.试论"馆员书评"在全民阅读中的导航与引领作用[J].图书馆工作与研究，2015（08）:97—99.

应该成为传播先进文化的前沿阵地。短视频的普及对图书馆开展宣传与文化传播工作是新的机遇和挑战。各级图书馆可以通过创作优秀的"短视频书评"来传播文化知识，丰富图书馆的阅读推广形式，扩大公共图书馆的服务范围。

4 邯郸市图书馆开展"短视频书评"的现状

4.1 活动概括

为更好地满足读者阅读需求，部分公共图书馆开始积极尝试利用短视频来传播图书知识，丰富读者的阅读方式。邯郸市图书馆于2020年11月推出了"十分钟速读经典"短视频书评栏目。该栏目由馆员创作书评文稿并以视频讲解的形式，从图书内容、文化背景、人物特征及思想精髓等多个角度为读者深度解读经典名著，目前已推出《面纱》《百年孤独》《围城》等10期短视频作品。

4.2 活动过程

每期"短视频书评"由不同的馆员创作并讲解，每期创作都需要经过严格选书、查阅资料、创作书评、集体讨论修改书评、录音、视频制作等过程。创作馆员侧重于选择能够较好地传递和弘扬正向人生价值观的经典书籍，图书确定后，通本阅读图书，以确保书评细节的正确；同时还需要查阅作者生平、图书创作背景、作者其他相关作品等资料，然后创作3000字左右的书评；书评完成后，需经过集体讨论修改，定稿后由创作馆员录音并制作视频。在创作过程中，馆员自身的文学修养和写作能力也得到了较大提升。

4.3 活动成效

为了解"短视频书评"阅读推广的效果，邯郸市图书馆针对"十分钟速读经典"发布的作品进行了调研和统计。截至2022年5月12日,"十分钟速读经典"书评类作品在抖音、微信公众号等平台的浏览量达9万余次,读者评论110条。通过对3个平台的浏览量(表1)进行对比发现,"短视频书评"在视频平台的受关注程度高于以图文为主的媒体平台。

表1 "十分钟速读经典"书评作品浏览量统计

发布日期	书评书目	时长	书评作者	抖音	今日头条	公众号
2020/11/5	《面纱》	10分51秒	刘洋	22000	2832	628
2020/12/16	《围城》	9分14秒	郝晓攀	326	1119	383
2021/2/9	《百年孤独》	12分24秒	王雪峰	7312	5215	485
2021/4/8	《人生》	14分12秒	张剑	11433	1546	358
2021/6/7	《额尔古纳河右岸》	10分40秒	刘洋	15951	806	312
2021/8/31	《许三观卖血记》	11分44秒	郝晓攀	1713	1512	298
2021/9/29	《青春之歌》	9分48秒	王雪峰	3767	583	324
2021/12/3	《红玫瑰与白玫瑰》	7分3秒	张剑	6243	151	798
2022/2/7	《月亮与六便士》	10分35秒	刘洋	1851	309	482
2022/4/28	《活着》	12分3秒	刘海燕	1226	581	843
总计				71822	14654	4911

据笔者在工作中观察和统计,"短视频书评"的推出对线下借阅量也有一定的引流作用,这种作用对于某些知名度不高的经典书籍来说更加明显。例如毛姆的作品就是一个典型的代表,相对于读者熟悉的《月亮与六便士》来说,《面纱》的知名度较低,但是《面纱》的文学价值也非常高,豆瓣评分达9.2,经过短视频书评推荐,《面纱》的咨询量和借阅量有了明显增加,2020年8月到10月,《面纱》的借阅量均为0次,而2020年11月到2021年1月之间,《面纱》的借阅量上升到7次。可见,在图书馆开展"短视频书评"不仅有利于经典作品的推广,同时也能够提升读者对经典图书的实际利用率。

5 公共图书馆开展"短视频书评"面临的困境

5.1 书评质量和数量有待提高

图书馆制作"短视频书评"主要依靠馆员来完成，虽然部分馆员写作能力较强，但是受个人精力限制，无法满足"短视频书评"栏目的持久发展。"十分钟速读经典"书评创作仅有 5 位馆员参与，导致栏目的更新频率较低。同时，"十分钟速读经典"目前的书评内容主要涉及的是社会时下比较热门的文学、小说类作品，社会科学、自然科普类的图书较少，书评类型较为单一，缺乏广泛性和导向性。

5.2 新媒体技术水平有待提高

目前图书馆短视频账号多数是由馆员在兼职管理，馆员的新媒体技术能力、个人精力等都限制了新媒体账号的质量和更新频率。"十分钟速读经典"所利用设备仅为馆员的手机和领夹话筒，画质和音质均有待提高。馆员平时需完成借还书、服务读者等日常业务，仅能利用业余时间来制作视频。作品后期剪辑编辑水平有待提高，无法与专业自媒体相比。

5.3 著作权保护意识有待提高

短视频行业作为新兴媒体行业，人们对其认识到合理使用需要一个较长的过程。馆员在制作短视频时，由于缺乏相关的版权意识，所使用的视频、图片、音乐等素材往往通过简单的网络搜索获取，未确认其版权情况。虽然图书馆创作"短视频书评"不以盈利为目的，但是也有可能因为素材的不当使用而造成侵权，馆员的著作权保护意识还有待进一步增强。

5.4 阅读推广能力有待提高

由于缺乏阅读推广的意识和方法，图书馆在作品发布后往往任其自行发展，没有有效地运用阅读推广手段进行跟进，阅读量和粉丝量增长缓慢。"十分钟速读经典"栏目依托的"众里寻书千百度"账号在多平台累计粉丝量仅 1300 余人，同其他个人、团体的文化读书类账号相比还有较大差距，新媒体阅读推广能力还有待进一步提高。

6 公共图书馆开展"短视频书评"的改进策略

6.1 多方提升书评质量和数量，确保栏目延续性

首先，图书馆应注重提高馆员素质，组建专业的书评写作团队，鼓励馆员多阅读不同类型的书籍，拓宽自己的知识面，并建立长期的书评写作制度和奖励机制，激发馆员的创作热情[1]。其次，加强与社会及同行等各方的合作，可以通过稿件征集、与民间读书会合作、招募讲书志愿者、联合其他图书馆等多渠道提升书评的质量和数量，确保栏目的延续性。例如，中部六省公共图书馆联盟打造了"六省共读一本书"活动，由六省馆员联合为读者分享麦家、苏童、阿来、马家辉合著的《好好读书：名家给年轻人的读书课》[2]。

6.2 重视新媒体的传播力量，提高新媒体技术

短视频的快速发展也引起了相关政府部门的高度重视，2018 年 8 月，国家互联网信息办公室提出，鼓励传统主流媒体以及政府机构、企事业单位、人民团体、社会组织等入驻主要网络短视频平台开办账号，扩大网络传播效果[3]。公共图书馆应重视新媒体的传播力量，在新媒体设备及

---

1 王雪峰. 馆员书评与全民阅读推广 [C]. 全国中小型公共图书馆联合会 2016 年研讨会论文集，2016:880—886.
2 山西省图书馆订阅号. 六省共读一本书（第 1 期）|《寂静的春天》（导读篇）[EB/OL].（2022-04-23）[2022-5-14].https://mp.weixin.qq.com/s/q1TFEIf00ELPAwhr36MbUw
3 中国网信网. 国家网信办：鼓励传统主流媒体大力开发视频资源 [EB/OL].（2018-08-23）[2022-4-12].http://www.cac.gov.cn/2018-08/23/c_1123318088.htm

相关软件的采买上给予一定的资金支持，通过培训、交流等方式鼓励馆员积极学习新媒体技术，也可以尝试与专业的新媒体运营公司进行合作，共同打造影响力更强的新媒体阅读推广平台。

6.3 加强著作权保护意识，规范图书馆网络创作行为

面对短视频媒体的迅速发展，图书馆在积极学习与应用的同时，也应该以更加谨慎的态度来创作和传播网络作品。首先，应加强馆员的著作权保护意识，熟悉相关法律，不抄袭、不侵害他人著作权益，同时也要建立保护自我著作权的意识。其次，馆员在创作作品时最好从文案到拍摄均使用原创手法，如需使用其他音视频辅助素材，需把握素材使用的数量与比例、注明素材出处，不得随意篡改作品原意，可以首先考虑平台上已获得授权的图片、音乐、视频等公版素材或者已超出版权保护期的作品。

6.4 多渠道提高阅读推广能力，实现线上线下双向引流

在信息爆炸的互联网时代，仅有优质的作品而没有推广的渠道也可能使优质作品被湮没，因此，图书馆也需多渠道提高新媒体阅读推广能力。首先，建立微信、钉钉等线上粉丝群，加强与线上读者的互动，增强粉丝黏性，并发动读者力量进行"短视频书评"的推广和宣传。其次，图书馆应发挥资源和空间优势，通过图书馆内屏幕播放书评作品，吸引进馆读者关注；线下开展相关的阅读推广活动，引导读者关注线上书评。例如，邯郸市图书馆开展了"与邯图馆员共读一本书"计划，将"短视频书评"链接制作成二维码，张贴在对应纸质图书上并推荐给读者，实现从线下到线上的引流，增加了与读者之间的互动。

7 结语

公共图书馆作为公益性的社会教育机构,应该明确自身阅读推广主力军的职责,充分利用自身的文献资源,紧跟时代发展趋势,与时俱进,积极学习新媒体技术;鼓励馆员深度挖掘文献信息,进一步扩大图书馆的影响,推动图书馆事业的发展;最终为建设书香社会与和谐社会贡献力量。

附 录

附录

京津冀图书馆联盟十周年大事记

2015 年

8月20日，首都图书馆、天津图书馆、河北省图书馆在首图召开京津冀图书馆协同发展座谈会，就建立京津冀图书馆联盟达成初步意向。

11月19日，首都图书馆、天津图书馆、河北省图书馆在河北省石家庄市签署合作协议，成立京津冀图书馆联盟，并召开京津冀图书馆协同发展研讨会。

2016 年

1月20日，由河北省图书馆、沧州市图书馆与首都图书馆共同主办的"杂技之光——河北吴桥杂技文化展览"在首图展出。

1月22日，由北京市文化局、河北省文化厅指导，首都图书馆、河北省图书馆与中国文化新闻促进会联合主办的"创新京津冀公共图书馆协同发展新模式"座谈会在河北省固安幸福图书馆召开。

1月29日，由北京市朝阳区与天津市宝坻区联袂打造的"朝阳·宝坻书法美术摄影艺术联展"在朝阳区图书馆新馆开幕。

9月30日，北京市房山区燕山图书馆分馆——河北省保定市唐县罗庄乡岸上村图书室举行揭牌仪式。

11月10日，北京市通州区图书馆、天津市武清区图书馆、河北省廊坊市图书馆在通州区图书馆签订合作协议，约定每年联合在线上举办"通武廊文化知识竞赛""品鉴通武廊""通武廊之魅力运河"等活动。

12月9日，京津冀图书馆合作发展研讨会在首都图书馆召开。

2017 年

3月31日，京津冀"共沐书香，悦享好书"青少年经典导读活动启动仪式在河北省图书馆举行。

5月26日，河北省张家口市图书馆与北京市石景山区图书馆签订战略合作协议。

5月27日，"携手京津冀 助力冬奥会"捐赠活动中，北京市石景山区图书馆向河北省张家口市经开区东宁街社区捐赠价值超10万元的冬奥主题图书。

6月11日，由北京市平谷区图书馆、天津市蓟州区图书馆、河北省三河市图书馆和承德市兴隆县图书馆共同组建的京津冀公共图书馆区域合作联盟成立。

6月29日至6月30日，由北京市古籍保护中心、天津市古籍保护中心、河北省古籍保护中心联合主办，河北大学编辑出版研究所和《藏书报》共同承办的首届"让京津冀古籍里的文字活起来——京津冀文献资源选题、编纂、出版、购藏、保护与利用主题论坛"在河北大学举办。

7月至12月，《新思路·心纽带——"一带一路"》和《百名摄影师聚焦香港》两本画册图片展在京津冀巡展。

12月10日至12月22日，由北京市通州区文化委员会主办，北京市通州区图书馆、天津市武清区图书馆、河北省廊坊市图书馆共同承办的"阅美京津冀"优秀文学作品征集活动面向三地群众开展。

12月18日，由三地文化行政主管部门联合主办，天津图书馆、首都图书馆、河北省图书馆共同承办的首届京津冀"守望青春，我与图书馆故事"阅读推广交流展示活动在天津图书馆文化中心馆举办。

12月，河北省张家口市图书馆向北京市石景山区图书馆捐赠张家口地方文献，入藏石景山区图书馆设在北京冬奥组委首钢办公区的冬奥主题图书馆。

2018年

1月15日，由河北省图书馆发起的"京津冀图书馆人才交流"项目启动，河北省图书馆选派专业技术人员分别到首都图书馆、天津图书馆开展为期1个月的"以干代训"业务交流。

3月1日至4月15日，河北省廊坊市图书馆、北京市通州区图书馆、天津市武清区图书馆联手推出"中国大运河历史图片展"。

4月21日，河北省张家口市图书馆与北京市石景山区图书馆、天津市河西区图书馆共同举办"书香京津冀"诵读大赛。

6月2日，京津冀三地四馆签订《京津冀图书馆合作协议（2018年修订版）》，共同约定面向河北省国家贫困县图书馆开展文化帮扶。

6月10日至6月16日，"第一期津京冀古籍修复技术培训班"在天津图书馆举办。

6月21日至6月22日，由河北省图书馆学会、北京市图书馆协会、天津市图书馆学会、《藏书报》共同主办的"京津冀地方文献资源建设发展论坛"在河北省图书馆召开。

6月至12月，京津冀三地图书馆学会（协会）委托天津市少年儿童图书馆牵头举办"京津冀三地少年儿童图书馆、中小学图书馆学术暨工作研讨会"征文活动。

10月9日，京津冀图书馆联盟文化帮扶对接会在河北省图书馆召开，京津冀三地四家省级图书馆与河北省八家县级图书馆签署《京津冀图书馆联盟文化帮扶协议》，每家省级图书馆帮扶河北省两家县级图书馆（首都图书馆帮扶张北县图书馆、阳原县图书馆；天津图书馆帮扶滦平县图书馆、围场满族蒙古族自治县图书馆；天津市少年儿童图书馆帮扶丰宁满族自治县图书馆、承德县图书馆；河北省图书馆帮扶沧州孟村回族自治县图书馆、献县图书馆）。

10月29日，第二届京津冀图书馆"守望青春，我与图书馆的故事"大型阅读推广交流展示活动在天津图书馆文化中心馆启幕，京津冀三地图书馆面向全社会公开征集与图书馆相关的感人故事、珍贵照片及手稿作品。

11月18日至11月24日,"第二期津京冀古籍修复技术培训班"在天津图书馆举办。

11月23日至12月2日,天津图书馆、首都图书馆、河北省图书馆共同主办的"京津冀古籍保护与修复成果展"在天津图书馆展出,集中展示三地古籍保护工作近年来取得的新进展。

12月19日,天津市少年儿童图书馆承德县分馆建成开放。

2019年

4月12日,2019年京津冀公共图书馆区域合作联盟工作会在北京市平谷区图书馆召开。

4月17日至4月26日,首都图书馆举办对口帮扶地区图书馆业务培训班,新疆和田地区、河北张家口地区24人参加培训。

5月23日至5月24日,新时代公共图书馆创新发展研讨会暨京津冀地区公共图书馆馆长业务交流研讨会在天津图书馆文化中心馆召开,审议通过《京津冀图书馆联盟章程》。

6月至9月,北京市图书馆协会联合河北省图书馆学会、天津市图书馆学会共同主办"京津冀少年儿童图书馆、中小学图书馆学术暨工作研讨会征文活动"。

6月至10月,河北省张家口市图书馆、廊坊市图书馆,北京市石景山区图书馆、延庆区图书馆,天津市西青区图书馆、河西区图书馆联合举办"京津冀三地图书馆青少年藏书票、明信片、书签设计大赛"。

7月1日,"栉风沐雨结硕果 砥砺前行谋新篇——京津冀协同发展五周年天津图书馆成果展"在天津图书馆文化中心馆开展。

9月18日,"我和我的祖国"第四届京津冀诵读邀请赛在北京市平谷区图书馆举办。

9月23日，第三届京津冀图书馆"守望青春·我与图书馆的故事"阅读推广活动在天津图书馆文化中心馆举办。

10月21日，天津市红桥区图书馆、北京市门头沟区图书馆、河北省秦皇岛图书馆三馆联盟以及业务研讨会议在红桥区图书馆召开。

10月22日，天津图书馆河北省滦平县分馆举行揭牌仪式。

12月15日，北京石景山区图书馆、天津市南开区图书馆、河北省唐山市图书馆联合在石景山区图书馆举办"讲中国故事 展冬奥风采——首届京津冀我是文化小使者"英文展示大赛展演活动。

2020年

4月9日至5月11日，北京市东城区第二图书馆、门头沟区图书馆，天津市河西区图书馆、红桥区图书馆，河北省秦皇岛图书馆、邢台市图书馆共同举办"京津冀——书香战'疫'"阅读活动。

4月23日，北京市西城区图书馆、天津市河东区图书馆、河北省唐山市图书馆联合举办"迎世界读书日——公开课数字直播"活动。

5月，首都图书馆"互阅书香"文化志愿服务项目线上开展"云"募集，向河北省张北县图书馆、阳原县图书馆、丰宁满族自治县图书馆、石家庄市正定县图书馆、滦平县图书馆的援建点定向捐赠《新型冠状病毒感染防护》读本。

7月，天津图书馆丰宁满族自治县分馆建成开放。

8月11日至8月25日，首都图书馆联合中国图书馆学会、中国日报社、中国画报出版社等单位共同举办的《百名摄影师聚焦COVID—19画册图片巡展，分别在天津图书馆、河北省图书馆、石家庄市图书馆展出。

9月24日至9月25日，由河北省沧州市图书馆发起的"京津冀公共文化服务示范走廊"公共图书馆阅读推广联盟正式成立。该联盟由北京市朝阳区、东城区、海淀区、石景山区，天津市河西区、津南区、北辰区、滨海新区，河北省秦皇岛市、廊坊市、沧州市、唐山市的区（市）

级公共图书馆等 14 家成员单位组成。

9 月至 2021 年 2 月，河北省张家口市图书馆、廊坊市图书馆，北京市石景山区图书馆、延庆区图书馆，天津市南开区图书馆共同举办"家书情长，添彩冬奥"原创书信诵读展演活动。

10 月 16 日，北京市海淀区图书馆联合北京蔚蓝公益基金会赴河北省易县图书馆开展对口援建工作。

10 月，北京石景山区图书馆、天津市南开区图书馆、河北省唐山市图书馆在石景山区图书馆联合举办第二届京津冀"讲中国故事，展冬奥风采——我是文化小使者"英文展示大赛。该活动于 11 月 28 日收官。

11 月，第四届京津冀甘图书馆"我与图书馆的故事"阅读推广交流活动启动，开展线上平台展示、津甘两地专题诵读互动视频呈现、抗疫专题视频制作及 2020 年度"悦读之星"征集评选 4 项活动。

2021 年

4 月 20 日，由北京市西城区图书馆、天津市河东区图书馆、河北省唐山市图书馆联合主办的"初心如磐 砥砺未来"庆祝建党 100 周年"诗书画印"京津冀巡展在北京德胜门角楼正式启动。

4 月 22 日，由河北省图书馆，北京市通州区、天津市武清区、河北省廊坊市三地文化和旅游局指导，三地图书馆主办的以"阅百年历程，传精神力量"为主题的"通武廊 2021 年全民阅读活动发布会"在廊坊市图书馆举行。

4 月，北京市朝阳区图书馆、天津市河北区图书馆、河北省石家庄市图书馆联合推出"京津冀联盟联动"项目，并签署合作协议。

5 月 26 日至 5 月 28 日，由天津市中新友好图书馆、北京市石景山区图书馆、河北省秦皇岛图书馆共同主办，以"创新与升级：京津冀公共图书馆高质量、智慧化发展"为主题的"2021 京津冀公共图书馆高质量、智慧化发展研讨会"在中新天津生态城举办。

6月11日，2021年度京津冀图书馆联盟工作会议在河北省张家口市图书馆召开，总结2018年启动的"文化帮扶行动"，讨论《京津冀图书馆联盟"十四五"发展规划（草案）》，签署《京津冀图书馆红色文献数据库建设框架协议》与《雄安新区图书馆发展支持计划框架协议》。

6月14日，2021年京津冀公共图书馆区域合作联盟工作会在北京市平谷区图书馆召开。

8月31日，京津冀图书馆联盟召开线上工作推进会议，审议通过《京津冀图书馆联盟"十四五"发展规划》。

9月1日，京津冀三地图书馆协手助力冬奥，正式启动"阅读冬奥 共迎未来——京津冀百万少年儿童冬奥知识竞赛"网络答题活动。

10月20日，"京津冀公共文化服务示范走廊"公共图书馆阅读推广联盟工作会议在河北省沧州市图书馆举行，京津冀第一至四批国家公共文化体系示范区文化和旅游部门有关负责同志及公共图书馆馆长出席。

10月20日至10月21日，由中国图书馆学会主办，河北省图书馆学会、河北省图书馆承办的"新技术新理念下的图书馆创意传播学术研讨会暨2021年度京津冀图书馆联盟馆员论坛"在石家庄市正定新区举办，来自8个不同省市的代表参会。

10月，北京市石景山区图书馆、门头沟区图书馆，天津市河北区图书馆、南开区图书馆，河北省张家口市图书馆、唐山市图书馆，内蒙古自治区赤峰市宁城县图书馆联合举办第三届京津冀蒙"讲中国故事 展冬奥风采——我是文化小使者"英文展示大赛。

11月至12月，京津冀图书馆联盟开展第五届京津冀图书馆"我与图书馆的故事"——"翻开红色记忆"阅读推广交流展示活动，其中摄影、诵读、手稿、"苗苗"少儿故事4项线上征集活动的投稿总数达1627件，产生57件获奖作品。

12月16日，2021—2022年延庆区"最美冬奥城 一起向未来"冬奥知识宣传普及系列文化活动启动仪式在北京市延庆区图书馆举行，京张冬奥文旅走廊延线图书馆向北京市石景山区图书馆冬奥主题馆捐赠近百册图书。

12月28日，由中国日报社、中国图书馆学会、首都图书馆共同主办的《百名摄影师聚焦新时代》图片巡展在首图开启，2022年于天津市、河北省多座公共图书馆与高校图书馆巡展。

2021年，首都图书馆主办的"童书经典中的党史"展览在天津市和河北省各级图书馆巡展；"追寻奋斗记忆 共读红色经典"活动，京津冀三地2800余人参与撰写红色书评。

2022年

1月24日，北京市门头沟区图书馆联合京津冀蒙地区图书馆，共同举办"讲中国故事，展冬奥风采——我是文化小使者"英文展示大赛。

1月，北京市石景山区文化中心，天津市滨海新区文物保护与旅游服务中心、天津市非物质文化遗产保护协会、河北省张家口市图书馆、蔚县文化馆、廊坊市群众艺术馆联合举办"画说永定河"青少年非遗绘画展演活动暨"蔚州风采 助力冬奥"非遗作品大联展。

3月3日，北京市石景山区图书馆与天津、河北、内蒙古四地七家图书馆协同开展2022年"家书情长 添彩冬奥"原创书信诵读展演活动。

3月3日，北京市通州区图书馆组织开展线上"'声'动人心·燃情冬残奥"京津冀线上朗读大赛。

3月20日，河北省廊坊市图书馆与北京市通州区图书馆、天津市武清区图书馆共同推出"书香通武廊 共读一本书"系列活动。

4月至6月，京津冀图书馆联盟举办"2022年京津冀图书馆联盟馆员论坛学术征文活动"。

7月6日，首都图书馆与中国图书馆学会、中国日报社、中国画报出版社等单位合作举办的《百名摄影师聚焦冰雪奥运》图片展在首图开展，于年内在北京市、天津市、河北省等地巡展。

8月，北京石景山区图书馆、门头沟区图书馆，天津市河北区图书馆、南开区图书馆，河北省张家口市图书馆、唐山市图书馆，内蒙古自治区赤峰市宁城县图书馆联合举办2022年京津冀蒙"讲中国故事 展华夏风采——我是文化小使者"英文展示大赛。

9月13日至11月7日，由北京市东城区图书馆主办的"角楼论坛"第一季于北京市角楼图书馆举办。论坛以"京津冀馆长谈基层公共图书馆的建设与发展"为主题，采取线上线下相结合的形式邀请京津冀三地图书馆、文化馆、博物馆、美术馆、档案馆、科技馆及相关社会文化机构的负责人和专家参与演讲及研讨。

10月至12月，北京市石景山区图书馆、门头沟区图书馆，天津市河北区图书馆、南开区图书馆，河北省张家口市图书馆、沧州市图书馆，内蒙古自治区赤峰市宁城县图书馆携手合作，开展2022年京津冀蒙"家书情长 童心向党"原创作品征集活动。

11月23日，第六届京津冀图书馆"我与图书馆的故事"——"新时代 新阅读"阅读推广交流展示活动作品征集活动启动。

2023年

3月6日至3月27日，2023"角楼论坛——以公共图书馆和博物馆的双向互动推动全民阅读"于北京市角楼图书馆举办。论坛由中国图书馆学会阅读推广委员会主办，北京市东城区图书馆、西城区图书馆、石景山区图书馆、海淀区图书馆承办，邀请到15位京津冀博物馆、图书馆的馆长和阅读推广专家学者，分4场分享行业创新、阅读推广等领域的成功经验，并进行交流讨论。

3月29日，《雷锋：人类美好的向往》首发暨出版座谈会在首都图书馆举办。长江出版传媒股份有限公司党委书记、董事长黄国斌与本书作者陶克共同向国家图书馆、首都图书馆、天津图书馆、河北省图书馆、北京大学图书馆赠书。

4月12日至4月13日，河北省图书馆副馆长冉华、何寿峰带领中层干部共计29人到天津图书馆、滨海新区图书馆、中新生态城图书馆调研学习，天津图书馆馆长李培等接待。

4月17日至5月31日，河北省张家口市图书馆与北京市石景山区图书馆联合举办"张家口书画家作品巡展"。

4月20日，"遇见藏书票"京津冀图书馆青少年阅读推广活动北京地区启动仪式在西城区青少年儿童图书馆举办。活动由北京市西城区文化和旅游局、天津市河东区文化和旅游局、河北省唐山市文化和旅游局主办，北京市西城区青少年儿童图书馆、西城区图书馆，天津市河东区图书馆与河北省唐山市图书馆承办。

4月21日至4月23日，北京市门头沟区图书馆，天津市红桥区图书馆，河北省秦皇岛图书馆、邢台市图书馆共同举办"同读经典 共诵未来"京津冀诵读交流活动。

4月25日，2023年度京津冀图书馆联盟工作会议在首都图书馆召开，研究设立资源建设、智慧图书馆建设、阅读推广、古籍、智库建设及学术交流，6个工作委员会，听取各委员会年度工作计划，审议成立雄安新区图书馆建设专家咨询组。

6月17日，2023年河北省图书馆学会年会期间，京津冀图书馆联盟举办2023年京津冀图书馆联盟青年馆员论坛，京津冀三地各3篇、共9篇论文作者在会上作交流发言。

7月3日，由首都图书馆与《中国图书馆学报》编辑部共同主办、东城区图书馆承办的基层图书馆学术调研交流会在北京市角楼图书馆召开。全国各地青年学者就基层图书馆调研情况进行汇报，由专家和馆长现场对话指导，旨在探讨文化强国战略背景下基层图书馆专业化发展模式。

7月13日，河北省图书馆副馆长纪锋亚一行4人到访首都图书馆，首图副馆长谢鹏接待，并就京津冀图书馆联盟智慧图书馆建设工作委员会推进京津冀图书通借通还工作进行交流。

同日，首都图书馆副馆长胡启军一行10人到访天津图书馆，天图副馆长张纳新接待。双方就"一馆多址"组织管理服务架构、后勤服务保障等进行座谈。

7月14日，河北省图书馆副馆长纪锋亚一行4人到访天津图书馆，重点就图书流通、读者证办理等相关业务问题进行调研，天图副馆长刘铁接待。

7月19日，北京市门头沟区图书馆、天津市红桥区图书馆、河北省秦皇岛图书馆共同签署《北京市门头沟区图书馆、天津市红桥区图书馆、河北省秦皇岛图书馆京津冀地市级公共图书馆协同发展联盟协议书》。

7月20日，京津冀图书馆联盟资源建设工作委员会召开线上会议，研讨京津冀图书通借通还、数字资源联合采购、数字资源共享及特色资源开发等重点工作。

7月21日起，河北省沧州市图书馆面向京津冀各级各类图书馆开展地方文献跨区域交流工作，此后陆续与北京市大兴区图书馆、房山区图书馆、通州区图书馆，天津市宝坻区图书馆、静海区图书馆、滨海新区图书馆，河北省保定市图书馆、承德市图书馆、衡水市图书馆、廊坊市图书馆签订协议并开展文献交流。

7月至9月，首都图书馆联合天津图书馆、河北省图书馆共同举办"最美书评"征集评选活动，收到天津市和河北省读者投稿76篇，最终6篇获奖。

8月29日至11月，河北省图书馆联合首都图书馆、天津图书馆举办"拾秋读经典"共读古典散文活动，号召三地市民线上参与。

8月，北京市诵读大赛网络赛区参与范围扩大至京津冀，三地读者通过抖音平台，以发布诵读短视频形式线上参与阅读北京"我用诗经表达爱"抖音挑战赛，提交作品94个，总播放量达125.6万次，点赞量达7.36万次。

9月25日，由天津市和平区文化和旅游局主办，天津市和平区图书馆、河东区图书馆、河北区图书馆，北京市东城区图书馆、石景山区图书馆、大兴区图书馆，河北省沧州市图书馆承办的，书香满和平"和平杯"第六届文化阅读之旅——京津冀公共图书馆文化交流活动暨京津冀诗歌朗诵会·贺中秋迎国庆文化惠民演出，在广州购书中心（天津店）共享书吧举办。

9月28日，河北省秦皇岛图书馆与北京市门头沟区图书馆、天津市红桥区图书馆联合举办"枫叶正红 书香生活"活动。

10月19日，"京津冀公共文化服务示范走廊"公共图书馆阅读推广联盟工作会议在河北省沧州市图书馆召开，京津冀第一至四批国家公共文化体系示范区文化和旅游部门有关负责同志及公共图书馆馆长参会。

10月31日，首都图书馆将现有"阅享京彩"网借服务范围扩大至京津冀三地，实现北京市公共图书馆"一卡通"读者可在三地使用网借"送书上门"服务。

10月至12月，北京市石景山区图书馆、门头沟区图书馆，天津市河北区图书馆、南开区图书馆，河北省沧州市图书馆、张家口市图书馆、唐山市图书馆，内蒙古自治区赤峰市宁城县图书馆等，共同举办2023年京津冀蒙"讲中国故事 展华夏风采——我是文化小使者"英文展示大赛。

11月3日至12月8日，第七届京津冀图书馆"我与图书馆的故事"——"读响新时代"阅读推广交流展示活动，线上推出"新时代 光影展未来"主题摄影活动、"新时代 书声传力量"经典诵读活动、"新时代 韶光筑梦想"、"苗苗"少儿故事大会以及"新时代 翰墨抒丹心"手稿作品征集活动。

11月，京津冀新古籍保护业务交流会议线上召开，四地省馆的古籍保护工作负责同志，就本单位古籍保护工作近年来取得成果及四地合作模式愿景进行沟通探讨。

11月，北京市通州区图书馆承办"运"遇书香——大运河沿线公共图书馆地方文献联展（通州场），并牵头联合天津市武清区图书馆，河北省廊坊市图书馆、衡水市图书馆、沧州市图书馆，浙江省宁波市图书馆、湖州市图书馆等运河沿线地市级公共图书馆，于线上线下举办联展，受众达2200余人次。

12月27日，北京城市副中心三大文化建筑开放仪式举行，其中之一的北京城市图书馆正式对外开放。北京市委副书记、市长殷勇，文化和旅游部副部长饶权，北京市副市长谈绪祥、司马红等共同为三大文化建筑揭幕。

2024年

1月15日至2月28日，河北省张家口市图书馆、天津市河西区图书馆和北京市顺义区图书馆联合举办"携手共绘美好未来"京津冀少儿读者绘画作品联展。

1月26日，河北省张家口市图书馆与北京市石景山区图书馆、东城区图书馆，天津市和平区图书馆共同举办"庆祝北京冬奥会成功举办两周年，京津冀共诵一首诗"线上活动。

1月31日，河北省石家庄市图书馆与北京市丰台区图书馆启动文化联动活动，陆续策划开展"一年共读24本图书，我读·我讲·我分享"、"庙"趣过大年——赏民俗、看展览答题等系列活动。

1月至3月，河北省图书馆、河北省图书馆学会策划开展"猫冬读经典"共读《论语》活动之"严严冬日，省图邀您共读《论语·述而》活动"，邀请首都图书馆、天津图书馆、河北省科技文化场联合体阅读专业委员会共同举办。

2月26日，京津冀协同发展国家战略实施十周年之际，由首都图书馆、天津图书馆、河北省图书馆与雄安新区宣传网信局共同举办的雄安新区容西片区贤溪社区公益图书馆暨"XIN空间"揭牌仪式举行。

2月，北京城市图书馆实现实体社保卡认证服务功能，即读者持实体社保卡（全国）可在馆内各自助办证机、自助借还机及人工服务台口办理图书馆基本业务；首都图书馆（华威桥馆）和大兴机场分馆在各人工服务台口实现实体社保卡认证服务功能。

3月11日，由国家图书馆少年儿童馆、首都图书馆联合主办的"四季童读"2024年春季卷发布会暨京津冀"林深少年·阅四季"活动启动仪式在北京城市图书馆举行。国家图书馆、国家图书馆少年儿童馆、首都图书馆、天津图书馆、河北省图书馆及北京市通州区、河北雄安新区等京津冀区域图书馆领导参加活动。

3月15日至3月22日，天津图书馆举办首届"大手牵小手，图书来漂流"京津冀协同发展十周年儿童读物募捐活动，募捐图书全部转送到河北雄安新区，并在容西片区贤溪社区公益图书馆"XIN空间"举行捐赠仪式。

3月31日，"遇见藏书票"京津冀图书馆青少年阅读推广活动藏书票专题巡展在北京大观园启动。巡展由北京市西城区文化和旅游局、天津市河东区文化和旅游局、河北省唐山市文化广电和旅游局主办，北京市西城区青少年儿童图书馆、西城区图书馆，天津市河东区图书馆，河北省唐山市图书馆与北京市西城区白纸坊街道办事处承办。

4月1日，2024年京津冀公共图书馆区域合作联盟工作会在北京市平谷区图书馆召开。北京市平谷区图书馆、天津市蓟州区图书馆、河北省三河市图书馆馆长及相关领导参加会议。

4月10日至6月6日，河北省图书馆联合首都图书馆、天津图书馆线上举办"沐春读经典"共读《诗经》活动，内容包含优秀领读视频展播、每日诵读打卡、主题读书交流会及线下朗诵会。

4月18日，"再发现图书馆 共建书香通武廊"世界读书日系列活动在天津市武清区图书馆举办，武清区委宣传部、"通武廊"三地文化和旅局、天津市高等学校图书情报工作委员会有关负责同志，"通武廊"三地图书馆馆长等出席。

4月22日，"丰宜福台 雅韵书香"2024年书香丰台全民阅读系列活动正式启动。北京市丰台区联动河北省保定市、天津市东丽区，共同尝试京津冀三地公共图书馆"证件互认、借书通还、活动同办、资源共享"联动新模式，建立首个京津冀新型阅读服务联盟。

4月至7月，由北京市东城区图书馆、天津市北辰区图书馆、河北省沧州市图书馆共同主办的"运河光影"暨中国大运河申遗成功十周年京津冀三地主题摄影展，在三馆同步展出。

5月20日，由中国图书馆学会阅读推广委员会主办，北京市东城区图书馆、西城区图书馆、大兴区图书馆、石景山区图书馆共同承办的"角楼2024"会议在东城区宏恩观召开。会议围绕"图书馆馆长谈全民阅读服务体系建设"主题，邀请数十位京津冀乃至全国图书馆界的专家学者以及基层图书馆馆长研讨交流。

5月28日至6月1日，"林深年少·阅四季"暨"六一"国际儿童节少儿阅读活动在北京城市图书馆举办，面向京津冀三地的少年儿童推出国风演艺、非遗体验、汉服变装、游戏互动等特色游艺项目。

5月至6月，北京市通州区图书馆、天津市武清区图书馆、河北省廊坊市图书馆联合开展图书馆专兼职管理员线上培训。

5月至7月，北京市石景山区图书馆、门头沟区图书馆，天津市河北区图书馆、南开区图书馆，河北省张家口市图书馆、沧州市图书馆、唐山市图书馆，内蒙古自治区赤峰市宁城县图书馆、呼伦贝尔市莫力达瓦达斡尔族自治旗图书馆，联合举办2024年京津冀蒙"我和我的家乡"儿童原创作品征集大赛。

5月至12月，天津图书馆与天津广播电视台经济广播联合首都图书馆、河北省图书馆及河北雄安新区容西管委会，共同开展第三届"清悦之声"领读人活动。

6月22日，首都图书馆与北京文化艺术传承发展中心于北京城市图书馆联合推出"应运而生，典亮非遗——京津冀非物质文化遗产展"。

6月24日，首都图书馆、天津图书馆、河北省图书馆、山东省图书馆、河南省图书馆、安徽省图书馆、南京图书馆、浙江图书馆于北京城市图书馆共同签署《大运河沿线图书馆联盟战略合作协议》，成立大运河沿线图书馆联盟。

7月1日，河北省张家口市图书馆党总支与北京市延庆区图书馆党支部共同开展党建联学联研活动，瞻仰平北抗日纪念馆，重温入党誓词。

7月3日，2024河北省图书馆学会年会期间，河北省各级各类图书馆馆员共计230余人赴北京城市图书馆参观考察。

7月3日至7月5日，由国家图书馆培训中心、河北省图书馆学会、河北省图书馆共同主办的"京津冀基层图书馆管理研修班暨2024年河北省县级公共图书馆馆长培训班"在河北省廊坊市成功举办。

7月13日和7月16日，由河北省张家口市文化和旅游局、张家口市图书馆和北京市延庆区文化和旅游局、延庆区图书馆共同举办的"2024京张共读一本书"发车仪式分别在张家口市图书馆和延庆区图书馆举行。

7月16日至7月28日，河北省衡水市图书馆策划的"向美而生——镜头里的最美湿地"衡水湖摄影巡展在北京市海淀区图书馆（北馆）展出。

7月20日，在第四届京张体育文化旅游带发展交流活动中，河北省张家口市图书馆与北京市延庆区图书馆共同签署《"京张共读一本书"合作战略框架协议》。

7月22日至7月26日，首都图书馆组织北京市公共图书馆各文化志愿服务分队、京津冀三地公共图书馆志愿力量，赴新疆和田地区开展"书香飘逸润心田 志愿共鉴谱新篇——2024年'春雨工程'文化志愿援建边疆活动"。

附录

京津冀图书馆联盟章程

第一章 总则

第一条 京津冀图书馆联盟，是在北京市文化和旅游局、天津市文化和旅游局、河北省文化和旅游厅的领导、监督和管理下，由首都图书馆、天津图书馆、河北省图书馆共同发起，并于2015年11月19日宣告成立。2018年6月2日，三地四馆负责人在天津图书馆签署了京津冀图书馆合作协议，天津市少年儿童图书馆加入"京津冀图书馆联盟"。为规范联盟工作，特制订本章程。

第二条 联盟全称为"京津冀图书馆联盟"（以下简称"联盟"）。

第三条 联盟联合区域内图书馆，组织开展以文献信息资源联合建设、联合开发、联合服务、资源共享为主要内容；以协同发展、重点突破、深化改革、有序推进为原则；是向京津冀人民提供便捷的文献服务，提升三地图书馆联合服务能力、服务层次、服务水平的图书馆服务共同体。

联盟本着统一规划、优势互补、共建共享、统一开放的原则，在各区域图书馆间广泛开展深化合作，协同推进多元化发展，实现图书馆事业的优化升级，推动三地图书馆的文化交流。

第二章 联盟任务

为促进区域基本公共文化服务标准化、均等化、一体化发展，京津冀图书馆联盟着力搭建合作平台，以推进区域资源共享与协同发展。

第四条 联盟的主要任务：

（一）资源共建共享平台。搭建京津冀图书馆资源共享平台，实现京津冀地区数字资源的联采、公共文化资讯的共享；依托文献资源建设共建平台，共同建设京津冀地区图书馆服务资源保障体系，合作开展特色文献、专题文献，尤其是"京津冀协同发展"相关文献的揭示与开发，以及馆际互借、文献传递等工作。

（二）联合参考咨询平台。以京津冀地区图书馆资源为基础，积极开展网上联合参考咨询服务，实现优势互补，资源共享，促进业务，提高效率和增强实力，为京津冀地区政府、机构、企事业单位等提供智力支撑。

（三）专业人才培训平台。利用京津冀地区图书馆行业专家的资源优势，开展京津冀地区图书馆专业技术培训、学术报告及馆员交流等工作，大力提升三区域从业人员队伍的专业素质，提升京津冀图书馆服务水平，实现京津冀图书馆服务一体化。

（四）惠民服务平台。根据京津冀公共文化发展的需求，整合京津冀地区优秀的展览、阅读、讲座等读者活动资源，开展联合惠民服务，开发新型服务项目，引导服务资源流动。

（五）公共文化示范区建设交流平台。以建好国家公共文化服务体系示范区为目标，搭建京津冀公共文化示范区建设交流平台，分享经验，提高效能，加快推进示范区创建重点项目，着力构建具有京津冀各地区特色的现代公共文化服务体系，为京津冀地区群众提供更好的文化服务。

（六）跨区域学术科研协作平台。发挥好京津冀三地公共图书馆行业学术协作协调优势，实现区域内学术活动和业务考察交流常态化，不断探索加强三地联合课题研究，开展省部级及以上重大科研课题项目联合申报。

（七）积极开展京津冀三地少年儿童读者阅读推广工作的合作，加强少年儿童图书馆工作的研究与交流，共同推动京津冀地区少年儿童图书馆事业的发展。

第三章　组织机构

京津冀图书馆联盟的组织机构由联盟理事会、联盟常务理事会、联盟秘书处组成。

第五条 联盟理事会

联盟理事会为联盟建设工作机构，为联盟成员提供交流、合作的机会，由京津冀三地省级公共图书馆及区域内地级城市公共图书馆组成。理事会主席由首都图书馆、天津图书馆、河北省图书馆主要负责人轮流担任，按京津冀顺序排列，任期2年。北京市、天津市各区、河北省各设区市图书馆主要负责人为理事。

第六条 联盟常务理事会

（一）联盟常务理事会，为联盟理事会闭会期间的常设机构，负责制定联盟发展战略、指导联盟工作实施，由首都图书馆、天津图书馆、河北省图书馆、天津市少年儿童图书馆主要负责人组成。

（二）联盟常务理事会每年召开工作会议，总结联盟工作，制定联盟计划，审议联盟建设及业务发展的相关问题。根据工作需要，可不定期召开联盟建设专题工作会议。

第七条 联盟秘书处

联盟秘书处为联盟日常办事机构和执行机构，设在轮值主席馆，负责具体推动联盟决议落实、协调各成员馆开展业务活动，组织召开联盟会议及处理其他联盟日常事务。

第四章　联盟成员

第八条 联盟成员的基本条件

（一）京津冀三地区域内县级及以上公共图书馆。

（二）自愿加入，承认联盟章程，承诺履行联盟成员义务，并经联盟理事会批准。

第九条 联盟成员的权利

（一）参与联盟建设，对联盟事务、活动享有建议权。

（二）参加联盟组织的相关会议和活动。

（三）及时获得联盟发布的各项规定和活动信息。

（四）享有联盟理事会赋予的其他权利。

第十条 联盟成员的义务

（一）遵守联盟章程及有关规定。

（二）执行联盟决议。

（三）参加联盟组织的各项活动。

（四）安排专人负责与联盟秘书处及其他成员单位进行联络，并及时反馈变更信息。

第十一条 联盟成员的退出

联盟成员有权退出联盟，但应书面通知联盟秘书处。联盟秘书处应及时向联盟常务理事会汇报并备案。

第五章 附则

第十二条 本联盟仅只是由成员馆之间按照行业自律原则自愿结合而成的图书馆服务共同体，本身并不具有独立法人地位，因而联盟不承担应由理事单位承担的相关法律责任。

第十三条 本章程由联盟常务理事会制定、修改和负责解释，经联盟常务理事会议通过，自发布之日起生效。

附录

京津冀图书馆联盟"十四五"发展规划

京津冀图书馆联盟成立以来，联盟成员馆发挥各方优势、共享优质资源，联合策划实施了阅读推广、文化帮扶、展览巡展、交流研讨、人才培养等系列项目，实现了优势互补、互利共赢、协同发展。为构建新发展格局，推动"十四五"时期京津冀图书馆事业转型与高质量发展，更好地适应和服务经济社会发展要求，在综合考虑图书馆发展规律和趋势、京津冀三地图书馆发展现状等因素的基础上，特制定本规划。

一、编制依据

《中华人民共和国公共图书馆法》《公共图书馆服务规范》《中华人民共和国公共文化服务保障法》等法律法规；《京津冀协同发展规划纲要》《京津冀三地文化领域协同发展战略框架协议》；国家和京津冀三地《国民经济和社会发展第十四个五年规划纲要》、文化和旅游部《"十四五"公共文化服务体系建设规划》；《京津冀图书馆联盟章程》；京津冀三地文化和旅游主管部门、图书馆"十四五"发展规划。

二、指导思想

以习近平新时代中国特色社会主义思想为指导，深入贯彻落实习近平总书记给国图老专家回信精神和《京津冀协同发展规划纲要》《京津冀三地文化领域协同发展战略框架协议》要求，坚持优势互补、共建共享、统一开放原则，不断促进区域图书馆事业协同发展。

三、总体目标

紧扣"一体化"和"高质量"两个关键词，强化协作机制，促进协同发展。联合培养人才，推进区域图书馆建设标准化、体系化、智慧化，管理科学化、规范化，构建覆盖城乡、服务高效、惠及全民的区域图书馆服务网络，提升图书馆治理水平与服务效能；深化共建共享，不断探索文献信息资源整合共享的有效途径，建设区域内文献信息资源保障体系。以新的视角认识并整合共享联盟内文献信息和讲座展览、人才技术、设施空间等各类资源，培育品牌服务，增加优质服务供给，推进读者服务专业化、均等化、普惠化、便捷化，汇聚各方力量提升社会效益。

四、主要任务

1. 健全机构优化管理。完善联盟注册机制，促进区域内图书馆加入联盟，扩大联盟影响力；整合联盟内各合作组织或机构，设立联盟二级机构，完善联盟组织架构；定期召开联盟常务理事、理事和工作会议，完善联盟议事决策机制；大力提升联盟品牌知名度。联盟行动联合策划、统一部署，形成资源联建、活动联办、人才联培、服务联动的新格局。

2. 共建共享提升效能。打通成员之间的信息壁垒，引导优质资源多向流动，促进京津冀图书馆文化资源共建与文化成果共享，推动区域合作向纵深发展。

（1）培育推广总分馆示范体系。优选联盟内布局科学、功能完善、运行顺畅、服务高效的总分馆体系，组建专家团队在深入调研的基础上进行优化提升，规范总分馆体系建设和服务标准，培育示范性总分馆服务体系，在联盟乃至全国范围推广，稳步推进和带动区域内总分馆图书馆建设，积极构建覆盖城乡的现代图书馆服务体系，实现区域内服务的体系化、网络化、均等化、便捷化，推动三地图书馆服务提质增效，提高公共设施运营效率,促进图书馆服务多元化和服务方式智慧化。

（2）文献信息资源联合保障。建设联盟文献信息资源共知共建共享平台,传统文献分工合作、数字资源联采共有,通过馆际互借、文献传递等途径实现共享,提高馆藏文献利用率;整合三地图书馆数字资源,统筹谋划实施公共数字文化建设项目,加强数字产品和服务的开发,搭建公共数字文化服务平台,提高优质资源的供给能力;对各馆珍贵文献、古籍文献、特色文献、地方文献、自建资源等进行梳理整合,在充分调研论证的基础上,有计划、有步骤地联合开展二三次文献开发、全文数字化、专题数据库建设等;联合开展地方特色信息资源征集与开发工作,建设京津冀特色文化数据库,服务京津冀协同发展。

（3）共享优质讲座展览资源。搭建京津冀三地图书馆优质讲座和展览资源共知共享平台,建立优秀讲座专家库和展览资源库,促进优秀讲座、展览在三地图书馆流动。继续开展三地原创展览巡展活动,让公众直观便捷地触摸三地特色文化内涵,促进三地文化交融。

（4）联合开展参考咨询服务。依托三地图书馆丰富的馆藏资源和专业化人才,通过联查代查等形式,共同开展专题文献开发、参考咨询服务,实现优势互补、资源共享,提高效率、增强实力。开展京津冀主题文献专题服务,为京津冀政府、机构、企事业单位等提供智力支撑,服务京津冀协同发展。

（5）实现信息共享宣传联动。通过链接共享、信息互推、资源互荐、搭建联盟自媒体平台、建立工作简报机制等多种形式,畅通成员馆联系沟通渠道,推广联盟内优质资源,宣传联盟内特色服务,实现信息服务一体化,促进成员馆间信息服务的交流与合作、信息共享与经验借鉴,激发联盟内动力,推动各馆协同共进、高质量发展。

3. 统筹开展人才培养。通过多种形式为联盟成员馆培养管理精英、业务骨干、阅读推广人等政治素质硬、专业能力强的创新型、复合型人才,着力打造一支适应图书馆高质量创新发展需要的馆员队伍,提高三地图书馆管理与服务水平。

（1）馆员培训。依托三地中心馆设施、资源、技术等优势，充分发挥京津冀地区业界、学界图书馆行业专家资源便利，建立古籍保护、未成年人服务、阅读推广、智慧服务、志愿服务、参考咨询等人才培养基地。在深入调研的基础上编写统一培训教材，通过理论与实践相结合的教学模式，开展专家咨询和业务指导，有针对性地举办综合素质、专业能力等方面培训班。

（2）人才交流。三地省级图书馆和有条件的市（区）图书馆通过走出去、请进来、以干代训等形式，为有需求的图书馆培养业务骨干；成员馆之间以人员互派、参观调研等形式交流借鉴先进经验，激发人才创新活力。

（3）学术研讨。深化学术研究交流，探索建立跨区域学术科研协作机制，加强在科研立项、学术成果发表等方面的交流研讨，实现区域内学术活动和业务交流常态化，形成以学术研究促进业务建设的良好格局。设立常态化馆员论坛，每年确定一个主题，通过学术报告、座谈会、研讨会等形式，针对事业发展前沿、创新创意服务、新理念新技术等进行研讨，通过业务交流分享成功经验，开拓馆员学术视野，提升研究能力和专业素养。

4. 打造精品项目创服务品牌。紧贴读者需求，制定有效的联盟阅读推广计划，联合开展系列主题活动，联合探索常态化防疫时期阅读推广模式的创新，实现三地精品读者活动互联互通且下沉至基层，联合打造联盟特色品牌服务，积极扶持基层图书馆活动品牌，推动形成阅读推广新格局。

（1）实施"京津冀图书馆服务品牌培树计划"。立足京津冀图书馆阅读推广交流展示、创新创意服务案例评选等活动，不断挖掘发现优秀案例，通过培育推广扩大影响，树立品牌。每年联合开展两次品牌文化活动，共同培育、打造更多具有广泛社会影响力的大型特色文化品牌项目，

（2）关注少年儿童，提升服务效益。加强对少年儿童图书馆工作的研究与交流，联合策划开展大型少儿阅读推广活动，打造系列品牌服务，引领和提升京津冀地区图书馆少年儿童服务水平。

（3）开发古籍文献，宣传保护成果。在做好古籍普查、保护与修复工作的基础上，联合开展晒书、研学体验、展演展示、专题片推介、数字化推广等古籍保护成果宣传推广活动，广泛推介三地馆藏古籍文献，大力弘扬古籍文献蕴含的优秀传统文化。联合开展古籍文献开发工作，让古籍里的文字活起来，挖掘古籍文献信息，开展文创产品研发，积极推进优秀传统文化的创造性转化和创新性发展。

5. 实施基层图书馆提升工程。总结文化帮扶行动成功经验，按照强健基层、服务下沉的原则，统筹谋划、分步推进基层图书馆提升计划，促进基层图书馆环境、设施与服务的提升，构建均等、普惠、优质的基层服务网络。有条件的图书馆对接基础薄弱的基层图书馆，在业务和技术指导、专家咨询、设施和资源支持、联合服务、人才培养等重点领域给予支持。

（1）实施"雄安新区图书馆发展支持计划"。三地省级图书馆组织专家团队，推动和支持雄安新区图书馆服务体系示范区建设。为雄安新区一中心、五组团图书馆建设和区域图书馆服务体系建设建言献策，提供智力支持，在新馆筹建、开馆筹备、运营管理等方面全程给予专家咨询服务，在业务指导、人才培养、资源建设、读者服务、设备技术等方面给予支持。对现有两家县级图书馆予以扶持帮助，以更好地服务新区建设。

（2）谋划开展"乡村振兴阅读活动"。推动优质服务资源向基层图书馆倾斜和延伸，提升基层图书馆综合保障能力。研究定制联盟服务菜单，规定动作统一完成，自选动作各自创新，引导基层图书馆服务品质与服务效益提升，助力乡村振兴战略实施。

6. 推进京津冀图书馆一体化建设研究。通过联合申报国家或省部级重点科研课题，开展京津冀图书馆一体化建设、协同发展、智慧图书馆体系等项目研究，探索京津冀图书馆服务体系新发展理念，优化区域布局，构建新发展格局，推动实现京津冀图书馆的现代化服务体系建设，促进三地图书馆事业协同发展。